HISTOIRE

DE

LA POLICE

DE PARIS.

DU MÊME AUTEUR.

La **CHRONIQUE DU PALAIS DE JUSTICE**, contenant l'Histoire des anciens Avocats et le Récit des trépas tragiques, tirés des Archives de la Sainte-Chapelle, des Olim et des registres du Parlement, 2 vol. in-8°.

HISTOIRE POPULAIRE DE NAPOLÉON, 10 vol., 3e édit.

— **DE LA RÉVOLUTION FRANÇAISE**, 8 v.

— **DE LA GARDE NATIONALE**, 1 volume, 20 gravures d'Eug. Lami.

MARIE STUART, roman historique, 4 vol., 2e édit.

UNE BLONDE, histoire romanesque, 1 vol., 2e édit.

CODE CIVIL, 1 vol., 14e édit.

— **PÉNAL DES HONNÊTES GENS**, 1 vol., 3e édit. (en société avec M. de Balzac).

— **CONJUGAL**, 1 vol., 3e édit.

— **DE LA CHASSE**, 1 vol., 3e édit.

Sous presse.

HISTOIRE DES ANCIENNES PRISONS DE PARIS, 2 vol.

Imprimerie de HENNUYER et TURPIN, rue Lemercier, 24. Batignolles.

HISTOIRE

DE

LA POLICE

DE PARIS,

PAR

M. HORACE RAISSON,

Auteur de l'Histoire des anciens Avocats, des Querelles de l'Université
et du Parlement, etc.

—

1667—1844.

Sûreté-Salubrité.

PARIS

A. LEVAVASSEUR, LIBRAIRE-ÉDITEUR,
RUE JACOB, 14.

—

1844

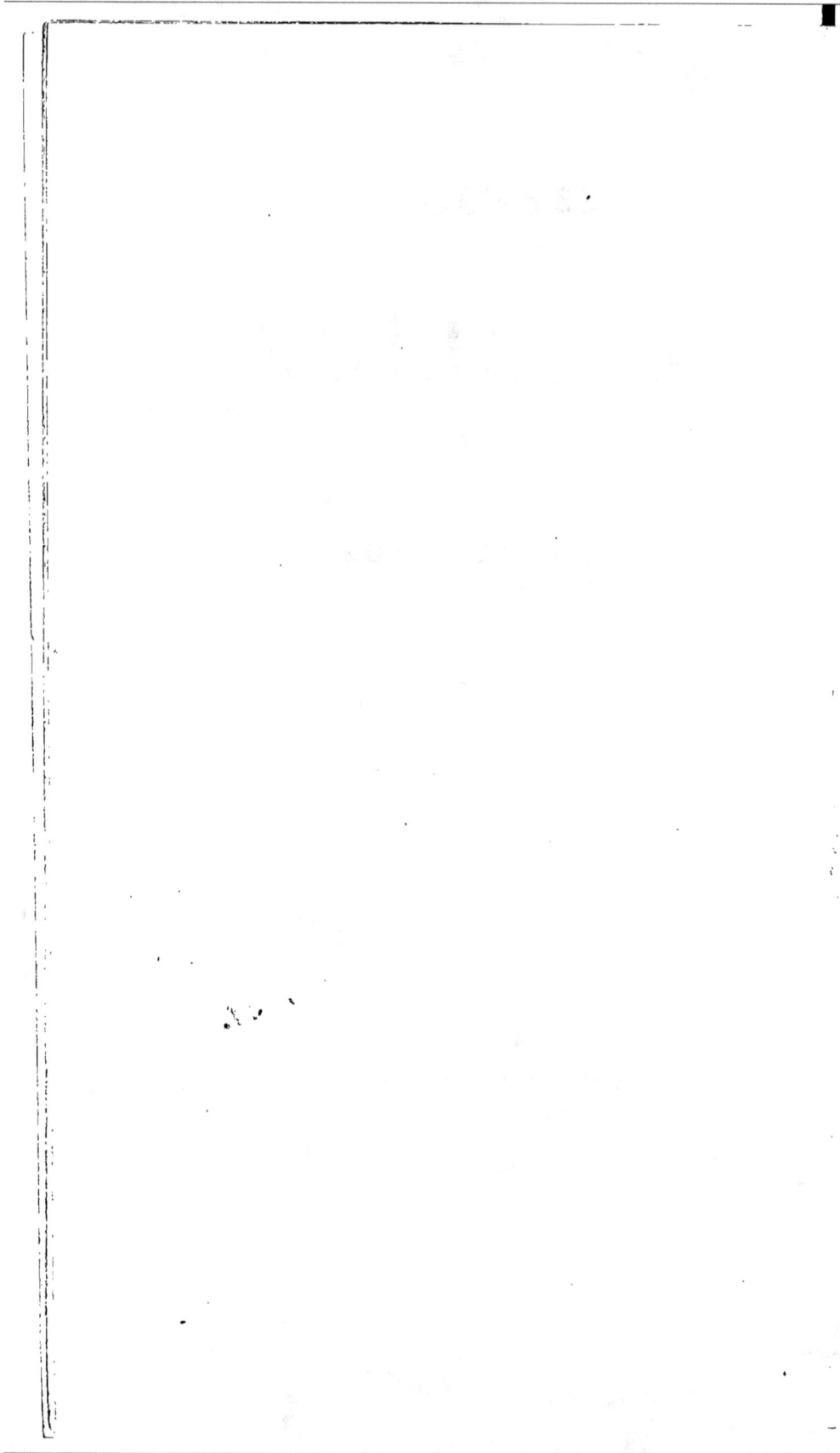

HISTOIRE

DE

LA POLICE

DE PARIS.

CHAPITRE PREMIER.

Si la gloire militaire d'un peuple a l'heureux privilége, dans les récits de l'histoire, d'instruire et d'intéresser à la fois, sa gloire civile, aux yeux de la philosophie et de l'humanité, ne doit pas avoir de moins justes droits aux respects et à l'admiration de tous. Que serait en effet la grandeur militaire d'une nation sans les lois, sans les mœurs, sans la stricte observance des règles consacrées par la morale, la sagesse et l'expérience? Rome et la Grèce ont soumis jadis les plus puissans royaumes, les plus vastes empires de l'univers : qui penserait aujourd'hui à cette splendeur guerrière, si le sénat et l'aréopage n'eussent existé ; si l'exemple et les lois de ces illustres corps n'eussent, pour ainsi dire, imprimé à l'humanité

1

tout entière le sentiment de sa dignité, de ses devoirs et de ses droits?

La France, légataire à la fois du Capitole et du Parthénon, a marché du même pas dans la route des sciences, des arts et de la législation. Alors que les peuples de l'Europe étaient encore plongés dans les ténèbres de la barbarie, seule libre et fière, la France s'avançait tout armée dans la voie des améliorations sociales. Des débris gigantesques du colosse romain, des ruines précieuses de la civilisation grecque, elle reconstruisait un édifice nouveau, et cet édifice que ses vaillantes mains élevaient, avait pour base les lois de Lycurgue, de Numa, de Solon, de Titus, de Marc-Aurèle; pour couronnement la croix, ce glorieux symbole de l'égalité parmi les hommes, de la liberté pour tous, de l'espérance dans l'avenir.

La capitale, ou tête d'une nation, est l'ardent foyer où se combinent et se produisent les grands actes politiques et administratifs des peuples : ce fut donc à Paris que les destinées de la France se formèrent; ce fut sous l'égide de son édilité, de sa police (et par police nous entendons, selon l'acception native du mot , la pure observance des obligations de la vie publique et des devoirs de la vie privée) que se déroulèrent toutes les grandes pensées qui avaient pour objet la gloire, la force et l'indépendance de la patrie.

On a beaucoup écrit sur l'histoire de Paris : sa physionomie primitive, ses accroissemens, ses progrès, ses embellissemens matériels ont été l'objet de savantes et consciencieuses recherches; et les noms de ses prévôts, de quelques-uns de ses échevins même sont parvenus à la postérité, entourés d'une double auréole de reconnaissance et d'admiration.

Par une inexplicable omission cependant, une partie importante de l'histoire de notre belle cité, celle qui eût donné peut-être, sur la marche et les développemens de la civilisation, le plus d'éclaircissemens lumineux, l'histoire de la police a été constamment omise ou négligée par les annalistes et les historiens. Ainsi les magistrats qui avaient le plus fait pour la splendeur de la capitale, pour sa gloire, pour sa sécurité, se sont trouvés déshérités de la part de nobles éloges que leur avaient acquis si légitimement leurs courageuses entreprises, leurs heureux travaux.

L'ouvrage que nous publions aujourd'hui est destiné à combler cette lacune : aussi n'avonsnous pas cru nous en exagérer l'importance et l'utilité, en y consacrant plusieurs années d'études persévérantes, de travaux consciencieux (1).

Prise dans le sens le plus exact et aussi le plus logique, la police est, parmi les institutions politiques, une des plus importantes et peut-être la plus utile. Vigilante sentinelle, elle garde avec la

(1) Des fragmens de *la Police de Paris* ont paru à intervalles, de 1835 à 1843, dans *le Droit*, dans *la Gazette des Tribunaux*, et dans différentes revues.

même sollicitude les abords des palais et l'huis des chaumières. Sa main défend les monumens publics et sacrés des atteintes des impies et des dévastateurs; son œil, comme une étoile invisible, suit le voyageur et l'étranger dans les sinueuses rues de la cité, garantissant à la fois leur fortune et leur poitrine de la ruse et des atteintes des malfaiteurs. Le savant veille, le commerçant se livre aux douceurs du repos, le père de famille se met en voyage laissant sa femme et ses enfans au logis, persuadés qu'ils sont que la police, cette fée aux cent regards comme Argus, aux doubles ailes comme la Fortune, à la main de fer comme l'ange élu, est là qui veille sur le tombeau de leurs pères, sur le berceau de leurs enfans, sur le seuil de leurs demeures.

Un ministre de la Restauration comparait, avec plus de justesse que d'atticisme, la police à la goutte d'huile qui, sans mettre précisément en mouvement les rouages de la machine gouvernementale, en assure cependant le jeu, le rend plus facile et plus secret. Cette définition vulgaire nous semble peindre assez bien l'esprit inquisiteur et tracassier de l'époque. La police alors, en effet, semblait n'avoir pour mission que de s'immiscer dans l'intérieur des familles, de sonder la pensée, de provoquer les confidences, de surprendre et de fomenter les complots. Et, certes, si l'État, ainsi qu'il est presque passé en proverbe, peut être comparé à un corps, la police, telle que la Restauration l'avait faite, en pouvait passer pour le fiel.

Telle n'eût jamais dû être cependant la mission de la police. Préposée à l'administration des choses, elle doit exclusivement veiller à ce que l'usage en soit libre et sûr. L'approvisionnement, la salubrité, l'ordre de la ville, le repos, la sécurité des habitans, doivent être l'unique et constant objet de ses soins et de sa sollicitude : c'est dans ce but tout d'utilité qu'elle avait été comprise et créée par la sagesse de nos pères.

Car la police remonte chez nous aux premiers temps de la civilisation, et, bien que les historiens fassent honneur de son institution au roi Louis IX, on retrouve des traces de son existence jusque dans les lois salique et ripuaire. Toutefois alors, et jusqu'au dix-septième siècle, la police était unie à la justice, les mêmes magistrats connaissaient de l'une et de l'autre.

« Le prévôt de Paris présidait en robe au Châ-
» telet, dit un vieil auteur, et portait l'épée à la
» tête des troupes dont il avait le commandement.
» Ce double pouvoir était exprimé par ses orne-
» mens dans les grandes cérémonies. Il y paraissait
» vêtu d'une robe de brocart d'or fourrée d'her-
» mine, sur un cheval richement caparaçonné.
» Deux pages marchaient devant lui, portant
» chacun au bout d'une lance son casque et ses
» gantelets. Il avait, en outre, une compagnie
» d'ordonnance, deux compagnies de sergens,

» l'une à cheval, l'autre à pied. Ces derniers
» étaient appelés sergens à verge, et étaient char-
» gés de veiller à la sûreté de la ville ; les autres
» étaient appelés sergens du guet, et leur com-
» mandant portait le nom de chevalier du guet.
» Il y avait, en outre, pour faire exécuter les rè-
» glemens de police, des bourgeois qui étaient
» élus pour chaque quartier ou paroisse, et que
» l'on appelait commissaires. Ils jouissaient d'une
» immense considération, marchaient de pair
» avec les officiers de la juridiction, et avaient
» chacun dix sergens sous leurs ordres. »

La création d'un lieutenant civil en 1321, celle
d'un lieutenant criminel en 1343, modifièrent
cette organisation, qui subsistait depuis le douzième siècle. Les assesseurs du prévôt de Paris,
après l'avoir aidé d'abord dans les affaires affé-
rentes à leurs fonctions, se trouvèrent bientôt
investis de presque tous les soins de sa charge.
Le lieutenant civil présida dès lors les assemblées
du Châtelet, et connut de toutes les causes civiles.
Le lieutenant criminel jugea tous les prévenus
de crimes ou délits commis dans les délimita-
tions de la prévôté de Paris, et fut particulièrement chargé de tout ce qui touchait à la sûreté
de la ville.

Là se trouve l'origine de la charge de lieutenant
de police, créée au mois de mars 1669 par un
édit de Louis XIV, et dont les fonctions actuelles
de préfet ne sont que la continuation évidente.

Mais que de phases a dû subir une semblable institution en traversant trois siècles de perturbations, de tâtonnemens et d'intrigues! Que d'évènemens auxquels elle dut prendre part, depuis les sanglans exploits des écorcheurs et les voleries de la Cour des Miracles, jusqu'aux galans complots de la Minorité et de la Régence! Que d'hommes différens de caractère, d'esprit, de mœurs ne dut-elle pas compter à sa tête depuis Tristan, le grand justicier du royaume, jusqu'à La Reynie, M. de Sartines et M. Lenoir!

Certes, l'histoire de cette curieuse institution, celle de ces éminens personnages doit être intéressante et utile; et c'est ce qui nous a engagé à la retracer dans cet ouvrage, qui, pour être rapide et succinct, ne laissera pas, nous l'espérons, d'être complet et d'exciter la curiosité, grâce à la variété, à la richesse des sources où il nous a été permis de puiser.

Avant d'entrer, toutefois, dans cette fertile carrière, il ne sera pas inutile sans doute de jeter un coup d'œil sur l'histoire générale de la police, depuis son origine jusqu'à nos jours.

Sous Louis IX, Estienne Boylesve, qu'on peut regarder comme le premier prévôt de Paris nommé par le souverain, réunit lui-même en un corps complet les ordonnances qu'il avait rendues sur la police (1). Cette sorte de code fit loi

(1) Ce magistrat avait composé un recueil de règlemens auquel on donna le nom de *Livre des métiers*, ou *Livre des éta-*

jusqu'au règne de Louis XI, et pendant un siècle et demi la police resta ce qu'il l'avait faite. Avec le roi de Plessis-les-Tours elle acquit une importance nouvelle. Juge et bourreau à la fois, Tristan la glissa partout, rassurant par elle le roi contre ses terreurs, remplissant ses coffres et concourant au succès de sa politique. Un seul fait suffit pour prouver jusqu'où Louis portait sa police : c'est qu'en établissant les postes, il n'eut d'autre but que d'en assurer plus rapidement les rapports. La France, heureusement, recueille aujourd'hui les fruits de l'institution, sans avoir à s'inquiéter de son origine.

Catherine de Médicis, après Louis XI, donna le plus d'attention à la police : alliant aux ressources ordinaires de l'espionnage le rapport complaisant des prêtres et des dames d'honneur, elle obtint plus de succès peut-être par ces menées que réprouvent la loyauté et la morale, que par le ressort de sa politique mesquine et tracassière. La police se perdit ensuite dans la Ligue, et, jusqu'aux jours de la puissance de Louis XIV, n'of-

---

blissemens des métiers de Paris, parce que la première partie contient les statuts des arts et métiers. On connaissait, avant la Révolution, trois exemplaires manuscrits de ce livre précieux, savoir : celui de la bibliothèque de Sorbonne, celui du Châtelet de Paris, et celui du commissaire Lamare, qui passa, à sa mort, dans la bibliothèque de M. de Boze ; un quatrième, qui était l'exemplaire original, avait péri dans l'incendie de la Chambre des Comptes, le 28 octobre 1737. Le *Livre des métiers* a été réimprimé en 1841 par les soins de M. le ministre de l'intérieur.

frit que le triste spectacle d'une institution sans
moralité et sans pouvoir.

Quelques misérables archers, en effet, presque
toujours guidés par un motif d'intérêt personnel,
cherchaient seuls alors à se saisir des voleurs et
des meurtriers, qu'ils relâchaient pour la moindre somme, ou ne remettaient aux mains des juges que dans l'espérance de participer à l'amende
à laquelle ils pourraient être condamnés.

Aussi voyait-on s'organiser, sans qu'aucune
force se levât pour les réprimer et les punir, ces
compagnies qui, sous le nom de routiers, de
trente mille diables, d'écorcheurs, désolaient le
royaume et y répandaient le brigandage et l'effroi. Et ce n'étaient pas les provinces seulement
que menaçaient ces malheurs : Paris n'offrait aucune sécurité à sa population immense. « La
» bourgeoisie était enrégimentée; elle élisait ses ca-
» pitaines et se formait par de fréquens exercices
» au maniement des armes. Il y avait au coin des
» rues de grosses chaines scellées qu'on tendait à la
» première alarme pour fermer les quartiers. On
» faisait à toutes les maisons des saillies qui les
» rendaient plus propres à l'attaque et à la défense;
» enfin, le peuple avait ses bannières, ses places
» d'assemblées fixes, ses mots de ralliement, etc. »

Et ce n'était pas contre l'ennemi que tant de
précautions étaient prises : c'était contre les
malfaiteurs, au sein de la capitale du royaume.
La Cour des Miracles existait encore au commen-

— 10 —

cement du règne de Louis XIV. Sauval en trace le tableau suivant : « Les commissaires ni les » huissiers n'osaient pénétrer, sous peine de la vie, » dans ce lieu, de toutes parts entouré de logis bas, » enfoncés, obscurs, difformes, faits de terre et de » boue, et tous pleins de mauvais pauvres. On s'y » nourrissait de brigandages, on s'y engraissait dans » l'oisiveté, dans la gourmandise et dans toute sorte » de vices et de crimes. Là, sans aucun soin de l'a- » venir, chacun jouissait à son aise du présent, et » mangeait le soir avec plaisir ce qu'avec bien de la » peine et souvent avec bien des coups il avait ga- » gné tout le jour : car on y appelait gagner ce » qu'on appelle dérober ailleurs; et c'était une loi » fondamentale de la Cour des Miracles de ne rien » garder pour le lendemain. Chacun y vivait dans » une grande licence, personne n'y avait ni foi ni » loi; on n'y connaissait ni baptême, ni mariage, » ni sacrement. Des filles et des femmes, les moins » laides se prostituaient pour deux liards, les autres » pour un double (deux deniers), la plupart pour » rien. Plusieurs donnaient de l'argent à ceux qui » avaient fait des enfans à leurs compagnes, afin » d'en avoir elles-mêmes et d'exciter davantage la » compassion et les aumônes. »

Louis XIV se décida enfin à purger Paris de ce réceptacle dont la population, suivant quelques historiens, s'élevait à quarante mille têtes. Il institua, en 1666, l'Hôpital-Général pour y en- fermer les mendians, et pendant quelque temps

les voleurs prirent la fuite pour éviter cette espèce
de claustration. Bientôt ils revinrent à Paris, et,
à ce qu'il paraît, les crimes reprirent leur cours
avec une intensité nouvelle, car on voit sur les
registres du Parlement, à la date du 9 décembre
1662, un réquisitoire où le procureur général
remontre :

« Les désordres, assassinats et voleries qui se
» commettent dans cette ville et ses faubourgs ; le
» grand nombre de vagabonds et gens vulgaire-
» ment appelés filous, comme aussi certains gueux
» estropiés qui, sous ce prétexte, croient devoir
» être soufferts, lesquels, la plupart du temps, sont
» de part dans tous les vols qui se font, servent
» aux voleurs et sont, par cette raison, aussi punis-
» sables qu'eux-mêmes. » Le Parlement, sur ce réquisitoire, ordonne : « Que tous les soldats qui
» ne sont sous charge de capitaine, tous vagabonds
» portant épée, tous mendians non natifs de cette
» ville, se retireront au lieu de leur naissance, à
» peine, pour les valides, des galères ; contre tous
» estropiés, du fouet et de la fleur de lys ; et contre
» les femmes, du fouet et d'être rasées publique-
» ment. »

La police cependant, placée dans les attributions du prévôt de Paris, était exercée, sous la
surveillance du Parlement, par deux lieutenans
au Châtelet, l'un civil, l'autre criminel. Louis XIV,
sentant que la division des pouvoirs était nuisible à la bonne administration de la justice, créa

un lieutenant du prévôt de Paris pour la police.
La Reynie, président du Parlement de Bordeaux,
fut le premier élevé à cette charge le 29 mars
1667. C'est à La Reynie que l'on doit l'établissement des lanternes, celui du balayage régulier,
et nombre d'autres mesures utiles et négligées
jusqu'alors. Le marquis d'Argenson lui succéda
en 1697, et organisa la police sur un plan plus
vaste. Machault. seigneur d'Amonville, le comte
d'Argenson, Teschereau, seigneur de Linières, se
succédèrent dans cet emploi jusqu'en 1722, sans
que de notables perfectionnemens toutefois aient
signalé leur passage.

Vint la Régence : les meurtres et les assassinats étaient devenus plus rares, à la vérité: mais
les débauches des gens de cour, l'infamie des
agens de prostitution, le scandale de l'agio, n'at-
testaient que trop qu'aucune amélioration ne
s'introduisait dans les mœurs. La police alors
autorisa l'établissement d'un grand nombre de
tripots, de maisons de jeu et de débauche, qui
devinrent comme des lieux d'observation où ses
espions purent élire domicile : l'armée du lieutenant de police se recruta, bon gré mal gré, des
cochers de fiacre, des filles publiques, des fallots
stationnant aux portes des spectacles; la cour
donnait l'exemple de la dépravation, et les rangs
infimes de la société suivaient avec entraînement
son exemple.

Six lieutenans de police se succédèrent durant le règne de Louis XV : Ravot, seigneur d'Ombreval; Hérault de Vaucresson, Feydeau de Marville, Berryer de Ravenonville, Bertin de Bellisle et Sartines. De nombreuses améliorations signalèrent leur édilité : les jeux au grand air furent défendus; on organisa les fiacres; on ordonna des arrosemens pendant le temps des chaleurs; on plaça des inscriptions au coin des rues pour en indiquer les noms; on transporta les voiries hors de Paris; on adopta le mode d'éclairage public; on défendit aux fossoyeurs la vente des cadavres aux anatomistes; on créa des établissemens utiles, tels qu'Alfort, la Halle-aux-Blés, l'École gratuite de dessin. Malheureusement, la mauvaise administration des finances et l'usage immodéré des lettres de cachet firent ombre à ce tableau de la partie utile du règne de Louis XV.

Sous Louis XVI la police fut à peu près ce qu'elle avait été sous son prédécesseur : Lenoir, Albert et Thiroux de Crosne remplirent successivement, depuis son avénement jusqu'au 14 juillet 1789, les fonctions de lieutenant de police, qui furent supprimées alors par les électeurs. Ceux-ci, déclarés en permanence, établirent le comité permanent, présidé par le prévôt des marchands et formé des autres membres du bureau de ville ayant voix délibérative. Cette création donna les meilleurs résultats, et la police fut maintenue avec zèle, intelligence et fermeté au milieu du désordre et de la confusion qui régnaient dans ce moment d'effervescence.

De 1789 à 1800, l'administration de la police fut soumise à de nombreux essais, dont il serait inutile de rapporter ici les théories. La constitution de l'an VIII, en remplaçant celle de l'an III, changea la face de la France, et la loi du 28 pluviôse an VIII (17 février 1800), en même temps qu'elle divisait Paris en douze arrondissemens municipaux, créa un préfet de police. Le conseiller d'Etat Dubois fut investi de ces fonctions, dans lesquelles M. Pasquier le remplaça en 1810, pour ne les quitter qu'à la chute de Napoléon.

Sous la Restauration, sept préfets de police se succédèrent :

M. Bourienne, du 12 au 20 mars 1815;

M. Courtin, du 2 au 8 juillet 1815;

M. Decazes, du 10 juillet au 25 septembre 1815;

M. Anglès, du 25 septembre 1815 au 20 décembre 1821;

M. Delavau, du 20 décembre 1821 au 6 janvier 1828;

M. Debelleyme, du 6 janvier 1828 au 8 août 1829;

M. Mangin, du 8 août 1829 au 28 juillet 1830.

Depuis la révolution de 1830, huit préfets ont été nommés :

M. Bavoux, du 29 juillet au 1er août 1830;

M. Girod (de l'Ain), du 1er août au 10 novembre 1830;

M. Treilhard, du 10 novembre au 27 décembre 1830;

M. Baude, du 27 décembre 1830 au 25 février 1831;

M. Vivien, du 25 février au 25 septembre 1831 ;

M. Saulnier fils, du 25 septembre au 15 octobre 1831 ;

M. Gisquet, du 15 octobre 1831 au 11 septembre 1836;

M. Gabriel Delessert enfin, nommé le 11 septembre 1836, en remplacement de M. Gisquet, démissionnaire.

Héritier direct des magistrats de tout temps préposés à la sécurité de la ville, le préfet de police fut, dès l'origine, mis en possession de l'hôtel des anciens baillis du Palais.

Sur ce sol qui avait vu naître une dynastie, sous ces austères lambris qui avaient abrité les grandes figures parlementaires des de Harlay, des Lamoignon et des d'Aguesseau, siégea dès lors une magistrature nouvelle, participant à la fois du consul romain et de l'archonte d'Athènes, et destinée à devenir la première et la plus utile peut-être, s'il était possible qu'elle fût toujours occupée par des La Reynie.

C'est sur l'emplacement des anciens vergers du Palais, vaste terrain embelli à grands frais par les rois des première et seconde races, et qui s'étendait

— 16 —

encore, au temps de François Ier, du portique de la Sainte-Chapelle au terre-plein du Pont-Neuf, qu'est située la demeure du préfet de police de Paris (1).

Là était, avant la révolution de 1789, l'hôtel du premier président du Parlement de Paris. « Le premier président a son hôtel dans l'en- » ceinte du Palais, dit Félibien, depuis l'année » 1617 que la maison du bailliage fut affectée, par » lettres-patentes du roi Louis, aux premiers prési- » dens du Parlement. » Sauval, qui écrivait avant Félibien, et qui aimait à trouver à tout une expli- cation singulière, avait attribué la possession de l'hôtel par le Parlement à une circonstance qu'il raconte ainsi : « L'hôtel faisait anciennement la » demeure des anciens baillis du Palais; mais un » premier président ayant acheté pour son fils » cette charge, ils occupèrent ensemble ce magni-

(1) Gérard, Conrad le jeune, Eudes, Robert III, Hugues le Grand et Hugues Capet, y avaient élevé de splendides bâtimens sous les rois de la seconde race. Les comtes de Paris devinrent peu à peu si puissans, que trois de ceux que nous venons de citer montèrent sur le trône, dont ils avaient précipité les faibles successeurs de Charlemagne.

Dans ce petit coin de terre devait germer, fructifier et grandir la puissance de Paris et de la France. Les événemens qui se pas- sèrent dans le palais des comtes de Paris sont épars dans les chro- niques du temps. Nous n'indiquerons que les plus remarquables.

Après la mort du roi Louis V, dit le Fainéant, la noblesse et le clergé s'assemblèrent dans le palais des comtes de Paris, sous la présidence d'Adalberon, archevêque de Reims, et proclamèrent roi Hugues Capet, comte de Paris et d'Orléans, à l'exclusion de Charles Ier, duc de Lorraine, fils de Louis d'Outre-mer. Hugues

» fique hôtel, qui depuis a fait la demeure des pre-
» miers présidens. » Ce petit conte, tout innocent,
et à peu de chose près vraisemblable, est démenti
par les actes et lettres-patentes faisant don de
l'hôtel au Parlement, et qui se trouvent encore
aujourd'hui déposés aux archives du royaume.

Quoi qu'il en soit, l'hôtel, tel qu'il existe actuellement (1), se trouve situé au fond de la rue
de Jérusalem et comme étroitement enserré entre le fond de la Cour des comptes, les dépendances de la Conciergerie, la cour Lamoignon et
les constructions particulières regardant la rue
de Harlay et le quai des Orfévres, et derrière lesquels s'étend l'étroit jardin du préfet, mécon-
naissable témoignage de l'existence du splendide
verger de Hugues Capet, ce premier roi de la

Capet fut sacré roi le 3 juillet 987. Dix ans plus tard, il mourait,
après avoir associé son fils Robert au gouvernement de l'Etat.

Philippe-Auguste, le vainqueur de Bouvines, naquit dans ce palais, le 22 août 1165, de Louis VII et d'Alix, fille de Thibaut,
comte de Champagne.

Ce fut encore dans le palais des comtes de Paris que l'édit qui
rendait le parlement sédentaire, fut promulgué en 1310. Ce fut là
aussi que s'échangèrent les premières négociations relatives à la
destruction des templiers, entre Clément V et Philippe le Bel.

A l'extrémité du jardin des comtes de Paris (sur le terre-plein
où se trouve aujourd'hui la statue de Henri IV), s'éleva, quelques
années plus tard, le bûcher où Jacques Molay et l'élite des chevaliers templiers perdirent courageusement la vie.

(1) L'hôtel actuel de la préfecture de police va être prochainement démoli, pour être complétement réédifié sur un plan qui le
mettra en harmonie avec le palais de justice, où s'exécutent en ce
moment de grands travaux d'embellissement et d'appropriation.

2

troisième race, dont le séjour au Palais ne laisse
de nos jours aucune autre trace.

Le jardin du bailliage n'avait, au reste, pas été
donné à ce qu'il paraît avec l'hôtel dont il était
une dépendance, car un nouvel acte royal en
établit postérieurement ainsi la possession. « Le
» premier président de Lamoignon ayant reçu du
» roi, par contrat du 27 février 1671, le don du
» jardin du bailliage du Palais, s'engagea à faire
» plusieurs ouvrages pour la décoration du Palais,
» comme escaliers, galeries, et une nouvelle rue qui
» porte son nom. »

L'hôtel, assez mesquin alors, à ce qu'il paraît,
fut entièrement réparé en 1712, et Germain
Brice, qui écrivait en 1755, en trace ainsi une
espèce d'aperçu dans sa description de la ville
de Paris.

« Le principal appartement de cet hôtel est
» composé de plusieurs chambres très-bien propor-
» tionnées, terminées par une galerie qui sert de
» bibliothèque et dont les livres sont d'un excellent
» choix. Cette galerie finit par une perspective de
» l'ouvrage de *Boyer*, qui produit un heureux ef-
» fet en terminant cette grande suite avec magni-
» ficence. Les portraits des premiers présidens,
» depuis l'établissement de cette grand charge jus-
» qu'à présent, sont placés sur les tablettes de la
» bibliothèque.

» Quoique ce grand appartement paraisse sim-
» ple et sans ornemens, il n'est cependant pas

» moins magnifique; il est doublé par un autre au
» midi, dont les pièces ont une communication
» fort aisée avec beaucoup d'autres pièces prati-
» quées fort ingénieusement.

» Il y a au fond de la cour une salle magnifi-
» que pour les assemblées du Parlement, qui se
»font quelquefois chez le premier président; cette
»salle communique à d'autres pièces particulières.
»On peut dire enfin que cet hôtel a été conduit et
»distribué avec un très-grand art, et ce qui con-
»tribue encore à y procurer de la beauté, c'est que
» les meubles y sont très-magnifiques.

» Avant que d'arriver à l'hôtel du premier pré-
»sident, on passe sous une arcade qui sert de com-
» munication aux vastes appartemens de la Cham-
» bre des comptes. Cette arcade est estimée à cause
»des masques en sculpture qui s'y trouvent et qui
» sont de l'ouvrage de Jean Goujon. » •

Depuis le temps où écrivait Germain Brice, cet
hôtel a dû subir de nombreuses transformations :
tant d'événemens, tant d'hommes s'y sont succédé! Une des plus regrettables pertes qu'il ait
pu toutefois éprouver est celle de la galerie des
portraits, qui, durant la Révolution, ont entièrement disparu de la bibliothèque, et que l'on peut
supposer avoir été brûlés avec nombre d'autres
objets et de manuscrits précieux.

Il ne sera pas sans intérêt sans doute de consi-
gner ici les noms des présidens du Parlement qui,
durant une période d'un siècle et demi, ont ha-

bité cet hôtel qui va disparaître sous le marteau :

1° Nicolas de Verdun, mort le 22 mars 1627.

2° Jérôme de Hacqueville, seigneur d'Om-eu-Bray, mort le 4 novembre 1628.

3° Jean Bochard, seigneur de Champigny et de Noroy, mort le 27 avril 1630.

4° Nicolas Le Jay, baron de Tilly et seigneur de Conflans, mort le 30 décembre 1640.

5° Mathieu Molé, seigneur de Champlatreux, garde des sceaux, mort le 16 avril 1651.

6° Pomponne de Bellièvre, marquis de Grignon, mort le 13 mars 1657.

7° Guillaume de Lamoignon, marquis de Basville, mort le 10 décembre 1677.

8° Nicolas Potier, seigneur de Novion, nommé le 13 juin 1678, démissionnaire en 1689.

9° Achille de Harlay, nommé le 18 novembre 1689, démissionnaire en avril 1707.

10° Louis Le Pelletier, seigneur de Morfontaine, démissionnaire en janvier 1712.

11° Jean-Antoine de Mesmes, comte d'Avaux, mort le 23 avril 1723.

12° André Potier, seigneur de Novion, démissionnaire le 9 septembre 1724.

13° Antoine Portail, seigneur de Vaudreuil et de Chatou, mort le 3 mai 1736.

14° Louis Le Pelletier, seigneur de Rosambo, démissionnaire le 1er octobre 1743.

15° René-Charles de Maupeou, démissionnaire en septembre 1557.

16° Mathieu-François Molé, seigneur de Champlatreux, démissionnaire en octobre 1763.

17° René-Charles-Augustin de Maupeou, chancelier de France, le 16 septembre 1768.

18° Etienne-François d'Aligre, comte de Maran, supprimé en avril 1771, rentré le 12 novembre 1775, jusqu'au 12 novembre 1788.

19° Louis-Jean Berthier de Sauvigny, d'avril 1771 au 12 novembre 1775.

20° Louis-François de Paule Lefèvre d'Ormesson, seigneur de Noyseau, mort le 2 février 1789.

21° Jean-Baptiste-Gaspard Bochard de Saron, guillotiné le 20 avril 1794. (Bochard de Saron n'avait habité l'hôtel que jusqu'au 5 novembre 1789, date de la suppression des parlemens.)

Dans l'état où se trouve encore actuellement

l'hôtel, la première cour, en entrant par la rue de Jérusalem, présente un parallélogramme régulier. En avançant vers le nord, on trouve la cour du centre, où sont réunis les bureaux des prisons, celui de la permanence et ceux de la police municipale : c'est là, dans cette étroite et obscure enceinte, que viennent, par mille canaux patens ou secrets, aboutir les divers rapports au moyen desquels, et selon les cas, la police assure le repos des citoyens ou dispose sans contrôle de leur liberté. Au delà, une troisième cour existe encore, celle de l'Abreuvoir, qui, longeant les bâtimens de la Conciergerie, communique dans la cour Lamoignon, et de là sur le quai de l'Horloge.

La cour du Sud, au milieu de cet amas irrégulier de bâtimens, offre seule quelque développement et une sorte d'élégance; sur les murs de son bâtiment principal, construction du règne de Louis XIII, et où le préfet a fait jusqu'à ce jour sa demeure, on voit encore, malgré le double outrage du temps et des ignorans réparateurs, neuf portraits de personnages célèbres, peints à fresque et placés dans des médaillons à la hauteur et dans l'intervalle des croisées du premier étage. Il serait difficile de reconnaître les personnages dont on a voulu consacrer le souvenir, trois d'entre eux excepté : Blaise de Montluc, le connétable de Bourbon et l'héroïque Duguesclin On comprend au reste assez peu le motif qui a

fait ainsi réunir les personnages les plus dispa-
rates et placer Duguesclin, le type de l'honneur
militaire, entre Bourbon, traître à sa famille et à
sa patrie, et Montluc qui, frappé mortellement
devant Rabastens, encourageait les siens à venger sa mort et à n'épargner personne.

Dans cette même cour et sur le bâtiment de
droite, dans le champ entre le chambranle et le
linteau de chacune des croisées, sous la corni-
che, se trouve sculpté en relief un chiffre représentant un W au centre d'un nœud de branches
de lauriers.

Les antiquaires, comme d'ordinaire, sont en
désaccord sur l'origine de ce chiffre : la tradition
en attribue le placement à Diane de Poitiers,
maîtresse d'Henri II, qui aurait habité cet hôtel,
et n'y voit qu'un emblème signifiant *Vive Valois !*
Les savans y veulent trouver à grand' peine la
signature d'un architecte, Wirmbolde ou Waut-
tier, qui aurait eu l'inconvenance de jeter son
nom en souvenir au fronton d'un bâtiment dont
on lui aurait confié l'ordonnance.

Certes, la version populaire offre cette fois
quelque vraisemblance : plusieurs rois de la branche des Valois ont habité le Palais; François Ier
y demeurait encore en 1531, et tout porte à
croire que Henri II, son fils, y a vécu. Or, Henri II
avait assez peu de respect pour les choses véné-
rées du monde pour avoir logé Diane dans l'hôtel
même, d'où elle pouvait communiquer avec le

Palais; et Jean Goujon, dont on retrouve un précieux travail sur une arcade de la rue de Nazareth placée tout proche de l'entrée de la Préfecture, Jean Goujon, le galant sculpteur des gracieux emblèmes d'Anet, a pu, de sa main libre et savante, tracer le chiffre mystérieux sur les murailles parlementaires.

Quoi qu'il en soit, l'hôtel, autrefois dépendance et partie intégrante en quelque sorte du Palais, communiquait avec lui par des issues particulières; deux seulement ont été conservées; l'une se trouve au-dessous des salles qui conduisent à la Cour d'assises, pratiquée sur le côté intérieur du bureau des prisons; l'autre aboutit au petit parquet du procureur du roi, donnant sur la cour de Lamoignon.

Ce serait une lugubre et bien longue histoire que celle de tous les malheureux, de tous les coupables qui ont gravi ces étroits chemins depuis le jour où Pétion, second maire de Paris, s'installa le 7 mai 1792 dans l'hôtel de la présidence (1).

Avec le terrible maire, la prison municipale vint se dresser sur ce sol, si paisible jusqu'alors, si étranger aux misères et aux douleurs dont il allait devenir le théâtre.

(1) La police, sous Bailli, premier maire, avait été établie dans l'ancien hôtel des Lieutenans-généraux, rue Neuve-des-Capucines. Elle y demeura depuis le mois de juillet 1789 jusqu'au 7 mai 1792. Pétion alors s'établit à l'hôtel de la Présidence, où Pache et Fleuriot demeurèrent après lui et établirent le *Bureau central*.

Un rapide aperçu de ce que fut en ce temps, de ce qu'est aujourd'hui ce lieu de dépôt, premier chaînon de la longue série de tourmens dont le dernier anneau aboutit si souvent au bagne, ne sera pas sans doute sans intérêt pour la plus grande partie de nos lecteurs.

La prison municipale, formée par Pétion sous le nom de *Prison de la mairie*, fut appelée plus tard *Dépôt de la Préfecture de police* : c'est sous ce titre encore qu'elle est désignée aujourd'hui. Son régime, changeant sous la Convention, durant la Terreur et lors de la réaction thermidorienne, est peu connu et dut nécessairement être celui de toutes les prisons d'alors. Sous l'Empire, le dépôt fut divisé en deux parties. L'une, composée de cellules assez habitables, reçut le nom de *Salle Saint-Martin*, et fut réservée aux personnes qui pouvaient subvenir aux frais de leur logement et de leur nourriture; l'autre, consistant en un bâtiment ancien, élevé de trois étages occupés tout entiers par trois salles longues, étroites, humides et obscures, reçut, au premier, les filles publiques; au second, les prévenus de crimes et délits, et au troisième, les simples délinquans aux règlemens de police.

On se ferait difficilement une idée du désordre et des inconvéniens résultant d'une disposition semblable. Un des hommes les plus compétens dans la matière, M. le comte de Laborde, dont la mort récente afflige tous les amis de la science et de l'humanité, en signalait ainsi une faible partie en 1819 : « Un honnête homme qui serait accusé par la malveillance ou arrêté par mégarde dans la rue au moment d'une émeute ou d'une voie de fait, est amené au dépôt de la Préfecture de police, confondu avec ce que la crapule, la malpropreté, le vice, ont de plus odieux, dans un local infect, et pourrait rester dans ce local assez de temps pour y contracter toute sorte de maladies contagieuses. Il en est de même pour les femmes, qui, dans les premiers momens, peuvent se trouver avec ce qu'il y a de plus abject.

» Si l'homme arrêté n'est pas connu, qu'on juge à son extérieur qu'il mérite moins d'égards, ou seulement si la salle Saint-Martin est occupée, il est renfermé dans une salle commune d'une malpropreté révoltante; il est confondu avec ce que Paris offre de plus honteux : les voleurs, les vagabonds, les mendians. »

A cette époque, si voisine encore, toutes les personnes arrêtées, soit sur mandat de la Préfecture, soit par ordre de simples commissaires de police, étaient conduites, en effet, dans cet ignoble et redoutable dépôt, d'où un seul prisonnier, le célèbre Maubreuil, est parvenu à s'échapper, tant la surveillance en est exacte. Les vives réclamations de la population parisienne firent abolir cet usage odieux; le dépôt fut démoli en 1825, et le 12 avril 1828 un nouveau bâtiment, disposé avec sûreté, mais en même temps avec convenance, fut consacré à servir de lieu de détention provisoire pour ceux qui, loin de devoir être traités en coupables, ont le droit de n'être même pas considérés comme prévenus.

Ce bâtiment nouveau se compose d'un rez-de-chaussée et de trois étages : au rez-de-chaussée, après le guichet, un petit corridor, garni sur ses côtés de quatre cellules destinées aux aliénés, conduit à une salle d'environ quinze pieds de longueur, où l'on enferme les prisonniers qui montrent trop de turbulence; à droite du guichet, le parloir, qui ne tient le détenu éloigné de son interlocuteur que d'un espace de dix-huit pouces : à côté le bureau du greffe, et en face une salle (n° 1) servant de dépôt pour une cinquantaine de filles publiques.

Au premier étage, les magasins, l'appartement du directeur et sept cellules de pistole pour les hommes. Au second, en face, la salle (n° 2) où sont enfermées les femmes prévenues de différens délits, mais n'appartenant pas à la classe des prostituées. A droite, six cellules de pistole pour les hommes; à gauche, deux chambres pour les visites des docteurs aux prostituées et aux détenus malades; au fond, une chambre pour les enfans au-dessous de seize ans. Au troisième étage, deux vastes salles pour les hommes : dans la première sont renfermés ceux que semble menacer une condamnation grave; dans la seconde, ceux dont le délit paraît léger. A gauche, pour les femmes, deux chambres de pistole, où ne peuvent être admises les filles publiques.

Tel est le dépôt, dont la population a varié, depuis 1814, de 12,600 à 22,000, et qui remplit à peu près toutes les conditions exigibles pour une destination semblable. Le loyer de sa pistole est fixé à 80 c. pour chacune des deux premières nuits, et à 60 pour les suivantes ; les vivres se bornent à une livre et demie de pain et à une soupe aux légumes pour chaque prisonnier.

Du reste de l'hôtel de la préfecture, de ce vaste et confus amas de bâtimens sans ordre et sans régularité, nous aurions peu de chose à dire ; et ce n'est en quelque sorte que pour mémoire que nous en traçons l'aperçu, puisqu'il doit être si prochainement remplacé par des constructions qui rempliront sans doute toutes les conditions de sûreté et en même temps d'art, que l'on regrettait de n'y pas trouver. Dans la cour d'honneur sont situés, à droite, au premier, les bureaux du secrétariat-général ; en face, et à gauche, au rez-de-chaussée et aux étages supérieurs, le corps-de-garde, la caisse, les bureaux de la police municipale, ceux des passe-ports, des ports d'armes, de la navigation, les archives de la bibliothèque. Au-dessus de la porte principale d'entrée sont les appartemens du préfet, qui se prolongent en retour à l'est du jardin donnant sur le quai des Orfévres.

Au pied du perron qui conduit au bureau des passe-ports est un corridor de communication

avec l'hôtel de Vergennes, dont la façade se
développe sur la cour de Harlay, et où se trouve,
par suite de l'accroissement de son personnel,
une partie des bureaux de l'administration.

La bibliothèque, peu connue, se compose de
4,000 volumes environ ; on y remarque la collection du Châtelet, que ne possède pas la Bibliothèque royale, la collection du Louvre et la précieuse collection de Lamoignon, comprenant, en
43 volumes, les édits, les arrêts et les règlemens
de police rendus de 1182 à 1762. On doit former
des vœux pour qu'au prochain déplacement de
cette bibliothèque et des curieuses archives de la
Préfecture, une exacte surveillance garantisse la
conservation et le classement de ces richesses,
où pourra puiser si fructueusement l'histoire.

Dans une prochaine édition, si l'accueil du
public nous permet, ainsi que nous l'espérons,
de l'entreprendre, nous présenterons sommairement la description de l'édifice qui va s'élever
sur l'emplacement de l'hôtel actuel. Mais, dès ce
moment, nous avons cru qu'il n'était pas sans
utilité, alors que les derniers vestiges de cette antique demeure de la magistrature et de la royauté
allaient disparaître du sol parisien, d'en rappeler
l'origine et la splendeur, avant d'entrer dans le
récit des actions de ceux qui furent ses hôtes, et
qui s'y signalèrent à des titres différens.

Et maintenant il ne nous reste plus qu'un vœu
à former en présentant notre travail aux lecteurs

dont nous redoutons, nous devons le dire, l'indifférence ou la prévention ordinaires contre tout ouvrage dont le sujet comporte un intérêt sérieux : c'est de le voir porter d'heureux fruits, en montrant d'une part aux simples citoyens tout ce qu'il faut d'abnégation, de zèle, de dévouement pour accomplir dignement les devoirs de l'édilité; et, d'un autre côté, en éveillant chez les hommes éminens chargés de présider à la sécurité, à la moralisation du peuple, à l'embellissement, à la splendeur, à la salubrité de la grande cité, les nobles sentimens, les hautes vertus qui font vivre le magistrat dans l'histoire, indépendamment de la clameur ou de l'apothéose des partis.

CHAPITRE II.

DE LA REYNIE (Gabriel-Nicolas),

Premier lieutenant-général de police.

Louis XIV était parvenu au faîte de la gloire et de la puissance; la paix de Breda, avantageuse au royaume, et qui unissait les intérêts commerciaux de l'Angleterre, de la Hollande, du Danemarck et de la France, avait jeté les fondemens d'une prospérité durable. A la voix du monarque français, les beaux-arts, longtemps exilés ou méconnus, avaient pris un nouvel essor; Colbert, digne ministre d'un grand roi, accordait de glorieux encouragemens à tous les genres de mérite et appelait autour du trône tous les hommes qui pouvaient en accroître ou en refléter l'éclat. La France prospère par le commerce, par l'agriculture, par l'industrie, que Louis et son ministre protégeaient avec une ardeur égale, se trouvait placée à la tête du mouvement civilisateur et marquait par de pacifiques victoires chacun de ses pas dans la route du progrès social.

Au milieu de cette marche lumineuse cependant, en face de cet avenir si plein d'espérance, Paris, la vieille capitale de Julien, de Clovis et de Charlemagne, Paris, la tête et la clef du royaume, conservait encore, en dépit de la richesse et de la grandeur des monumens dont l'enrichissait Colbert, des traces profondes de la barbarie féodale. Ces réceptacles impurs de la paresse et de la pauvreté, connus sous le nom de Cour des Miracles, existaient encore dans plusieurs quartiers; des amas d'immondices infectaient l'air jusque sous les balcons du Louvre; les rues demeuraient continuellement plongées dans d'épaisses ténèbres, et des milliers de brigands, déplorables restes de la guerre civile et de la guerre étrangère, se répandaient, le soir venu, au milieu des remparts de la ville et portaient jusqu'au foyer domestique la menace, l'épouvante et la mort. Chaque nuit, surtout dans la saison rigoureuse, il se commettait d'audacieux vols et des meurtres effrontés. Boileau avait dit dans une de ses premières satires : « *Le bois le plus funeste et le moins fréquenté est, au prix de Paris, un lieu de sûreté.* » Et, loin d'être le produit d'une exagération poétique, ces deux vers n'étaient que l'expression pittoresque d'une déplorable réalité: aussi le poète, sans s'en douter, fut-il peut-être le premier instigateur d'une amélioration municipale que tous les citoyens désiraient, sans qu'il vînt à l'idée de personne de la réclamer, tant il y avait loin, à cette époque, des vœux et de l'expression des besoins du peuple, aux marches trop élevées du trône et à l'oreille presque toujours sourde des grands.

Quoi qu'il en soit, la situation morale et hygiénique de Paris frappa Colbert. Le grand ministre sentit que la capitale d'un royaume florissant devait être renommée non seulement par la grandeur de ses édifices, par la richesse de ses monumens, par le nombre et la beauté de ses établissemens d'utilité publique, mais encore par la physionomie de son peuple, par la salubrité de son air, par la sécurité de ses rues et le bon ordre de tout son ensemble; il sentit que le pouvoir éphémère d'un prévôt des marchands et de quelques échevins de la bourgeoisie ne serait jamais assez fort pour déraciner d'antiques abus et ouvrir une large voie aux améliorations utiles; il résolut donc de créer une magistrature indépendante à la fois de la commune et des ministres, et de revêtir celui qui l'occuperait, à l'instar du censeur de Rome, mais avec des moyens d'action plus étendus, d'une force morale et d'une force matérielle telles que, dans la cité, tout dût se briser ou fléchir devant ses

3

faisceaux. La charge de lieutenant-général de police fut inventée; et Louis XIV bientôt, sur le rapport de son ministre, sanctionna par une déclaration dont les considérans sont un chef-d'œuvre de philantropie et de grand sens, l'impérieuse nécessité de cette nouvelle édilité.

La charge était créée dès-lors : restait à trouver un personnage digne d'en occuper les hautes fonctions. «Sire, dit Colbert le lendemain de la signature, avez-vous daigné choisir parmi les présidens de Parlemens de votre royaume celui à qui vous destinez la charge de lieutenant de police? — Non, Monsieur, répondit Louis, et j'avoue même qu'aucun nom parmi ceux de MM. les présidens ne me satisfait : non pas assurément que les lumières, la vertu ni les qualités essentielles des magistrats manquent dans nos cours de Parlemens, mais bien parce que, en vérité, pour remplir la place que vous m'avez fait créer, il faudra nécessairement être un homme d'espèce toute particulière. — Au vrai, Sire, repartit Colbert en souriant, le lieutenant-général de police de votre bonne ville de Paris doit être homme de simarre et homme d'épée, et, si la savante hermine du docteur doit flotter sur son épaule, il faut aussi qu'à son pied résonne le fort éperon de chevalier, qu'il soit impassible comme magistrat, et, comme soldat, intrépide; qu'il ne pâlisse devant les inondations du fleuve et la peste des hôpitaux, non plus que devant les rumeurs populaires et les menaces de vos courtisans ; car, il faut le prévoir, la cour ne sera pas la dernière à se plaindre de l'utile rigueur d'une police faite dans l'intérêt du bien et de la sécurité de tous. — M. de Colbert, interrompit le roi d'un accent austère, je me soumettrai *moi-même* aux réglemens de cette police, et j'entends que tout le monde la respecte et lui obéisse comme moi. »

Le marquis de Louvois entrait dans le cabinet du roi en ce moment. « M. le marquis, continua Louis, nous cherchions, moi et M. de Colbert, un sujet capable de remplir dignement la charge de lieutenant de police : pourriez-vous pas nous aider sur ce point de vos lumières ? — Oh ! Sire, il ne faut pas chercher loin, répondit M. de Louvois, vous avez parmi vos maitres de requêtes un homme pour qui semble faite la charge : il est actif, instruit, plein de zèle et de dévoûment à Votre Majesté. — C'est, en effet, un sujet rare, répliqua le roi en souriant, pour peu qu'en outre il travaille beaucoup et ne dorme guère. Et son nom, que vous ne dites pas ? — C'est Nicolas de La Reynie, repartit Louvois. — Qu'en pense M. de Colbert ? demanda Louis. — Je suis de l'avis de M. de Louvois, et je l'aurais proposé moi-même au choix de Votre Majesté. — Soit donc pour M. de La Reynie ! dit Louis XIV en signant les lettres de nomination ; mais dites-lui bien en lui remettant la cédule, dites-lui, M. de Colbert, qu'il n'aurait pas eu la charge, si j'avais connu un plus homme de bien

et un magistrat plus capable et plus laborieux que
lui. »

C'est ainsi que fut nommé le premier lieutenant-
général de police de la ville de Paris, le 29 mars
1667.

Gabriel-Nicolas, seigneur de La Reynie, était
né à Limoges d'une famille ancienne et considérable. Envoyé dès l'âge de dix-sept ans à Bordeaux
pour y terminer ses études, il s'y était établi et
était devenu président au présidial de cette ville,
lorsqu'en 1650 les troubles du temps vinrent agi-
ter la Guienne. Le duc d'Epernon, gouverneur
alors du Bordelais, et qui avait trouvé daus le président de La Reynie un caractère et des talens au-
dessus de ses fonctions et de son âge, l'amena à
Paris et le présenta à la cour, ou bientôt Louis XIV
lui conféra la charge de maître des requêtes. Ce
poste, qu'il n'avait ni envié ni sollicité, le décida
à se fixer à Paris; mais loin de faire servir à son
ambition ou à sa fortune l'espèce de faveur dont il
venait de se voir l'objet, il se livra avec une ardeur constante à l'étude générale des lois et à
l'application de leur esprit, plus encore que de leur
texte, à la solution des nombreuses affaires soumises chaque jour à ses vigilantes investigations.

Depuis six ans La Reynie était maître des requêtes, quand son mérite et sa réputation d'hon
neur et d'incorruptibilité vinrent le désigner au
choix du roi pour la charge de lieutenant de police. Dans ces nouvelles fonctions, il ne tarda pas à

signaler son amour pour le bien public. Paris renfermait près de trois cents tripots, où des chevaliers d'industrie, des spadassins, des filles de joie se réunissaient le jour et la nuit en grand nombre. Les tripots furent fermés. Les valets et les pages des gens de qualité formaient une espèce de corporation formidable et se livraient, sur le Pont-Neuf, sur la place-Dauphine, et jusque dans la grande salle du Parlement, à des jeux bruyans qui souvent dégénéraient en rixes et même en combats acharnés. La Reynie purgea la cité de cette nouvelle espèce de gladiateurs, et défendit, sous les peines les plus sévères, les conciliabules de laquais, à quelque livrée qu'ils appartinssent. Les grands seigneurs murmurèrent, se plaignirent et réclamèrent les immunités de leur rang. La Reynie leur répondit en faisant pendre un laquais du duc de Roquelaure et un page de la duchesse de Chevreuse, qui avaient excédé de coups un étudiant sur le Pont-au-Change. Plus de cent repaires, où on enseignait à tuer son semblable moyennant cinq sous le cachet, étaient ouverts à Paris aux apprentis bretteurs et aux meurtriers de profession : La Reynie fit murer ces établissemens immoraux, et menaça du bannissement et du fouet les bravos qui les dirigeaient, s'ils essayaient d'exercer clandestinement leur odieuse et coupable industrie. Il conçut un système d'éclairage vaste et magnifique, qui ne put recevoir son entière exécution à cause de la résistance que lui opposèrent les membres mêmes

du parlement, mais qui lui permit du moins de
faire placer plus de trois mille lanternes dans les
rues, livrées jusque là dans l'obscurité aux hardis
exploits des coupeurs de bourses. Plusieurs centaines de chariots parcoururent par ses soins, trois
fois par semaine, les rues de la ville pour enlever
les immondices; des amendes furent prononcées
contre les propriétaires qui laisseraient s'amonce-
ler devant leurs maisons les fumiers fétides de
leurs écuries. La noblesse cria encore, et La Reynie,
pour toute réponse, condamna à l'amende et à la
prison l'intendant du duc de Saint-Simon et le
comte de Ribeauville en personne, pour avoir
contrevenu aux réglemens qu'il avait jugé utile
d'instituer.

C'est ainsi que La Reynie entendait sa magistrature. « Vous vous faites bien des ennemis, Monsieur, lui dit un jour Louis XIV. — Il est vrai,
Sire, répondit le lieutenant de police, mais je ne
les dois, grâce au ciel, qu'à mon dévoûment
aux intérêts de la cité et à la conscience de remplir les intentions de mon roi. »

Une si vigilante sollicitude ne pouvait manquer
de porter rapidement ses fruits : aussi la physionomie de la capitale changea-t-elle plus en dix années, sous le patronage de La Reynie, qu'elle n'a-
vait fait avant lui durant trois siècles. Les assassinats, les attaques à main armée disparurent; les vols
devinrent moins hardis et moins nombreux ; les
basses classes s'améliorèrent, car, chose remarqua-

ble, La Reynie créa aussi des écoles et des salles d'asile, où les enfans de la population pauvre se réfugiaient pendant la mauvaise saison.

Rien n'égalait la vigilance, la fermeté, la présence d'esprit et l'énergique résolution de La Reynie; un seul exemple, que nous choisissons entre mille dans une correspondance du temps, demeurée jusqu'à ce jour inédite, en pourra donner une idée.

La plupart des *Cours*, dites *des Miracles*, qui existaient antérieurement dans plusieurs quartiers de Paris, avait été successivement détruites : une seule, la métropole, se pavanait encore au centre même de la capitale, fière de ses haillons, de son immense population de gueux, de ses gothiques priviléges et de ses miasmes pestilentiels surtout, qui, s'élevant de son sol comme pour en protéger l'indépendance truandière, semblaient devoir la mettre à l'abri des entreprises de la police, dont elle avait refusé de reconnaître les injonctions. Trois fois La Reynie y avait envoyé des commissaires, des agens et des détachemens considérables du guet à pied et à cheval; trois fois les exécuteurs de la loi avaient été obligés de déguerpir de ce dangereux cloaque, poursuivis par des huées, des cris, et assaillis de coups de tessons de pots, de bouteilles et de fragmens de décombres lancés par cette odieuse population de mendians et de voleurs.

La Reynie résolut de se rendre lui-même à la

Cour des Miracles et d'en finir d'un seul coup avec l'établissement même et ses affreux habitans (1). Précédé d'une escouade de sapeurs du régiment suisse, de cent cinquante soldats du guet à pied, d'un demi-escadron de soldats de maréchaussée, d'un commissaire et de quelques exempts, le lieutenant de police se présenta à la pointe du jour aux portes de la Cour des Miracles. A l'aspect des soldats, la population tout entière de cet enfer, femmes, vieillards, hommes, enfans, commença à pousser d'horribles clameurs : en un instant, des broches aiguës, des bâtons ferrés, de vieilles dagues, des espingoles et de longs fusils se dressèrent au-dessus de ces têtes échevelées, hâves et sinistres, où la débauche, l'ivresse, la fureur, se dessinaient en traits de fiel et de boue. Les soldats, peu faits à combattre en semblable lieu et avec pareils ennemis, hésitaient d'avancer et se préparaient à faire usage de leurs armes contre cette menaçante canaille. « Qu'on ne tire pas ! cria La Reynie d'une voix tonnante, en s'avançant au premier rang et en imposant silence du geste et du regard à toute cette foule furieuse : je pourrais vous punir de votre révolte, dit-il au milieu d'un morne silence ; je pourrais vous faire enlever et vous jeter dans les prisons ou aux galères : j'aime mieux

(1) La Cour des Miracles dont il est question, était située près de la porte Saint-Denis, et sur l'emplacement qu'occupent aujourd'hui la rue Sainte-Foy, la rue des Filles-Dieu et quelques autres de même espèce.

pardonner, car peut-être y a-t-il ici plus de malheureux que de coupables. Ecoutez, et rendez - moi grâce: je vais faire faire trois brèches à votre muraille; vous vous échapperez librement par ces issues; les douze derniers restant paieront seuls pour tous : six seront pendus immédiatement, les six autres subiront vingt ans de galères. »

La terreur et l'effroi tenaient maintenant morne et glacée cette foule si menaçante tout-à-l'heure; bientôt les sapeurs furent à l'œuvre, et en un instant trois larges brèches se trouvèrent pratiquées dans les murailles de fange et de bois de ces misérables repaires. Alors La Reynie fit replier les sapeurs sur le corps de soldats qui les avait protégés durant leur travail; puis, d'une voix terrible et accentuée : « Partez tous, cria-t-il, et malheur aux douze derniers ! »

Ce dut être un spectacle étrange que celui de cette multitude se ruant alors aux issues afin de sortir plus vite; chacun dut recouvrer quelque sens perdu, quelque membre absent: l'aveugle, la vue; le paralytique, l'agilité; le boiteux, la jambe, pour échapper au douzain fatal et se soustraire au minotaure qui le menaçait. En vingt minutes la Cour des Miracles avait perdu sa population tout entière, et lorsqu'un naïf officier du guet vint annoncer à La Reynie, d'un air pantois, qu'il n'avait pu saisir un seul de ces misérables : «Tant mieux, Monsieur, répondit le lieutenant de police; et pour être assuré qu'ils ne reviendront plus désormais, brûlez les huttes, rasez les murailles, qu'on ne voie ici maintenant qu'une place nette : et puisse, avec la dernière Cour des Miracles, disparaître la dernière trace de la barbarie d'un autre temps ! »

On composerait un grand et bel ouvrage des nombreux réglemens de La Reynie; on en ferait un non moins remarquable et précieux de ses belles actions et de ses nobles paroles. Premier lieutenant - général de police de la ville de Paris, il ne s'enrichit pas dans un poste où d'autres ont amassé des trésors en une seule journée de gestion; il eut toutes les vertus du magistrat, les deux surtout qui sont la source et la garantie des autres, l'amour du travail et l'intégrité.

Ce n'est qu'à l'âge de quatre - vingt - cinq ans, après une vie si active, si pure et si utilement employée, que La Reynie mourût, le 14 juin 1709. Louis XIV l'avait élevé, en 1680, à la dignité, éminente encore alors, de conseiller d'état.

CHAPITRE III.

VOYER D'ARGENSON,

Second lieutenant-général de police.

La place Saint-Marc, à Venise, était couverte, le
4 novembre 1652, d'un prodigieux concours de
peuple : il ne s'agissait cependant ni de l'intronisa-
tion d'un nouveau doge ni des noces maritimes
du chef de l'Etat. Un baptême, le simple baptême
d'un enfant, qui s'accomplissait sous la voûte de
la vieille basilique, était la seule cause de l'af-
fluence de cette foule pour qui tout est fête et so-
lennité. Des cris de joie, de longs *vivat* s'élevaient
de tous les coins de la place et se mêlaient harmo-
nieusement aux barcaroles voluptueuses des gon-

doliers du grand canal , appuyés sur leurs rames
noires et semblant attendre avec impatience la
fin de la cérémonie religieuse.

Le cortége , précédé de quelques sbires et des
huissiers du Sénat, sortit enfin de l'église. Le nouveau-né, porté dans une espèce de corbeille toute
couverte d'or , de pierreries et de dentelles , était
entouré des sénateurs , des prélats et de vingt-
quatre gentils hommes français, allemands, espagnols et romains. Le peuple recommença , à cette
vue, ses cris d'allégresse, tandis que douze hérauts
à cheval , se détachant du cortége principal , faisaient le tour de la place en jetant à la volée sur
les assistans de menues pièces d'or et d'argent, des
fleurs , des dragées et des parfums. Le carillon de
Saint-Marc fit alors entendre une de ses plus
joyeuses symphonies, et des milliers de boîtes
d'artifices et de pétards éclatèrent simultanément depuis le portique du palais des doges
jusqu'aux escaliers du Rialto.

Le cortége cependant gagna avec gravité les gon-
doles apprêtées pour le recevoir; le peuple se dispersa peu à peu ; et de ce mouvement , de cette
foule il ne resta bientôt plus sur la place que le
lion ailé de la République et quelques pauvres
enfans de pêcheurs cherchant dans les intervalles
des carreaux de lave quelque relique de sucre, d'or
ou de fleurs.

Mais pourquoi les portes de Saint-Marc avaient-
elles roulé sur leurs gonds d'airain ? pourquoi le

peuple en habit de fête était-il venu chercher sa part d'encens, de roses et de sequins ? pourquoi les cloches d'argent du palais ducal s'étaient-elles mises en branle comme pour célébrer une victoire contre le Turc? C'est que Dieu avait donné un fils à l'ambassadeur de France; c'est que la République vénitienne, pour prouver l'estime qu'elle faisait du représentant d'un grand roi, avait voulu être la marraine du nouveau-né et doter la crèche du jeune étranger de langes d'or, de pourpre et de soie.

Cet enfant, né sous de si brillans auspices, dont le sourire rencontra peut-être les drapeaux de Lépante et de Mytilène, qui reçut sans doute, dans le nombre de ses hochets d'or, quelque parcelle du sceptre brisé des empereurs de Byzance et de la Grèce ; cet enfant était Marc-René Voyer-d'Argenson.

Le père du jeune Marc était d'une vieille et irréprochable noblesse, mais peu favorisé du côté de la fortune. Son ambassade à Venise ne l'enrichit pas; il revint seulement en France avec la réputation d'un négociateur habile, d'un noble et loyal ambassadeur : ce fut son unique récompense, les grâces de la cour ne tombaient alors que sur d'éhontés courtisans. Le vieil ambassadeur fut complètement mis en oubli; et, comme il ne demandait rien, confiant qu'il était dans la reconnaissance du roi, la sincérité de son zèle et l'importance de ses services, on le laissa se confiner

dans ses terres, d'où il ne sortit plus, se consolant,
dans le commerce des lettres et la compagnie de
Balzac et de quelques autres beaux-esprits, de l'in-
gratitude de la cour et de l'oubli du pays qu'il
avait servi.

Le filleul de la République, Marc-René, avait
trop d'honneur pour ne pas respecter la solitude
et les goûts de son père, mais trop d'ardeur aussi
et trop d'ambition pour les partager. Il se fit nommer, en 1679, lieutenant-général du bailliage d'An-
goulême. Bientôt Caumartin, à qui une étroite
amitié l'unissait, le mit en rapport avec le ministre
Pontchartrain. Dès lors commença pour lui une
ère de prospérité et de fortune. Aidé de quelques
amis dévoués, il acheta une charge de maître des
requêtes et se maria à la sœur de Caumartin. Ce
mariage le rendit allié du ministre, et Pontchartrain,
charmé de la tournure d'esprit, des manières élégantes, des adroits talens du parent nouveau, le
protégea, le vanta à la cour, et finit par l'installer
lieutenant-général de police en 1697, à la place de
l'habile et probe La Reynie.

D'Argenson était digne de succéder à un tel
homme: il ne tarda pas à le prouver. Il se fit une
loi (et il ne s'en écarta jamais) de suivre les erremens de son prédécesseur. Il perfectionna la machine organisée par La Reynie, en simplifia les
rouages et en augmenta les attributions et la portée. En regard de ces éloges toutefois, il faut dire
que d'Argenson fut en quelque sorte l'inventeur

de *l'art de la police;* qu'il employa trop souvent la séduction pécuniaire et la menace pour parvenir à ses fins; qu'il corrompit, le premier, une institution protectrice, en violant le secret des lettres privées et en faisant pénétrer l'espionnage jusque dans la sainteté du foyer domestique.

D'Argenson, le premier, organisa et prit à sa solde une armée entière d'espions. Dans tous les rangs, dans toutes les classes, à la ville, à la cour, il eut des affidés qui l'instruisirent de tout. Louis XIV lui-même s'en étonnait et lui demanda un jour dans quelle espèce de gens il recrutait ses intelligens satellites : « Sire, répondit d'Argenson avec une liberté cynique, dans tous les états, mais surtout parmi les ducs et parmi les laquais. » Et comme le roi manifestait son incrédulité par un geste, « Sire, reprit le lieutenant de police, il y a telles gens que je paie à raison de dix louis par heure; telles autres à raison de dix sous. » Louis se prit à rire; mais comme il ne paraissait pas persuadé, d'Argenson résolut de lui prouver par un exemple irréfragable qu'il avait des espions partout, mais plus spécialement à la cour.

L'occasion ne tarda pas à se présenter. Le roi, à son petit coucher, entouré seulement de quatre ou cinq familiers, tous de la plus haute noblesse, se permit, contre son habitude, un mot assez leste sur la femme d'un des personnages les plus éminens de la cour.

D'Argenson eut l'honneur d'être reçu le lendemain chez le roi.

« Eh bien! M. le lieutenant de police qu'y a-t-il de nouveau? dit Louis.

— Presque rien, Sire, à la cour, s'entend, car la ville de Paris est hors de cause lorsque l'on se trouve à Versailles. Ah! mais si, j'oubliais, Sire: on parle beaucoup de la retraite de Mme la maréchale de *** aux Carmélites du faubourg Saint-Jacques.

— Ah! ah! fit le roi. Et qu'en dit-on, Monsieur?

— Ma foi, Sire, on dit, avec beaucoup de justesse et de raison, *qu'elle ferait beaucoup mieux, cette pauvre maréchale, de renoncer aux Carmes que de s'enfermer aux Carmélites.* »

C'était, mot pour mot, l'égrillarde plaisanterie que s'était permise, la veille, Louis XIV à son coucher.

Il regarda d'Argenson en riant : « Vous avez raison, M. le lieutenant de police, dit-il, je vous croirai dorénavant: *à bon entendeur, salut.* »

Il n'entre pas dans notre cadre de retracer la conduite de d'Argenson lors des empoisonnemens qui décimèrent la famille de Louis XIV. La révoltante partialité qu'il manifesta en faveur de la maison d'Orléans, véhémentement soupçonnée d'être la complice ou l'instigatrice tout ou au moins de tant de crimes, ne doit pas nous occuper, nous, disposés aussi peu à anticiper sur les jugemens de l'histoire qu'à composer des plaidoyers en faveur de ceux dont nous entreprenons d'esquisser suc-

cessivement les portraits. Nous ne nous appe-
santirons pas davantage sur l'extrême rigueur
qu'il déploya lors de l'expulsion des religieuses de
Port-Royal. Instrument du parti jésuite, dévoué
corps et ame à la maison d'Orléans, d'Argenson,
ambitieux, dévoré de la soif des honneurs et peut-
être aussi de la soif des richesses, dut faire taire,
dans la première circonstance, sa conscience de
magistrat, comme la voix de l'humanité dans la
seconde. L'histoire mettra quelque jour à nu les
infirmités de cet homme revêtu d'une dignité si
haute; et si, comme le juge de Cambyse, il a
prévariqué et erré sciemment dans la route que
le devoir et l'honneur lui traçaient, malheur à
lui! car son nom alors, attaché au gibet de la honte
comme celui des Séjan et des Dubois, retentira
dans la postérité chargé d'anathèmes, de haine
et de malédictions.

Mais c'est le lieutenant-général de police uniquement, le premier magistrat de la ville de Paris,
que nous devons voir ici. A ce titre, à ce titre
seul, renfermé dans ses plus étroites limites, d'Argenson mérite des éloges que l'on refuserait sans
doute à l'homme politique et au personnage moral. Sa prodigieuse activité, son imperturbable
sang-froid, les ressources sans cesse renaissantes
d'un esprit fin, vaste, observateur, la connaissance approfondie des passions et des intérêts, en
firent un homme à part, un magistrat spécial,
digne de trouver place dans cette voie lactée de

4

personnages hors de ligne qui ont porté si haut la splendeur du règne glorieux de Louis XIV.

Peu d'hommes ont été plus diversement jugés que d'Argenson ; nous rapporterons ici l'opinion de deux écrivains, célèbres à des titres différens, et dont l'un était son contemporain :

« D'Argenson, dit Duclos, avec une figure ef-
» frayante qui imposait à la populace, avait l'esprit
» étendu, net et pénétrant, l'ame ferme et toutes
» les espèces de courage. Il prévint et calma plus
» de désordres par la crainte qu'il inspirait que
» par des châtimens. Beaucoup de familles lui ont
» dû la conservation de leur honneur et de la for-
» tune de leurs enfans, qui auraient été perdus
» sans ressource près du roi si ce magistrat n'eût
» pas étouffé bien des frasques de jeunesse. Fonte-
» nelle a parfaitement peint le plan de la police de
» Paris, et d'Argenson l'a rempli dans toute son
» étendue ; mais comme sa fortune était son prin-
» cipal objet, il fut toujours plus fiscal qu'un ma-
» gistrat ne doit l'être. »

En regard de l'opinion de Duclos on ne lira pas sans intérêt celle du duc de Saint-Simon : « Là
» hideuse physionomie de d'Argenson retraçait
» celle des trois juges des Enfers ; il s'égayait de
» tout avec supériorité d'esprit, et avait mis un tel
» ordre dans cette multitude innombrable de Paris
» qu'il n'y avait nul habitant dont, par jour, il ne
» sût la conduite et les habitudes. Avec un discer-
» nement exquis pour appesantir ou alléger sa

» main à chaque affaire qui se présentait, penchant
» toujours aux partis les plus doux , avec l'art de
» faire trembler les plus innocens devant lui; cou-
» rageux, hardi, audacieux dans les émeutes, et
» maître du peuple... il s'était livré sous le feu
» roi (Louis XIV) aux jésuites, mais en faisant le
» moins de mal·qu'il put, sous un voile de persé-
» cution qu'il sentait nécessaire pour persécuter
» moins en effet et pour épargner les persécutés. »

Il serait difficile, comme on voit, devant ces
divergences d'opinions , d'asseoir un jugement
bien précis sur le caractère de d'Argenson. Duclos
d'ailleurs écrivait dans un autre endroit de ses
ouvrages ces mots dignes de réflexion : *On peut
faire des portraits différens sur d'Argenson, et pourtant
ils seront tous vrais.* Concluons que la nature du
lieutenant-général de police échappait à la fois aux
investigations de l'observateur et du moraliste ;
que, doué d'une adresse extrême , d'un tact merveilleux, il était, avant tout, en servant les haines
et les passions politiques de l'époque, fidèle à lui-
même, c'est-à-dire à sa grandeur et à sa fortune,
et que, jeté au milieu de l'hypocrisie religieuse des
dernières années de Louis XIV et des lupercales
de la Muette et du Palais-Royal, sous Philippe
d'Orléans, il crut devoir, dans l'intérêt de son ambition, caresser le catholicisme jusqu'à s'ériger en
persécuteur et encenser de moins purs autels ,
jusqu'à recevoir du régent lui-même une épithète
flétrissante que notre plume se fuserait à retracer.

D'Argenson, dès les premiers mois de la régence
(7 septembre 1715), avait été appelé à ce qu'on
nomma le conseil *de dedans* (de l'intérieur). Ce
conseil était composé de cinq membres et présidé par le duc d'Antin. Il fut fait ensuite président du conseil des finances et garde des sceaux
en 1719. S'il faut en croire quelques écrits, évidemment inspirés par le patronage de sa famille,
d'Argenson se déclara l'adversaire le plus acharné
de l'Ecossais Law et de son système, et cette anti-
pathie alla à ce point qu'il donna sa démission de
la présidence du conseil des finances, poste politique à la place duquel il obtint le titre de ministre
d'état et d'inspecteur-général de la police du
royaume. L'inimitié de ces deux hommes, partis tous
deux d'une si mince fortune et arrivés à un si haut
point d'élévation, semble peu probable; ce qu'il y
a de plus réel et ce qui peut fournir le sujet d'un
rapprochement au moins singulier, c'est que Venise, le berceau de d'Argenson, fut le tombeau de
Law, qui y mourut, non pas misérable, comme
l'ont écrit les biographes, mais dans un état voisin
de la médiocrité.

Le système de Law, les querelles religieuses,
l'abaissement des Parlemens, avaient exaspéré les
esprits : la personne de Philippe d'Orléans et ses saturnales impies étaient devenues également odieuses. L'opinion universelle était que l'ancien lieutenant-général de police avait trempé dans tous les
crimes, dans toutes les infamies que l'on reprochait

à la régence. Il n'en fallait pas davantage au peuple pour étendre sa main justicière sur un cercueil où l'hermine et les insignes des plus respectables dignités étincelaient à la lueur de six cents flambeaux. Marc-René d'Argenson était mort le 8 mai 1721 : le peuple insulta à ses funérailles par des huées, par des cris, par des sifflemens et des démonstrations outrageantes. On jeta sur le cercueil des guenilles ensanglantées; on voulut l'arracher violemment aux bras qui le portaient, et le tumulte fut si grand, l'insistance des assaillans si menaçante, que le cortège se dissipa en quelques minutes, abandonnant les fils du défunt, contraints de gagner seuls l'église Saint-Nicolas-du-Chardonnet, où un tombeau de marbre attendait le cénotaphe souillé de boue de leur père.

Il y avait loin de la fête des funérailles aux solennités du baptême : le peuple de Venise, en célébrant la venue d'un allié, avait-il eu plus raison que le peuple de Paris en troublant le deuil d'un magistrat qu'il croyait prévaricateur?

CHAPITRE IV.

MACHAULT D'AMONVILLE,

Troisième lieutenant-général de police.

Le prince de Waldeck, après avoir battu le maréchal d'Humières à Valcourt, se disposait à accepter la bataille que le maréchal de Luxembourg lui présentait dans les plaines de Fleurus ; l'armée française brûlait de réparer l'affront qu'avaient reçu les armes de Louis XIV; de toutes parts, dans tout le camp, se manifestait un élan de joie, un délire d'espoir que l'autorité des chefs avait peine à contenir dans les limites de la discipline. Entouré d'un état-major où se distinguaient au premier rang le duc de Chartres, régent du royaume peu après, le duc de Bourbon, fils du grand Condé, le prince de Conti, le duc de Vendôme et toute la fleur de la vieille noblesse française, le maréchal de Luxembourg parcourait le front de bandière du camp, recueillant à chaque bataillon les naïfs témoignages de confiance du soldat, qui se reposait sur sa fortune.

Le maréchal était arrivé devant le beau régiment de Picardie, quand un jeune officier, sortant du rang et baissant devant lui la pointe de son esponton, lui demanda d'une voix timide la permission de quitter son corps pour quelques jours, afin d'aller prodiguer ses soins à son père, dont la vie était en danger. — De grand cœur, monsieur, répondit Luxembourg avec un sourire : allez, allez, et puisse Dieu sauver votre honoré père! Puis, se tournant d'un geste ironique vers les gens de cœur qui le suivaient : « Tes père et mère honoreras, dit-il, afin de vivre longuement. »

En un instant la plaisanterie du maréchal fut répétée sur toute la ligne, et les brocards vinrent assaillir après la revue le pauvre petit officier qui en avait fourni la matière. Il n'était plus temps de réparer sa sottise; il le sentit et se promit de donner un démenti à la mauvaise opinion qu'avait fait concevoir de lui une démarche dont il avait eu le tort d'apprécier trop peu la portée.

Un mousquetaire, son seul ami, le meilleur compagnon de son enfance, vint le trouver dans sa tente comme il y songeait : — Tu vas partir, dit-il, tu choisis bien ton temps; prends ma pro-curation, et puisque tu es un si brave fils, fais mes complimens à ma mère pour qu'il ne soit pas dit que la province n'ait produit qu'un religieux observateur des prudens commandemens de Dieu.

Un soufflet coupa la parole au mousquetaire; cinq minutes après il recevait un coup d'épée dans la poitrine, et le jeune officier lui disait en s'éloignant: — Nocé, Dieu m'est témoin qu'au prix de tout mon sang j'aurais voulu éviter le malheur qui nous arrive; je ne suis pas un lâche, dis-le; dis que Machault ne craint pas la mort, mais qu'il aime avant tout, avant la gloire, avant le roi, avant l'honneur, ou ce que l'on appelle l'honneur du moins, son père, son vieux père, qui fut son premier ami. Adieu, Nocé, je brise devant toi mon épée; mais, quelle que soit la route que je doive désormais suivre, compte invariablement sur mon cœur et mon amitié.

Nous ne suivrons pas le jeune officier du régiment de Picardie dans les années qui se succédèrent. Après de longues et consciencieuses études, il embrassa la profession d'avocat et vint s'asseoir aux bancs du barreau, où son noble et généreux caractère ne de-vait pas tarder à lui assigner une digne place.

Nocé cependant avait résisté à sa blessure: brave, brillant, railleur, il s'était concilié l'amitié du jeune et voluptueux duc de Chartres; bientôt il fut un de ses plus intimes favoris. De pauvre mousque-taire du roi, en quelques jours il devint capitaine des grenadiers à cheval , aide-de-camp du duc et chevalier de Saint-Louis. Une fâcheuse aventure pensa alors l'arrêter au milieu de ce bel élan de progression et de fortune.

La fille d'un probe et respectable marchand de galons de la rue Saint-Denis excitait alors par sa beauté l'admiration générale. Thérèse, c'était le nom de la jeune bourgeoise, avait à peine dix-sept ans; mais à la régularité parfaite de ses traits, à la perfection de sa taille, à l'aisance de ses mouvemens on lui en aurait donné vingt. Nocé, trop servi par l'amour ou la fortune, ne fut pas le dernier à aller voir la belle galonnière : il en devint éperdument amoureux. Mais comme chez lui le désir s'unissait à la volonté de se satisfaire à tous risques, il résolut de brusquer l'aventure, d'enlever la fille et de la jeter toute souillée, la pauvre vierge, parmi les danseuses de l'Opéra, où l'autorité paternelle ne pourrait plus aller la reprendre. Assisté de quelques compagnons de débauche, Nocé, par une nuit d'hiver, dresse une échelle contre la fenêtre de sa belle, casse un carreau, lève l'espagnolette, entre, saisit la jeune fille, dont il étouffe les cris en la roulant dans ses draps , et regagne son échelle et ses compères , chargé du précieux fardeau. Une voiture était proche, on allait y monter, lorsque la malheureuse fille, se débarrassant du linceul qui la couvre, commence à jeter des cris lamentables. Par hasard une patrouille du guet à cheval circulait dans le quartier;

elle arrive au bruit, les bourgeois se réveillent, on descend avec des torches, avec des flambeaux des maisons voisines. Nocé veut mettre l'épée à la main, mais un boucher qui venait de tuer un bœuf et qui avait encore le couteau sanglant à la main le désarme. Ses complices s'enfuient au plus vite, et la jeune fille, délivrée comme par miracle, le désigne comme le seul auteur du rapt et de l'enlèvement. On emmène Thérèse chez son père, et le comte de Nocé, sur un ordre du lieutenant de police, va coucher à la Bastille.

L'affaire était grave. Louis XIV, devenu dévot et marié à Mme de Maintenon, déployait la plus grande sévérité pour les atteintes que les étourdis de la cour portaient aux mœurs publiques. Nocé était un des compagnons d'orgie du duc de Chartres, devenu duc d'Orléans, et Louis savait apprécier les amis de son neveu, qu'il appelait un *fanfaron de vices*. L'aventure de Nocé avait fait du bruit : un cri d'indignation, parti de la rue Saint-Denis, était allé frapper les échos de l'Œil-de-Bœuf. En vain les amis du jeune comte voulurent désarmer la colère du roi ; Louis, inflexible, maintint la captivité de Nocé et déclara que la famille de la jeune personne insultée aurait le droit de poursuivre au Parlement le hardi suborneur, sans que lui, monarque, eût l'envie de jeter une parole de clémence dans la balance de la justice.

Cette audace de Nocé, cette rigueur du roi, faisaient la conversation de tout Paris. Machault, avo-

cat, en fut instruit plus tôt que les autres. Nocé, dont
il avait dédaigné jusqu'alors la faveur, Nocé, son
camarade, son ami, sa victime, lui apparut alors
malheureux, abandonné : il se décida à lui prêter
l'appui de son talent, de ses lumières, de son zèle
d'avocat. Il court à la Bastille, se fait ouvrir, au
moyen d'une lettre de recommandation du maréchal de Villeroi, les portes du cachot de Nocé,
saute au cou de son ami, et lui dit qu'il vient le
sauver. Le jeune comte le reconnaît, l'embrasse à
son tour, lui jure qu'il n'oubliera jamais tant d'a-
mitié et de dévouement ; mais, tout en acceptant
son offre avec gratitude, il lui avoue qu'il ne croit
guère au succès. Machault l'encourage, le console
et lui donne la promesse que sa liberté suivra de
près la visite qu'il vient de lui faire.

En effet, l'ardent avocat court chez les parens de Thérèse : « Le comte de Nocé, leur dit-il,
» est sous la main de la justice du roi ; il mérite
» son sort, et je ne viens pas ici défendre son inso-
» lence et son crime. Qu'allez-vous faire, cependant,
» vous, honnêtes gens ? Aggraver un fait scandaleux
» par des plaidoiries scandaleuses ? Vous placer,
» famille honorée et honorable, sur le pinacle de
» l'opprobre? Un arrêt, je le sais, un arrêt solennel
» vous vengera de l'atteinte portée à votre considé-
» ration, mais cet arrêt compensera-t-il dignement
» la honte de l'audience, la rougeur du front de
» votre fille, la perte de votre temps, si utilement et
» si noblement employé? Croyez-moi, désistez-vous

» de poursuites qui ne pourraient profiter qu'à la
» malignité publique, qu'à l'oisiveté bavarde des
» salons de la ville et des antichambres de la cour;
» contentez-vous de recevoir ici, dans cette bou-
» tique, les excuses du comte de Nocé, excuses
» qui ne seront valables qu'autant qu'elles seront
» faites devant vingt témoins : dix hommes de la
» cour et dix bourgeois de vos amis. La jeune Thé-
» rèse n'a pas succombé au piége qui lui avait été
» tendu ; le mal n'est donc pas irréparable, et son
» honneur demeure intact. »

Comme il vit que ces raisons produisaient l'effet qu'il en avait attendu parmi ces honnêtes bourgeois, il ajouta : « Je suis avocat, c'est vous dire
» assez que je ne suis l'organe que d'un repentir
» ou d'une rémunération délicate. M. Périer, dit-il
» en s'adressant au père de Thérèse, vous serez
» échevin à la première nomination qui se fera : en
» voici la promesse de la main même du prévôt des
» marchands et du gouverneur de Paris. M. le duc
» d'Orléans fera le reste. Vous avez un neveu curé
» à la petite paroisse de Saint-Pierre-aux-Bœufs,
» voici sa nomination signée par monseigneur l'ar-
» chevêque de Paris à la cure de Saint-Gervais.
» Votre maison de commerce marche avec honneur,
» mais elle n'est pas aussi florissante qu'une légitime
» ambition vous le ferait désirer, voici le brevet de
» fournisseur de la maison d'Orléans; je suis chargé
» de vous le remettre. Parlez maintenant, voulez-
» vous pardonner ou faire punir ? »

Les bonnes gens étaient abîmés dans une mer de réflexions; l'ambition d'un côté, le désir de se venger de l'autre, les plongeaient dans une cruelle alternative. Mais Machault n'était pas homme à les laisser respirer; il reprit la parole et fit si bien briller à leurs yeux les diverses fortunes qu'il leur avait apportées dans le pan de sa robe d'avocat qu'ils signèrent le désistement.

La victoire était gagnée. Le comte de Nocé était libre, il resta cependant deux mois encore à la Bastille pour le compte du roi. Ce ne fut qu'au bout de ce laps de temps que, fidèle à la promesse que Machault avait faite pour lui, il alla faire amende honorable devant le comptoir de la rue Saint-Denis. Du reste, tout ce que Machault avait promis se réalisa avec une religieuse exactitude : le père Périer devint échevin; le curé de Saint-Pierre-aux-Bœufs fut curé de Saint-Gervais, et la valetaille de la maison d'Orléans, toujours élégante et nombreuse, prit ses galons dans la boutique de l'échevin.

Quant à Thérèse, elle fit un mariage brillant. Le fils du comte Stanislas-Lubormiski de Bandonier, qui était venu régler à la cour de Louis XIV quelques affaires relatives à l'alliance de la Pologne, devint amoureux de cette jolie bourgeoise, l'épousa et l'emmena dans sa patrie, où elle a vécu soixante ans objet des hommages et de l'admiration de toute la cour polonaise, qui se connaissait si bien alors en graces, en amabilité, en talens et en esprit.

Machault avait fait une comtesse palatine de la fille d'un marchand de la rue Saint-Denis; mais il ne put parvenir à faire du comte de Nocé, malgré sa retraite forcée à la Bastille, un homme sage et réservé. Tout entier à la société du duc d'Orléans, dont il était devenu le familier le plus nécessaire, Nocé se jeta à corps perdu dans tous les excès et dans tous les plaisirs de l'époque.

Quand d'Argenson quitta les fonctions de lieutenant de police pour entrer, en septembre 1715, dans le conseil de régence, Nocé proposa au régent de confier cette place importante à Machault. Philippe n'avait rien à refuser à ses amis, au comte de Nocé surtout; la place fut accordée, et le blessé de Fleurus voulut aller annoncer cette bonne nouvelle à son camarade, à son ami, qu'il avait négligé depuis plusieurs années.

Il entra brusquement dans le salon (c'était le soir), où le conseiller causait au milieu de sa famille et de quelques amis.

» Machault, lui dit-il en l'abordant, tu m'as » donné jadis un coup d'épée qui m'a fait grand mal, » mais tu m'as tiré d'un mauvais pas : j'ai voulu » régler nos comptes de ce jour: tu seras lieutenant » de police, c'est monseigneur le régent qui te l'an- » nonce dans cette lettre, tiens, lis : »

L'étonnement de Machault était grand, il regardait le comte de Nocé avec des yeux tout in-crédules.

— Mais, lis donc! dit Nocé en lui présentant la lettre. Le conseiller lut et vit qu'en effet le régent Philippe d'Orléans l'investissait de cette place, de cette place la plus importante peut-être de l'Etat sous le pouvoir d'un usurpateur ou d'un tyran. — Me remercies-tu, Machault, dit Nocé?

Machault, énivré par ce parfum de grandeurs qu'il commençait à sentir, se jeta, plein de recon-naissance, dans les bras de son ami, et le remercia en termes pleins d'une chaude et véritable gratitude.

— Croirais-tu bien, dit Nocé, que j'ai eu un peu de peine à décider notre seigneur d'Orléans à te nommer? il ne te trouve pas assez laid : d'Argen-son l'a gâté.

— Quelle idée! dit Machault en riant. — Oh! ce n'est point une folie que je dis là, Machault, c'est une pure vérité. La beauté en homme et en femme n'est de mise qu'à la Muette ou au Luxem-bourg; mais au Palais-Royal, aux Tuileries, à Ver-sailles, il nous faut des laideurs amères; tu verras d'Argenson, Law, le duc d'Antin et dix autres que je pourrais te nommer. Mais adieu : le chevalier de Riom, l'amant de la duchesse de Berri, m'at-tend en bas dans mon carrosse, il faut que j'aille le rejoindre; nous allons au Palais enlever pour le châtelain de la Muette une grisette mariée depuis seulement huit jours; mais surtout que le lieutenant de police n'en sache rien.

Et le fou, le roué, le ministre de Philippe d'Orléans, se prit à descendre les escaliers quatre à quatre, tandis que le nouveau lieutenant de police restait là, attendant le lendemain pour procéder à son installation.

Machault continua, mais avec moins de talent et de perversité peut-être, le système de d'Argenson. Dans le peu d'années qu'il resta à la tête de la police de Paris, il montra plus de zèle que de véritable talent, plus d'esprit d'ordre que d'esprit d'amélioration. Il fit peu, et il ne put pas faire davantage pour les mœurs. La régence et le régent, le gouvernement et la cour étaient si profondément, si indignement pervertis qu'un magistrat qui aurait voulu en prendre énergiquement la défense n'aurait pu rester long-temps en place.

Les hommes ne sont souvent que ce que les circonstances les forcent d'être.

Machault cependant donna quelques réglemens utiles sur l'éclairage et sur la voirie. C'est depuis son édilité que les commissaires de quartier ont à leur porte une lanterne qui, à l'encontre de beaucoup d'autres, ne compte jamais sur la lune.

CHAPITRE V.

PIERRE-MARC, COMTE D'ARGENSON,

Quatrième lieutenant-général de police.

L'équipage du maréchal de Villars, au retour d'une promenade à Versailles, fut arrêté par des bandits, au milieu du Cours-la-Reine, vers la fin de l'année 1719. La présence d'esprit du cocher sauva le maréchal d'une visite peu courtoise; mais, irrité du danger qu'il avait couru, Villars adressa des plaintes amères au régent, qui, pour lui donner satisfaction, suspendit le lieutenant-général de Police Machault et revêtit de sa dignité édilaire Pierre-Marc Voyer-d'Argenson, second fils du célèbre lieutenant de police de ce nom.

5

D'Argenson n'accepta pas sans hésitation et sans répugnance un poste que son père avait rendu si difficile à remplir; mais, comblé des faveurs de Philippe d'Orléans, il n'osa décliner le dangereux honneur qu'il lui voulait faire, et prit possession de la place au mois de janvier 1720, en se promettant bien d'y rester le moins que le permettraient les circonstances.

Du premier jour, d'Argenson résolut de suivre les erremens paternels en déployant une vigilance et une rigidité exemplaires. Mais les temps avaient marché depuis la mort de Louis XIV. La conduite du régent n'autorisait que trop la dépravation générale, et des réglemens de police devaient demeurer insuffisans pour faire respecter la décence et la sécurité publiques. Le nouveau lieutenant de police reconnut bientôt que, pour remplir sa charge selon le vœu de la cour, ce n'était qu'à la partie matérielle de ses attributions qu'il devait s'attacher avec sévérité et vigueur.

Les roués du Palais-Royal et de la Muette continuèrent donc à rosser le guet, à briser les lanternes, à insulter les femmes à la sortie du spectacle et dans les promenades: d'Argenson dut les laisser faire; mais en même temps il entreprit une guerre active contre les vagabonds et les fripons étrangers, que le système de Law et le relâchement des mesures de sûreté avaient attirés en foule dans la capitale. En quelques jours il remplit les prisons du Châtelet d'un millier de comtes et de marquis exploitant leurs quartiers de noblesse aux jeux de la rue Quincampoix; il renouvela aussi alors pour les nymphes banales de la cité parisienne l'ordonnance de Charles VI, à la ceinture près, car l'or n'était plus dès lors une distinction.

Les boulevarts qui ceignent Paris, si fréquentés aujourd'hui, si brillans, si riches et si recherchés, n'étaient alors que de tristes et boueux remparts, où la prudence ne permettait guère de s'aventurer à la nuit tombante. D'Argenson étendit l'éclairage de la ville depuis la porte Saint-Honoré jusqu'à la porte Saint-Denis, et fit construire sur cette ligne, jusqu'alors obscure et déserte, de petits corps-de garde distancés de quinze cents pas environ, et qui subsistèrent jusqu'au commencement de l'année 1789. C'était peu assurément pour la sûreté publique que de cantonner dans ces petits forts de planches et de boue cinq ou six pauvres soldats du guet, tremblant la plupart du temps de peur ou de froid: le résultat cependant fut immense, et le nombre des attaques et des vols diminua dans une proportion que l'on aurait peine à comprendre, aujourd'hui que tant de moyens actifs et intelligens de répression demeurent si souvent sans effet pour combattre l'audace et la ruse des malfaiteurs.

D'Argenson déploya dans les diverses parties de son administration un louable zèle. Son père lui avait appris par son exemple que le moyen le plus assuré d'inspirer le courage et la confiance est

d'en faire preuve par soi-même : aussi ne négligea-
t-il dans aucune circonstance de payer de sa personne et de se transporter où l'appelaient le tumulte, les coupables tentatives ou les dangers de
la cité.

Dans une de ces occasions, lors d'un incendie
considérable qui réduisit en cendres trois maisons
de la rue de la Juiverie, son courage pensa lui
devenir fatal et il fut grièvement blessé à la tête
par la chute d'une poutre enflammée. On le transporta à son hôtel, mille soins lui furent prodigués
en hâte, la cour et la ville s'empressèrent de se
faire inscrire chez lui et de rendre un public
hommage de reconnaissance et d'intérêt au magistrat courageux et dévoué.

En homme habile, d'Argenson pensa que le
moment était venu de prendre une honorable retraite. Il formula donc en peu de mots sa démission, et l'adressa au régent, qui se trouvait alors à
Versailles. Philippe fit quelque difficulté à l'accepter ; mais, sur l'assurance des amis du comte que sa
santé demandait les plus sévères ménagemens, il
n'hésita plus, se rappelant, en véritable neveu de
Louis XIV, le constant dévoûment du père, et ne
voulant pas que cette race d'hommes de moralité
et d'honneur succombât et s'éteignît sous le fardeau des affaires publiques (1).

(1) Ce même comte d'Argenson fut quelques années plus tard
ministre et secrétaire d'Etat de la guerre.

Il est hors de doute que le comte d'Argenson, sous un gouvernement normal, sous un prince respectable et respecté, se serait montré digne du poste éminent où l'appelait sa capacité autant que le nom laissé par son père : mais dans ces temps de scandaleuses débauches, de tentatives ultra-bizarres et de folies financières, il aurait fallu aux magistrats de la cité une vertu surhumaine : un Lhospital, un Jouvenel des Ursins, auraient suffi à peine alors à tenir d'une main ferme et assurée la noble balance de la justice. D'Argenson n'était pas taillé de l'étoffe de tels hommes ; mais on doit reconnaître à sa louange que durant le cours de son édilité, il se montra personnellement dévoué au bien de la ville, ami de la justice et protecteur du faible et de l'opprimé. Maintes fois, il est vrai, la loi, qu'il avait mission de faire respecter, fut insuffisante ou muette contre de coupables tentatives, mais sa partialité pour une classe privilégiée de perturbateurs et de libertins ne dégénéra jamais en aveuglement immoral ; et quand il put sévir contre les scandales publics, il le fit avec énergie, comme le prouve le fait que nous allons citer.

Jeune et riche héritier d'une ancienne famille d'Auvergne, un comte, dont nous tairons le nom, porté aujourd'hui avec honneur par un des membres distingués d'une de nos assemblées parlementaires, quittait chaque année sa terre, située aux environs de Riom, pour venir à Paris passer quelques semaines. Sa venue dans la capitale coïncidait d'ordinaire avec l'époque où se tenait la foire Saint-Germain. Cette foire était, comme on sait, le rendez-vous alors de la ville et de la cour : les jeux, les divertissemens, les plaisirs de toute espèce s'y confondaient au milieu d'un mouvement, d'un bruit, d'une licence dont ne donneraient qu'une bien imparfaite idée les plus animées de nos fêtes actuelles de campagne. Des boutiques, par centaines, y étalaient tout ce que la mode et le goût venaient d'inventer de plus raffiné et de plus frais ; les spectacles, les concerts, les bals s'entassaient dans son faible espace ; les escamoteurs, les saltimbanques, les histrions de toute couleur et de tout étage y pullulaient. C'était au milieu de cette folie, de ce carnaval, de ce bazar de tous les instans que venait descendre le gentilhomme auvergnat. Là, chaque jour, ou chaque nuit plutôt, on le voyait se promener parmi les jolies marchandes, distribuant avec plus de profusion que de goût l'or et les propos galans, les œillades passionnées et les cadeaux plus efficaces ; puis, le jour de la clôture venu, il se rendait une dernière fois sur le théâtre de ses profusions et de ses galantes tentatives, escorté d'un bataillon complet de ses plus grossiers compatriotes, réunis d'avance dans un banquet et qu'il n'amenait que bien payés et repus pour la plupart outre mesure. Au signal donné par le comte, cette masse aux épaules carrées se précipitait dans l'enceinte avec un houra général ; la foule, surprise, éperdue, se ruait d'un mouvement machinal sur les boutiques, cherchait un abri dans les théâtres, courait se réfugier vers les comptoirs; les cris des femmes, les imprécations des marchands venaient augmenter le désordre, et cette perturbation effroyable, cette confusion et cette terreur duraient une demi-heure environ: ce temps suffisait au comte pour faire enlever quelque honnête et jolie marchande, qu'avaient été impuissantes à séduire les offres brillantes et les amoureuses protestations du Sardanapale auvergnat.

De toute cette rumeur, il est vrai, il résultait ordinairement beaucoup plus de bruit que de besogne; d'ordinaire aussi, il est vrai, l'Hélène enlevée aux comptoirs de la foire Saint-Germain reparaissait l'année suivante plus riche, sinon plus jolie; mais ces paniques, imposées chaque année à toute une population d'honnêtes marchands et de promeneurs, ne semblèrent pas moins à Voyer-d'Argenson une grave atteinte à la sécurité de la ville. Résolu d'y porter remède et de guérir à la fois le gentilhomme turbulent de ses manies de sultan et de crocheteur, il fit secrètement entourer la foire Saint-Germain par une force armée suffisante, et le jour de la clôture, au moment où le comte donnait, en vrai Romulus d'Auvergne, le signal du combat et de l'enlèvement, un bataillon de gardes françaises, quelques escouades du guet à pied et à cheval et une cohorte d'exempts assaillirent les perturbateurs, les saisirent et les entraînèrent au Châtelet et à l'hotel de la lieutenance de police.

Pour les obscurs coryphées du comte, la peine devait être légère : quelques semaines de prison en firent justice. Il fut l'objet d'une plus éclatante sévérité. Détenu d'abord à la Tournelle du Châtelet, il y resta plus de quinze jours sans être interrogé; puis, après une instruction superficielle, il fut transféré à la Bastille, où il demeura deux ans.

C'était payer un peu cher le plaisir d'avoir fait gourmer cinq ou six mille individus effarés dans une enceinte fermée de planches; mais il y avait à cette sévère punition un motif juste et suffisant. Par malheur, le comte n'avait pas d'appuis à la cour, ce qui fit dire hautement à la bourgeoisie qu'on n'aurait pas usé de tant de sévérité à son égard s'il s'était fait préalablement affilier à la société inviolable des Nocé, des Broglie et des Canillac.

CHAPITRE VI.

PHILIPPE TESCHEREAU, SEIGNEUR DE LINIÈRES,

Cinquième lieutenant-général de police.

Il s'agissait de trouver un successeur à d'Argenson dans la charge dont il venait de se démettre. Cette nomination devint un sujet de discorde dans le conseil de régence. Philippe d'Orléans désirait avec ardeur qu'une de ses créatures demeurât à la tête de la police de Paris ; le duc de Bourbon, d'un autre côté, excité simultanément par le duc de Villeroy, gouverneur du jeune Louis XV, et par l'abbé Fleury, son précepteur, tenait à ne voir élever à ce poste qu'un personnage connu par son dévoûment exclusif au trône et à l'héritier de la couronne. Plusieurs conférences eurent lieu sans qu'on pût s'entendre au sein du conseil. Les humeurs s'aigrissaient, les menaces commençaient à se mêler aux refus et aux demandes: ce que n'avaient pu faire l'abandon du pacte de famille, la ruine du système ni le mécontentement général, une simple nomination aux fonctions de lieutenant de police allait le déterminer, lorsque le duc d'Antin, choisissant, en habile conciliateur, un *mezzo-termine*, proposa pour candidat à cette place si enviée un homme qui devait convenir aux deux partis : c'était Jean-Baptiste Teschereau, seigneur de Linières. Il fut agréé, et le comte d'Argenson eut un successeur le 10 du mois de juillet 1720.

Teschereau appartenait à une honorable famille de robe. Lui-même, après de brillantes études au collége des Jésuites, s'était consacré avec ardeur à la connaissance des lois et n'avait pas tardé à se faire un nom au barreau. Le talent du jeune orateur avait attiré sur lui l'attention de la duchesse d'Orléans, mère du régent : elle avait voulu le voir et se l'était fait présenter. La facile élocution de l'avocat, son attitude réservée, le timbre flatteur de sa voix, avaient favorablement disposé la princesse en sa faveur, et elle voulut tout d'abord l'attacher à son service. Teschereau refusa cette faveur, et, comme la princesse insistait, « Daignez m'excuser, madame, dit-il d'un accent ferme et modeste, je me sens porté d'inclination à être toute ma vie le plus humble de vos serviteurs, mais je ne me pour-

rais jamais résoudre à être attaché à votre maison
comme domestique. » La princesse n'était pas ha-
bituée à de tels refus : la réponse du jeune légiste,
mi-athénienne et mi-spartiate, l'étonna cependant
sans l'irriter. La duchesse d'Orléans était une Allemande fort vive, fort bavarde, fort médisante et
fort vaine, mais bonne au fond, sensible, droite et
plus éclairée qu'une princesse n'avait coutume
de l'être alors. Après quelques momens de silence,
elle se prit à rire en vraie folle, et tendant sa
main à baiser à Teschereau, « Vous avez raison,
Robin, lui dit-elle avec son accent tudesque, un
homme de quelque valeur ne doit avoir pour maître que le roi. Je suis de votre avis, et je vous
prouverai que vous venez de mériter une place
dans mon amitié. »

Trois semaines après, Teschereau était nommé
conseiller à la Cour des aides.

Ce fut dans cette position que la faveur du roi
l'alla chercher pour le revêtir des fonctions de lieutenant de police ; mais jamais le vers du poète,
« Tel brille au second rang, » ne reçut une application plus exacte. Orateur éloquent, magistrat
éclairé durant la première partie de sa carrière,
Teschereau devait se montrer, sous la nouvelle influence qui venait de changer sa fortune, sec, dur,
hautain et plein d'âpreté. Il crut que le premier
mérite d'un lieutenant de police était d'avoir l'a-
bord sombre et sinistre ; que ses qualités ordinaires devaient être une sévérité hargneuse, un

puritanisme pédantesque. Il se figura que l'urba-
nité et l'élégance de mœurs, dont il avait été jusque là un modèle, devenaient incompatibles avec
l'exercice de sa charge suprême ; et, comme il arrive d'ordinaire, en voulant éviter ce qu'il consi-
dérait comme un écueil, il tomba dans l'excès et
l'exagération de ce qui ne saurait jamais être une
qualité. Teschereau se trompa ; nombre de ceux
qui l'ont remplacé sont tombés dans la même er-
reur. Toujours est-il qu'il se fit plus d'ennemis
par sa forme dure et hautaine que par la sévérité
des réglemens de police qu'il essaya de remettre
en vigueur avec plus de zèle que de succès.

Teschereau eut un autre tort plus grave, ce fut
de vouloir établir un système dans une immense
machine dont le principal mérite est de n'en souffrir aucun. Le hasard, en effet, est le véritable dieu
de la police : c'est pour son fronton que semble
faite l'inscription *diis ignotis*, et les trésors qu'elle
épand de ses mains impures n'ont servi jamais à
prévenir ni à signaler une conspiration, depuis
l'intrigue de Porto-Carrero, sous la régence, et la
conjuration des Marmouzets, sous Louis XV, jusqu'aux conspirations au petit pied que nous voyons
se renouveler incessamment de nos jours.

Teschereau voulut donc augmenter ses moyens
d'action. Ses prédécesseurs avaient sagement par-
qué la délation aux deux rayons les plus éloignés
de l'échelle, les gens de cour et les laquais, car, là
il n'y avait rien à gâter ; Teschereau s'appliqua à

étendre la corruption de haut en bas ; il voulut traiter les faubourgs de Paris comme Versailles, et mit toute son ambition à savoir ce que faisaient au même moment le roi voluptueux à l'OEil-de Bœuf et le misérable artisan dans son ménage. Teschereau rêvait la divinité dans la police.

Cette soif de tout savoir, de tout faire relever de son tribunal le força d'employer toutes sortes de gens ; aussi fit-il dans tous les états une sorte de *presse* de délateurs, comme l'Angleterre fait dans l'urgence une utile *presse* de matelots. Sous les enseignes de la police, il enrôla des perruquiers et des chantres, des cochers de fiacre et des raccoleurs, des filles publiques, des portefaix, des commis, des chanteurs ; il autorisa l'ouverture de lieux de prostitution, de tripots infâmes, de salles d'armes et d'une foule d'établissemens équivoques, où, comme en autant de souricières et d'observatoires, ses estafiers fixèrent leur domicile et attirèrent tout ce que Paris renfermait de vice et de corruption. Certes, tout cela était bien immoral, bien immonde ; mais cela paraissait utile, on le disait, on le criait, et les gens simples ou irréfléchis finissaient par le croire. Comme si, pour empêcher la corruption, il était urgent de l'étendre ! comme si l'on pouvait sans danger faire de la police homœopathique !

Teschereau, toutefois, fit quelques réglemens utiles, tant il est vrai qu'il est aisé au magistrat investi d'un grand pouvoir de se rendre recommandable par quelque institution protectrice; mais il fut loin de rendre à la cité les services éminens qu'elle avait reçus de ses prédécesseurs.

Dans ce rapide aperçu de la marche et des progrès de la police de la capitale, nous voici arrivés au règne de Louis XV ou plutôt au moment où le prince commence à se dégager des lisières qu'à tenues jusque là la main incertaine du régent (1722). Nous entrons dans une ère nouvelle, où se vont rencontrer à chaque pas des améliorations importantes et où les hommes investis de l'autorité de la police vont se montrer enfin plus que des magistrats, mieux que des édiles: des citoyens!

CHAPITRE VII.

RAVOT, SEIGNEUR D'OMBREVAL.

Sixième lieutenant-général de police.

Issu d'une de ces anciennes familles parlementaires dont les mœurs graves et austères opposèrent constamment une digue respectable et puissante au corrupteur élan des vices et des excès de la cour, Ravot, seigneur d'Ombreval, d'un caractère appliqué, sérieux et plein de douceur, avait terminé dès l'âge de seize ans ses études au collège que Louis XIV honore encore aujourd'hui de son grand nom : à vingt-et-un ans, il siégeait au Parlement de Dijon, et son amour pour l'étude, son dévoûment à ses devoirs, lui assignaient dès lors un rang distingué parmi la plus honorable magistrature. Dès lors, les passions et les écarts de la jeunesse semblaient avoir chez lui cédé aux honorables et rigides erremens dont sa famille lui fournissait tant de chastes et encourageans exemples.

Amené à Paris par quelques affaires d'importance, d'Ombreval, qui retrouvait à la tête des affaires les condisciples de sa jeunesse, vendit sa charge du Parlement de Bourgogne et se fit admettre à la Cour des aides : de là devait dater sa fortune. Il s'y fit remarquer tout d'abord par son savoir profond, ses connaissances variées et son amour du travail. Six mois après, il était conseiller d'Etat et second adjoint à l'importante intendance de Poitou.

D'Ombreval, au temps de ses exercices, avait été le camarade et l'ami du marquis de Maillebois ; la fortune les avait depuis produits dans deux carrières diamétralement opposées. Petit-fils du grand Colbert, Maillebois avait jeté aux orties la robe et le bonnet d'avocat : il était lieutenant-général alors ; plus tard il devait devenir maréchal de France. Par ses alliances, par son mérite, par sa position à la cour surtout, Maillebois disposait de beaucoup de suffrages ; il avait, pour se servir d'une expression de l'époque, l'oreille du roi, et rien ne lui était plus facile que d'ouvrir un destin brillant au camarade de sa jeunesse. Il résolut d'étayer de son pouvoir un magistrat éclairé et consciencieux dans la route d'honneurs et de renommée trop souvent ouverte à l'impéritie et à l'intrigue ; c'était, au reste , se souvenir noblement de son aïeul, que de faire tomber la faveur sur d'Ombreval : Colbert n'eût pas choisi un plus digne successeur à La Reynie.

Le comte d'Argenson avait repris vers ce temps, par une complaisance forcée de cour , les fonctions de lieutenant-général de police, résignées inopinément par Teschereau ; il s'agissait de lui trouver promtement un successeur digne et capable. La cour jeta les yeux sur l'ami du marquis de Maillebois, et, le 28 janvier 1714 , Ravot , seigneur d'Ombreval, fut nommé lieutenant-général de police.

Nourri de la lecture des grands auteurs de l'antiquité, Ravot d'Ombreval avait, dans sa conscience de magistrat, médité avec fruit Plutarque, Aristote et Platon ; il voulut , dans la première place d'administration morale du royaume, réaliser les utopies qu'avaient fait naître en sa jeune tête les divins systèmes de la philosophie antique ; il considéra l'époque où il vivait et la jugea bien : c'était une époque d'hypocrisie et de corruption, un temps de désorganisation morale et de dépravation politique; il osa penser qu'une ressource inconnue existait encore, et qu'il y avait possibilité peut-être d'introduire la réforme au corps social par en bas, c'est-à-dire par le peuple. Il se trompait, l'honnête homme , car les principes ne remontent pas : la vertu doit tomber de haut en bas, et ce sont les

6

aristocraties qu'il faut régénérer quand on veut retremper les peuples.

Ravot donna une grande quantité de bons réglemens, imités la plupart des républiques grecques et romaine; ses consciencieuses tentatives n'eurent d'autre fruit, malheureusement, que de divertir les oisifs de la cour et d'exciter les allusions des mauvais plaisans de la ville. Pour mettre un frein à la licence des femmes de mauvaise vie qui pullulaient depuis la régence, on le vit puiser jusque dans les poudreuses annales de la cité, et faire revivre des ordonnances du prévôt de Paris des 8 janvier 1414 et 6 mars 1419, dont le texte semblera sans doute curieux à nos lecteurs.

« Il est défendu à toute femme de vie dissolue de
» tenir *maison* ailleurs que dans les rues marquées
» par l'ordonnance de saint Louis, à peine d'être
» emprisonnée sur la simple dénonciation ou plainte
» de deux voisins ou de deux honnêtes femmes.
» Fait défense à toutes personnes de leur louer des
» maisons ailleurs, sur peine d'amende et de la perte
» des loyers, et à ces femmes de mauvaise vie, d'en
» acheter, sur peine de la perte de leur argent et
» des maisons. Ces mêmes réglemens font aussi dé-
» fense à toutes personnes de se mêler de fournir
» des filles ou femmes, pour faire péché de leurs
» corps, sur peine d'être tournées au pilori, mar-
» quées d'un fer chaud et mises hors de la ville ;
» et à toutes femmes dissolues, d'avoir la hardiesse

» de porter à Paris ni ailleurs de l'or et de l'ar-
» gent sur leurs robes, ni chapeaux, ni aucunes
» boutonnières d'argent blanches ou dorées, des
» perles, des ceintures d'or ni dorées, ni aucuns
» habits fourrés de gris, de menu-vair, d'écureuil,
» ni d'autres fourrures honnêtes. Leur fait aussi
» défense de porter des boucles d'argent à leurs
» souliers, le tout sous peine de confiscation et
» d'amende arbitraire. Ordonne que dans huit jours
» elles quitteront ces sortes d'ornemens ; et après
» ce temps passé, enjoint aux sergens, sur peine de
» privations de leurs offices, de les arrêter en quel-
» que lieu que ce soit, excepté dans les églises; de
» les amener en prison au Châtelet, pour leur être
» leurs habits ôtés et arrachés, et elles punies selon
» l'exigence du cas. »

Le nouveau réglement qu'il rédigea, en conser-
vant toutes ces dispositions, ne servit guère qu'à
augmenter le nombre des rieurs; celui des femmes
perdues ne diminua pas, et de satiriques chansons furent adressées de toutes parts au magistrat
qui voulait remettre en honneur la chasteté si peu
de temps après la régence : il y avait anachronisme
en effet.

Ce mauvais succès dans une partie si importante
de l'administration qui lui était confiée ne décou-
ragea pas Ravot d'Ombreval. Un gentilhomme pro-
vençal avait été assassiné à la sortie d'un tripot
dans une voiture de place : le lieutenant de police

ordonna dès le lendemain qu'aucune espèce de voiture à deux ou à quatre roues, qu'aucune brouette, chaise à porteur, vinaigrette, etc., ne pourrait stationner à l'avenir sur la voie publique sans que son propriétaire eût obtenu une autorisation préalable, dont le prix, applicable aux hôpitaux, se trouverait représenté par un numéro placé sur la caisse de la voiture. On a beaucoup amélioré, depuis, la police et l'administration des voitures ; mais ce n'en est pas moins à Ravot d'Ombreval que fut due cette amélioration, qui devait être la clé de toutes les autres.

Ravot pensait avec raison que l'appât des jeux de hasard, mis à la portée du peuple, est une source dangereuse de vices et de dépravation : il les défendit tous, et son rigorisme alla si loin qu'il enjoignit à ses exempts d'arrêter sur les boulevarts et jusque dans les fêtes foraines toute espèce de bateleurs exploitant un système quelconque de loterie, ceux même qui sur un cylindre garni d'une aiguille font tirer ce que le peuple appelle des *oublies*. Le maréchal de Richelieu, qui ne négligeait aucune occasion de ridiculiser la spartiate sévérité du lieutenant de police, disait assez plaisamment à ce sujet à Louis XV que d'Ombreval se montrait plus que jamais ennemi des plaisirs.

L'intention de Ravot d'Ombreval était, aux derniers jours de son administration, d'organiser un service de *fanaliers,* ou porteurs de fanaux. Cette création aurait pu sans doute produire d'utiles et précieux résultats, participante qu'elle aurait été du wachtmann et du constable; l'originalité, malheureusement, que l'on reprochait aux mesures du lieutenant de police depuis son réglement sur les filles et sa prohibition des plaisirs, entachait de ridicule ses intentions les plus sérieuses. Les merveilleux de l'OEil-de-Bœuf et les petits-maîtres de la place Royale brodaient incessamment à qui mieux mieux sur ce canevas fragile. Ravot d'Ombreval comprit que la toge du magistrat n'était plus chez lui environnée du respect sans lequel elle n'est rien qu'une vaine parade : il offrit au roi sa démission, et Louis XV l'accepta, non sans manifester le vif regret qu'il éprouvait de le voir s'éloigner d'un poste qu'il avait rempli avec de si droites intentions, une probité si sévère, et dans lequel il avait rendu d'éminens services par son exemple et son bon vouloir.

Ravot d'Ombreval fut décoré du cordon noir et se hâta de quitter Paris pour se retirer dans une délicieuse retraite qu'il avait acquise aux environs de la ville de Meaux. La Brie se nommait alors le *Paradis des parvenus*. Les financiers et les fermiers-généraux peuplaient cette heureuse province de palais et de somptueux châteaux. Ombreval, parmi ces habitations élégantes, fut dès lors renommé pour son luxe à la fois, sa magnificence et son exemplaire hospitalité.

Là, Ravot termina ses jours en philosophe et en sage, entouré d'un cercle d'amis de choix, colligeant une noble et vaste bibliothèque, sans souci des affaires publiques, sans regret des décevantes gracieusetés de cour et tenant pour devise constante l'inscription gravée au fronton de sa porte, toujours ouverte: *Cor magis patet.*

CHAPITRE VIII.

HÉRAULT DE VAUCRESSON,

Septième lieutenant-général de police.

François-Louis de Bourbon, prince de Conti, avait fait élever une charmante habitation sur le riant plateau qui domine, en vue de Paris, la plaine et le village de Vanvres. Les beaux-arts avaient été mis à contribution pour embellir et décorer cette résidence presque royale, et les jardins, les bois, les métairies qui l'entouraient en doublaient à la fois le mérite et le prix en s'harmonisant merveilleusement avec la somptueuse élégance qui éclatait de toutes parts dans le château.

Le prince de Conti, qui s'était distingué au siége

de Luxembourg , qui avait noblement payé de sa personne dans la campagne de Hongrie, en 1685 , et avait commandé aux batailles de Fleurus , de Steinkerque et de Nerwinde , possédait toutes les nobles qualités d'un prince et d'un héros. Appelé au trône de Pologne par le suffrage unanime de la nation, il s'était vu, faiblement soutenu qu'il était par les armes et l'influence de la France, contraint de renoncer à l'héritage glorieux de Sobieski ; il se consolait en cultivant les arts et les lettres , en protégeant surtout ceux qui les cultivaient avec honneur , et répétait avec Mme Deshoulières , à propos du témoignage impuissant d'estime et de confiance d'un peuple qui lui décernait la couronne :

C'est la fortune qui la donne,
Il suffit de la mériter.

D'un caractère hardi , vif , enjoué , le prince de Conti s'exprimait avec élégance et précision ; il aimait le laconisme pour lui et les autres, et les aventures bizarres , les faits singuliers, les rencontres imprévues avaient pour son esprit un charme particulier. Un jour qu'à la suite d'une partie de chasse où , dans les bois de Verrières et du Vaisynet, il avait réuni tout ce que la cour avait d'élégans seigneurs, il se dirigeait vers sa retraite chérie de Vanvres en traversant la route d'Orléans , il vit accourir de loin un homme excitant de l'éperon l'ardeur et le galop d'un assez médiocre cheval du Limousin. — *D'où viens-tu ? où vas-tu ? que demandes-tu?* cria le prince au moment où le cavalier traversait la route. Sans arrêter son élan, sans regarder l'interlocuteur, le cavalier répondit du même ton et avec une brièveté pareille. — *De Bourges! A Paris! Un bénéfice !* — *Tu l'auras !* répliqua le prince, tandis que l'ardent solliciteur disparaissait dans un nuageux tourbillon de poussière : *Tu l'auras !* cria-t-il de loin en riant, et il tint parole.

Ce cavalier si pressé était Philibert-Antoine Hérault. D'une maison noble mais peu fortunée de la province de Berry, il venait dans la capitale, comme tant de cadets de famille, chercher fortune et tendre les mains aux largesses que la faveur ne cessait de faire tomber aux alentours d'une cour heureuse et splendide. Léger d'argent, mais riche d'une instruction solide, d'un esprit élevé et d'une activité remarquable, le jeune Hérault se sentait au cœur l'étoffe d'un homme supérieur et utile. Le succès devait répondre à ses vœux, car l'ambition, dans une ame droite et opiniâtre, est le plus assuré garant de l'avenir et de la fortune.

Le prince de Conti fit d'abord donner à son protégé improvisé un bénéfice simple de cent pistoles; puis, à la suite des remerciemens qu'Hérault lui adressait dans sa vive et sincère reconnaissance, remarquant la tournure heureuse de son esprit, son intelligence, ses talens, le prince l'attacha à sa personne en qualité de secrétaire intime.

Accroché dès-lors au premier rayon de l'aveugle et rapide roue de la fortune, le jeune gentilhomme, le cadet, ne devait pas rester en si beau chemin ; il parcourut rapidement tous les degrés de la faveur de l'excellent prince, et, à la mort de Conti, en 1709, il était historiographe et chancelier de la maison de Conti-Bourbon, et recevait un traitement annuel de dix mille et quelques écus.

Hérault, dans cette position avantageuse et brillante, avait su se faire des amis ; la bonté de son cœur, l'élégance de son esprit, son intégrité, ses talens avaient été appréciés à juste titre : le duc d'Antin lui conseilla de briguer un emploi public ; il le fit, et fut nommé, avec l'appui de cet influent personnage, intendant de la province de Touraine. Bientôt il passa sous ce même titre à l'intendance plus importante de l'Auvergne, et ce fut dans ce poste que la faveur, juste et méritée cette fois par de dignes et loyaux services, l'alla chercher pour l'investir le 28 août 1725 de la charge de lieutenant-général de police, que Ravot d'Ombreval venait de quitter.

Les circonstances étaient des plus graves. La bulle *Unigenitus*, fulminée par Clément XI, en 1713, avait porté le trouble dans toute l'église de France. Douze ans s'étaient écoulés depuis la promulgation de cette bulle, mais les discordes, les haines, les discussions qu'elle avait soulevées étaient loin de se pouvoir apaiser. Le royaume était livré à une perturbation fiévreuse ; Paris surtout était le théâtre d'une multitude de scènes dont le scandale compromettait à la fois la tranquillité publique et le respect dont a besoin de s'environner toute religion. La ville semblait divisée en deux camps : les uns tenaient pour la bulle ; les autres, sous le nom d'*appelans*, se faisaient un devoir de la déchirer dans des écrits violens, dont le moindre défaut était de ne rappeler sous aucun rapport la logique éloquente des *Lettres provinciales* de Pascal. Ce n'était partout que des cris de rage, des imprécations, des anathèmes ; les folies sanglantes de la Ligue menaçaient de reparaître sous d'autres masques et avec un autre habit. Force était donc à la police, au moment où Hérault de Vaucresson en prenait la direction difficile, de descendre dans l'arène et d'en affronter les chances, enfin de séparer les combattans.

Certes, il est, dans tous les temps, déplorable de voir une autorité purement matérielle, un pouvoir dont l'unique mission devrait être de veiller à la sécurité des citoyens et à la salubrité de la ville, se jeter dans la lice religieuse et scruter les consciences au nom du roi. Mais si l'on se reporte aux jours de ces erreurs et de ces querelles en quelque sorte fabuleuses aujourd'hui, on reconnaîtra que l'intervention n'était pas utile seulement, mais devenait indispensable.

Le lieutenant de police agit dans ces circonstances difficiles avec un tact et une modération qui lui concilièrent tout d'abord la sympathie et l'estime. Son pouvoir, déjà formidable, avait été disproportionnément augmenté par la cour ; il n'usa pas d'une surabondance d'autorité inutile, et, sans déployer de rigueurs, parvint à prévenir, à force de dévouement personnel et de vigilance, des maux que paraissait rendre inévitable l'état d'exaspération des esprits.

Un pauvre diacre, fils d'un conseiller au Parlement, du nom de Pâris, s'était confiné dans une maison du faubourg Saint-Marcel. Là, séquestré du monde, il se livrait avec ardeur à la prière et aux pratiques les plus rigoureuses de la pénitence. Pour subvenir à son existence, il n'avait voulu que le simple recours du travail de ses mains et avait appris l'art de fabriquer des bas au métier. Edifié de ses vertus, de sa modestie, de sa piété, le faubourg au sein duquel il vivait l'avait entouré d'une estime et d'une affection dont les mœurs crédules de l'Orient et l'admiration des marabouts pourraient seuls offrir quelque exemple.

Ce cénobite volontaire était *appelant :* il n'en fallait pas davantage pour éveiller les craintes et les inquiétudes du pouvoir. On savait que le pieux diacre, par ses anciennes relations de famille et d'amitié, avait de nombreux partisans dans le Parlement; on savait que les abondantes aumônes qu'il ne cessait

de répandre lui avaient acquis une grande et redoutable influence sur la population indigente de
Paris. En fallait-il davantage aux obséquieux conseillers de la couronne pour voir dans cet humble
prêtre un conspirateur schismatique? L'ordre
fut donné d'enfermer le nouveau Calvin dans
les obscurs et muets cabanons de la Bastille.

Pour le pauvre diacre heureusement, le lieutenant de police fut consulté sur le mode d'enlèvement
que l'on devait préférer, tremblant que l'on était à la
cour de voir éclater une émeute. Hérault laissa parler le ministre; puis, après avoir froidement écouté
ses instructions, — Monseigneur, dit-il, l'ordre
que vous me donnez de faire arrêter le prêtre Pâris
a été nécessairement surpris à votre religion; per-
mettez-moi de ne le pas mettre à exécution, je vous
en supplie. — Comment, vous refusez d'obéir au
roi! — Non, monseigneur, mais considérez que
Pâris, bien que certainement *appelant*, n'est pas
un brouillon dangereux. Ravir la liberté à un homme
de bien, c'est plus qu'une rigueur inutile, c'est un
crime chez un peuple civilisé! — Un crime! mais
pouvez-vous du moins répondre au roi de la conduite de ce prêtre? — Comme de la mienne, monseigneur; je ferai observer la maison qu'il a choisie pour retraite, nul n'entrera chez lui sans que
je le sache, mais s'il fallait charger de fers des mains
qui ne répandent autour d'elles que des bienfaits,
je serais forcé de renoncer à un office aux exigences
du quel ne saurait plier ma conscience!

Le ministre ne répliqua pas, le diacre ne fut pas confiné à la Bastille, et la conduite d'Hérault de Vaucresson, ébruitée par quelques indiscrets amis dans Paris, augmenta encore pour lui une estime à laquelle il s'appliquait à acquérir de nouveaux titres chaque jour.

Paris était alors un vaste labyrinthe dont rien ne pouvait, pour l'étranger et le citadin lui-même, démêler ou faire connaître les inextricables détours. Hérault fut le premier lieutenant de police qui s'occupa du soin de numéroter les maisons et d'indiquer par des tablettes de pierre le nom de chacune des rues. Ce système était le plus simple, le moins dispendieux et le plus durable. On voit encore au Marais les noms des rues de Saintonge, de Poitou, Vieille-du-Temple, etc., gravés en creux dans la pierre posée sous l'édilité de Vaucresson, tandis que, par les nouveaux systèmes d'indication tenté depuis quelque dizaine d'années sur verre, sur faïence, sur granit, le tiers des rues de Paris est sans nom, brisée qu'a été la plaque inscriptaire par l'émeute, qui ne sait respecter le nom d'Arcole, d'Erfurth, d'Iéna ou de Lodi, non plus que celui de Bourbon, de Turenne et de Condé.

Hérault donna à la capitale un autre gage de sa sollicitude : il fit transporter loin des murs les dépôts d'immondices qui infectent et déshonorent les abords d'une grande cité, et la manière dont il accomplit cet acte important en rehausse encore

le mérite. La dépense que nécessitait une si urgente
amélioration était considérable ; le prévôt des marchands et les échevins faisaient quelque difficulté
de mettre les sommes nécessaires à la disposition
du lieutenant de police. — Eh ! messieurs, s'écria
Vaucresson avec énergie , ne marchandez pas avec
la peste ! rejetez, si vous le voulez, mon projet ;
je consacrerai quatre années de mon salaire pour
le réaliser à moi seul, et nous verrons qui se dédira.
Les bourgeois, honteux de leur lésinerie, votèrent
la dépense , et la mesure de salubrité s'opéra. —
Trouverait-on de nos jours beaucoup de magistrats animés à ce point de l'amour du bien
public ?

Une plus importante amélioration encore recommanda , peu de temps après, Vaucresson à la
reconnaissance de l'humanité.

Le légat Paul del Monte (depuis cardinal Pallavi-
cini) venait d'arriver à Paris ; il manifesta au
cardinal de Noailles , archevêque alors de la métropole, le désir de visiter les hôpitaux et autres
établissemens de charité de la capitale. Le vieux
cardinal s'empressa de confier à un chanoine le
soin de conduire l'ambassadeur du saint-père dans
tous les lieux pieusement consacrés au soulagement de la douleur et des souffrances des classes
pauvres. Le légat et le chanoine visitèrent successivement l'Hôtel-Dieu , la Charité, Saint-Louis, et
arrivèrent à Saint-Côme, où se tenaient alors l'école

et les amphithéâtres de chirurgie. Le légat regarde, examine, interroge, et demande avant de se retirer à voir les salles consacrées à l'étude de l'anatomie. Le chanoine a beau dire et répéter que l'aspect de ces tristes lieux ne pourra lui causer qu'horreur et dégoût, le légat insiste ; on lui obéit, et il entre dans ces limbes sordides, où, à la honte des vivans, les morts sont trop souvent bien moins l'objet d'une étude utile et novice que le sujet de sacriléges plaisanteries. Paul del Monte, que nulle émotion ne trahit, va, vient, marche au milieu de ces débris humains, et ne paraît frappé que de l'utilité de la science qui demande ses secrets à tant de hideux sacrifices. Tout à coup il s'arrête devant une table noire (elles étaient en bois alors) : là se trouve étendu un cadavre déjà mordu par les scalpels et sur lequel se sont entaillées les scies : il regarde, il hésite, regarde encore, et jette un cri d'effroi en tombant dans les bras de ceux qui le suivent et l'assistent...

Telle était la cause de l'évanouissement du légat : un jeune homme qu'il avait élevé et qui le servait en qualité de majordome était mort le troisième jour après son arrivée à Paris. Del Monte lui avait fait faire des obsèques magnifiques, et son cercueil avait été déposé au cimetière Saint-André-des-Arts. Eh bien ! ce jeune homme enterré avec tant de pompe, mort depuis une semaine déjà, sur lequel une épitaphe de marbre gisait étendue, le légat venait de le retrouver là, sur ces planches infectes et sanguinolentes!... On avait violé sa sépulture; des infâmes s'étaient partagé le suaire du trépassé; ils avaient trafiqué du plomb, du bois qui formaient son cercueil : ils avaient vendu son cadavre!

Car les corps s'achetaient alors; c'était un trafic permanent, connu, et, ce qu'il y a de plus incroyable, c'était un trafic toléré.

Del Monte courut à la cour, chez le ministre, chez l'archevêque; il se plaignit, non pas seulement au nom de l'humanité, mais en son titre de légat et d'ambassadeur; il demanda réparation : il l'obtint.

Cette lugubre aventure permit à Vaucresson de mettre en effet à exécution un projet qu'il avait médité de longue main : il interdit l'entrée des cimetières, qui se trouvaient alors en grande partie adossés aux églises et aux couvens, à toute espèce de visiteurs, passé une heure précise et donnée; il enjoignit aux fossoyeurs, sous les peines les plus sévères, de faire trois rondes chaque nuit dans le triste domaine dont ils étaient les conservateurs-gardiens; il leur défendit surtout de distraire des fosses ou tranchées qu'ils creusent inévitablement chaque jour les débris humains que la pioche pourrait mettre à découvert.

Le lieutenant criminel fit le reste. Deux fossoyeurs furent pendus devant Saint-André-des-Arts, et le commerce des cadavres, s'il ne cessa pas entièrement, perdit du moins de son cynisme, dont

7

s'effraient les hommes de philosophie et de piété, qui voient autre chose qu'une chair inerte dans le corps d'où l'ame s'est exhalée.

Hérault de Vaucresson suivit pour l'extinction ou l'affaiblissement du moins de la prostitution la ligne de conduite de son prédécesseur, Ravot d'Ombreval; comme lui, il exhuma de vieux et sages réglemens qui, s'ils ne furent pas tous observés avec rigueur, concoururent du moins à resserrer la corruption des mœurs dans son étroit et obscur lit de fange.

Il fit aussi une chasse ardente aux mendians et aux vagabonds. Son système n'était pas de les enfermer, mais d'en former des colonies; il voulait arracher à la paresse, à la débauche, à l'ivrognerie ces charançons de l'état moderne, pour les élever à la dignité de citoyens sur un sol vierge, sous un ciel nouveau. L'utopie d'Hérault a peut-être fourni à Catherine II l'idée de ses colonies militaires, où la Russie puise maintenant son principal élément de force.

Hérault aimait les arts et les lettres : il fit dans le cours de son administration preuve maintes fois de ce double et honorable attachement. Un jour, on vint lui rapporter qu'un chansonnier célèbre, poursuivi par un implacable créancier, avait juré de tuer les sergens qui viendraient s'emparer de sa personne. — Ce serait une trop noire action pour le pauvre Gallet, dit Vaucresson; qu'on paie sa dette à l'instant, et qu'il chante! — Et, ce qui rend cette bonne action doublement louable, c'est que (e, en mainte occasion, ne s'était fait faute de tympaniser le lieutenant de police dans ses vers.

Hérault de Vaucresson administra pendant quatorze ans. Dans ce long exercice de l'édilité, aucune voix ne s'éleva pour accuser sa probité, sa justice ni son impartialité. Le peuple lui voua, chose rare, un attachement mêlé de respect; et ce ne fut pas sans attendrissement qu'on vit, à sa mort, les *dames* de la Halle et les *forts* assister à ses funérailles et traîner volontairement à bras jusqu'à la barrière le char funéraire qui transportait ses dépouilles à sa terre de Vaucresson.

CHAPITRE IX.

FEYDAU DE MARVILLE,

Huitième lieutenant-général de police.

Feydau de Marville était issu d'une famille parisienne illustrée à la fois dans l'église et dans la magistrature, et deux de ses oncles avaient brillé aux premiers rangs parmi les écrivains et les princes de l'Eglise gallicane. Le premier, Mathieu Feydau, après avoir été agrégé à la maison de Sorbonne, fut un des soixante-douze docteurs exclus pour n'avoir pas voulu adhérer à la condamnation du célèbre Arnaud. Chassé d'exil en exil par la haine puissante des jésuites, Mathieu Feydau était mort à Annonay dans un âge très avancé. Le second, Henry

Feydau, s'éleva par sa piété et ses vertus au faîte des honneurs ecclésiastiques; il devint évêque d'Amiens, gouverna son diocèse avec une rare sagesse et succomba, victime de son infatigable charité, au ravage d'une maladie pestilentielle qui décimait le troupeau dont il s'était fait chérir. Les magistrats que cette famille fournit aux fleurs de lys ne furent pas moins environnés du respect public; tous se montrèrent dignes d'appartenir à ce généreux Parlement de Paris, qui comptait autant de grands citoyens que de membres, et sut demeurer en tout temps le *Palladium* modeste et sacré de nos libertés nationales.

Claude-Mathieu Feydau de Marville était déjà conseiller-d'état quand le choix de Louis XV s'arrêta sur lui pour remplacer Hérault de Vaucresson. Le poste de lieutenant de police n'avait pas cessé d'être difficile à tenir : les querelles religieuses semblaient assoupies à la vérité, mais loin d'être terminées encore. Les jésuites ou molinistes d'une part, les jansénistes d'une autre, tâchaient de réunir et de ranimer les brandons de la querelle religieuse; en observation entre eux deux, le parti philosophique, jugeant tout l'avantage qu'il pourrait tirer de ces vaines et scandaleuses querelles, ne cessait d'alimenter, par ses sarcasmes dirigés contre l'une ou l'autre faction tour-à-tour, la bile et la rage de ces belligérans dévots. M. de Marville ne se dissimula pas la pesanteur du fardeau dont il allait se charger; mais enfin, n'écoutant que la voix de l'utillité et du devoir, il se décida à accepter, et entra en fonctions le 21 décembre 1739.

Ses premiers efforts tendirent à dépouiller les basses classes de leur crédulité et de leur férocité gothiques. Il crut qu'en offrant aux derniers rangs du peuple des moyens faciles de se divertir par des spectacles mis à sa portée, il déterminerait dans des mœurs abâtardies une réaction salutaire : il encouragea donc les théâtres forains. A sa voix, des Scaramouches de Sienne et de Pise, des Arlequins de Bergame, des Polichinelles de Naples et de Gaëte, des Pantalons et des Cassandres de Florence et de Milan accoururent à Paris et ouvrirent leurs scènes comiques dans les foires Saint-Laurent, Saint-Ovide et Saint-Germain-des-Prés.

Le privilége ne fut accordé aux entrepreneurs de ces théâtres qu'à la condition de se soumettre à un tarif arrêté et fixé d'avance par le lieutenant de police; il établit, pour arriver à son but, les prix sur la base la plus minime: aussi la foule prit-elle bientôt le chemin des baraques italiennes, et Polichinelle et Scaramouche portèrent-ils un terrible coup aux intrigues théologiques. Ce que le lieutenant de police avait prévu arriva : le peuple, les classes moyennes, les artisans préférèrent le baragouinage joyeux d'Arlequin au baragouinage puritain de la Sorbonne.

Feydau de Marville, qui réunisssait à la gravité du magistrat l'esprit de l'homme du monde et

l'élégance de l'homme de cour, avait long-temps
fréquenté le salon de Mme de Tencin, cette femme
singulière qui fit son frère cardinal et ne voulut
pas rester religieuse : là il avait connu Lesage, Ma-
rivaux, Lamothe, Fontenelle et la foule des beaux-
esprits de ce temps, qui s'y réunissait chaque semaine. Le nouveau lieutenant de police voulut
faire servir ces anciennes amitiés, ces agréables
liaisons à l'accomplissement de son projet de civilisation du menu peuple. Il engagea Lesage et Ma-
rivaux à travailler pour le théâtre de la foire; il
donna à Lamothe le plan de quelques tragédies
dont les sujets étaient tirés de l'histoire de France,
et pria Fontenelle de s'occuper d'une espèce d'en-
cyclopédie à l'usage et à la portée des artisans. On
sait comment les deux premiers remplirent leur
tâche; quant à Lamothe et à Fontenelle, ils n'ont
rien laissé dans leurs ouvrages qui puisse faire penser que l'idée philantropique de Feydau de Marville,
réalisée plus tard par Debelloy et Francklin, eût
germé dans leur esprit.

Un autre, à leur défaut et par d'autres voies,
aida puissamment le lieutenant de police à réveiller dans l'ame du peuple les souvenirs de gloire,
de probité et de joyeuse insouciance que les malheurs des guerres civiles, les agiotages de la rue
Quincampoix et le scandale des dissensions religieuses avaient éloignés de son cœur et de son esprit : cet autre était le poète Vadé.

Avec la muse moitié milicienne, moitié haren-

gère de ce coupletier, le peuple chanta encore en
France. Certes, les poésies de Vadé n'étaient pas
étincelantes d'images, riches d'antithèses et de mé-
taphores ; les perles, non plus que les rubis, ne
chatoyaient dans ses hémistiches, mais on y trouvait le naturel et l'à-propos à chaque instant; partout on y touchait au doigt la candeur, la verve, l'élan
du poète, et l'homme du peuple, le soldat, croyaient,
en répétant ses grotesques mais patriotiques re-
frains, avoir pensé vingt fois ce qu'il exprimait si
bien dans leur langage.

Sous l'édilité de Feydau de Marville, Paris fit un
grand pas dans la carrière des perfectionnemens
de toute espèce. Habile à tout faire profiter à l'a-
mélioration et à l'adoucissement des mœurs, il sut
faire tourner au profit de la charité les plaisirs mêmes du carnaval, auxquels il donna un développement et une magnificence inusités jusqu'alors.
Ces fêtes annuelles avaient été de tout temps une
simple occasion de licence et de plaisirs; Feydau
de Marville dissémina ses agens dans toutes les
grandes réunions publiques, et sur le produit de
chacune d'elles il fit prélever un droit dont il consacra le fruit au soulagement des pauvres. Cet impôt,
improvisé par lui et qui depuis a reçu une régulari-
sation utile, donna dès la première année de l'administration de Feydau de Marville une recette de
250,000 fr., somme énorme si on la compare au
chiffre actuel produit par une trentaine de théâtres
et plus de cent établissemens, spectacles et bals,

ouverts en toute saison aux divertissemens du public.

La promenade fastueuse de Longchamp attira aussi l'attention du lieutenant-général de police. Chaque année, de graves accidens se succédaient sur la route de l'abbaye à la mode et rendaient ce prétendu pélerinage de trois jours tributaire de la Morgue et du Châtelet. Feydau de Marville rédigea une longue ordonnance qui réglait la marche des voitures et jusqu'à l'allure des chevaux. C'est depuis son administration que deux files de voitures sont établies à droite et à gauche de l'avenue des Champs-Elysées; le milieu de la chaussée était, dans son ordonnance, exclusivement réservé aux voitures de la cour, aux équipages des ambassadeurs et des princes du sang; les cavalcades enfin ne pouvaient aller qu'au pas.

Les boucheries, à cette époque, étaient éparses dans les rues de Paris, quoique quatre rues seulement eussent le privilége de porter ce nom. C'était un spectacle hideux (et ce spectacle a duré jusqu'en 1805) que celui de ces mares de sang qui allaient périodiquement teindre les ruisseaux de tout un quartier; que l'aspect de ces viandes chaudes et palpitantes étalées avec complaisance aux yeux des passans. D'autres inconvéniens résultaient d'ailleurs d'un pareil usage: souvent des bœufs échappés au coup mortel se ruaient, furieux, par les carrefours, renversant tout ce qui s'opposait à leur passage et causant de graves et déplorables accidens. Feydau de Marville voulut signaler son séjour à la police par un service éminent rendu à la population parisienne, et il disposa les élémens d'une ordonnance pour exclure de l'intérieur de la ville les abattoirs de boucherie. Par malheur, c'était encore le temps des maîtrises, et la corporation des bouchers était riche, puissante et fortement appuyée en cour. Le ministre, à qui Feydau de Marville avait communiqué son projet et qui l'avait approuvé avec empressement, écrivit bientôt dans un sens contraire, enjoignant, sans déduire nulle raison à l'appui de son virement de vue, de ne pas donner suite pour le moment à cette affaire et de demeurer jusqu'à nouvel ordre dans le *statu quo*.

Ainsi fut ajournée indéfiniment cette amélioration désirée, qui ne devait se réaliser que sous le règne de Napoléon, dont la volonté de fer tenait peu de compte des réclamations sordides, qui n'ont pour résultat, d'ordinaire, que d'éterniser le mal-être du plus grand nombre au profit de l'égoïste rapacité du plus petit.

Des débris de fortifications encore debout dans la partie méridionale de Paris, entre la rue Saint-Victor et la vieille église Sainte-Geneviève, servaient de repaire à une nuée de malfaiteurs, restes impurs des anciennes Cours des Miracles, qui se répandaient périodiquement par la ville à la tombée de la nuit. M. de Marville intenta un procès aux chanoines de Sainte-Geneviève, qui se prétendaient possesseurs de ces pans de murailles élevés sous Philippe-le-Bel, gagna au Parlement et au grand Conseil, et se hâta de faire disparaître ces antiques traces de la barbarie, si bien qu'un seul fragment de ce mur colossal existe encore et sert aujourd'hui de clôture à un jardin séminarien de la rue Clovis, près de Saint-Etienne-du-Mont. Le quartier Saint-Victor fut dès lors purgé des bandes de gens sans aveu qui le désolaient, et l'œil de la police put pénétrer d'une manière plus efficace dans les rues ténébreuses, étroites et escarpées du Mont-Saint-Hilaire.

Tandis que la sollicitude du lieutenant de police s'étendait si activement sur les quartiers habités par les classes pauvres, il consacrait la plus importante partie de sa fortune à embellir une autre portion de la capitale. Sur les terrains vagues et fangeux qui avoisinaient la rue Montmartre il fit élever à ses frais un hôtel magnifique, ainsi que de nombreuses maisons élégantes, solides et commodes. Ce quartier nouveau, cette rue bâtie par ses soins, reçurent et portent encore le nom de leur fondateur; et malgré les nombreux embellissemens qui ont changé depuis cinquante ans la physionomie de la capitale, le quartier et la rue Feydau sont restés, encore aujourd'hui, en réputation d'élégance et de beauté parmi ceux habités par l'opulente et industrieuse population parisienne.

Le faubourg Saint-Germain, une partie du faubourg Saint-Marceau, les rues affluentes des faubourgs Saint-Martin et Saint-Denis n'étaient pas pavées. Feydau de Marville fit auprès du Parlement et du prévôt des marchands de vives instances pour faire cesser cet état de choses qui entravait les communications de la Cité et causait au commerce un notable préjudice. Son zèle ne demeura pas infructueux: la ville et le Parlement cédèrent à ses patriotiques instances: on opéra un emprunt, et le lieutenant de police, qui prêchait d'exemple, non content de souscrire le premier pour dix mille écus, usa de toute son influence à la cour pour obtenir du monarque la permission d'exploiter les bancs de grès de la forêt de Fontainebleau, moyennant une faible redevance.

C'est depuis cette époque que les grès de Fontainebleau sont exclusivement réservés au pavage de Paris.

M. de Marville perfectionna la police des voitures publiques. Il y avait alors à Paris 786 fiacres ou remises; 544 brouettes ou vinaigrettes, et, chose bizarre, plus de 1,500 chaises à porteurs: les hommes employés à la manœuvre de ces divers véhicules auraient formé une petite armée. Le lieutenant de police établit parmi eux une discipline sévère; il n'exigea pas de cautionnement, pensant qu'une mesure simplement fiscale n'a rien à démêler avec la moralité, mais il exigea des certificats de probité et de bonnes mœurs de tous les cochers, brouettiers et porteurs; nul ne put être enregistré sans avoir prouvé, par la production de deux témoins répondans et solidaires, qu'il n'était repris de justice, vagabond ni valet chassé. Cette mesure était bonne sans doute, car l'administration de Feydau de Marville ne présente pas un seul exemple de vols, de violences ou d'assassinats dans lesquels un cocher, rouleur ou porteur ait été accusé de complicité.

L'intention de M. de Marville, et cette intention est rendue palpable par les ordonnances transitoires qu'il a rédigées, était de supprimer à la longue les voitures à eau traînées par un homme. Une telle intention était des plus louables, car c'est un spectacle pénible assurément que celui de ces cupides Auvergnats qui, dans les chaleurs de la canicule ou sous la rigueur d'un froid déchirant, s'épuisent en efforts infructueux pour rouler une lourde masse que le plus modeste animal traînerait sans peine et à peu de frais. La pensée du lieutenant de police n'a malheureusement pas trouvé de partisans chez ses successeurs, et l'on peut s'en étonner en présence de tant de déclamations du dix-neuvième siècle sur le travail forcé des noirs, sur la misère du petit peuple, sur les rudes et disproportionnés labeurs qui jettent chaque jour dans nos hôpitaux des hommes dans la puissance de la jeunesse et de la vigueur.

Telle fut l'administration de Feydau de Marville; et si, après l'éloge que nous avons cru en devoir faire, il faut, de nécessité, donner place ici au blâme, nous ne trouverons à lui reprocher que de n'avoir pas toujours fait la police avec une fermeté suffisante, avec une égale impartialité, d'avoir été souvent le magistrat de la cour lorsqu'il eût dû rester uniquement celui de la cité.

Mais il se faudrait, avant tout, reporter au temps où vivait Feydau de Marville : les hommes les plus purs, d'Aguesseau lui-même, ne trouvaient pas alors dans leur propre vertu la force de résister courageusement aux exigences d'un pouvoir dont on avait été façonné à respecter la parole. Quoi qu'il en soit, l'édilité de Feydau de Marville ne fut pas sans fruit, et la ville de Paris lui doit quelque gratitude de ce qu'il a fait, à la fois, et de ce qu'il a surtout voulu faire.

Feydau de Marville avait acheté, aux portes de Paris, à Gentilly, une charmante maison de campagne qui avait appartenu sous Louis XIV au poète Benserade. C'est là qu'il fixa son séjour après sa retraite des affaires. Il agrandit cette charmante demeure, y attira tout ce que Paris renfermait d'artistes renommés et de gens d'esprit. Il fit les honneurs de son *Tusculum*, comme il appelait cette délicieuse habitation de Gentilly, avec le goût, l'amabilité, les graces et la dignité du grand siècle, laissant au fronton du péristyle les vers que Benserade y avait fait graver, et que sans doute il s'appliquait à lui-même :

Adieu, fortune, honneurs, adieu, vous et les vôtres!
      Je viens ici vous oublier;
Adieu, toi-même, amour! bien plus que tous les autres
      Difficile à congédier.

CHAPITRE X.

BERRYER DE RAVENOVILLE,

Neuvième lieutenant-général de police.

Berryer, seigneur de Ravenoville, était fils d'un procureur-général du grand Conseil. Conseiller lui-même au Parlement, et successivement maître des requêtes, il épousa en 1738 Mlle Fribois, fille d'un sous-fermier des fermes générales, qui lui apporta une dot de cent mille écus et soixante mille livres de rentes. Mlle Fribois, d'une beauté remarquable, d'un esprit fin et pénétrant, avait été recherchée par les plus grands seigneurs de la cour, car à cette époque d'agiotage de toute espèce, la noblesse, pour échapper à sa ruine, ne se faisait déjà plus scrupule de s'allier à la finance ; le blason des croisades s'humiliait devant le coffre-fort de la maltôte, et le sang des Larochefoucault et des Montmorency se mêlait philosophiquement au sang des parvenus, pour peu qu'ils fussent fermiers-généraux ou même intendans de provinces.

Quoi qu'il en soit, Mlle Fribois refusa les brillans partis qui se disputaient sa main pour accepter celle du jeune maître des requêtes. L'amour avait probablement contribué en cette occasion à faire si bizarrement pencher la balance, car les mémoires contemporains s'accordent à représenter Berryer de Ravenoville comme un cavalier accompli. « Sa physionomie était belle et expres- » sive, dit Duclos, ses manières ne sentaient en rien » l'austérité parlementaire, et sans posséder une » intelligence supérieure, il avait dans l'esprit et » dans le caractère les qualités qui amènent et dé- » terminent les faveurs de la fortune. »

Mlle Fribois avait été présentée fort jeune à Mme de Pompadour, qui s'était prise pour elle d'une vive amitié. En apprenant son mariage avec Berryer de Ravenoville, la favorite la fit assurer qu'elle se chargeait de l'avenir de son époux : elle tint parole.

Par la puissante protection de la marquise, en effet, Berryer fut presque immédiatement nommé intendant du Poitou ; et quelques années après, en

8

1747, la confiance de la cour alla le chercher dans
ce poste pour l'investir des fonctions de lieutenant
de police, que laissait vacante la démission de
Feydau de Marville.

En élevant Berryer à cette magistrature importante, Mme de Pompadour n'agissait pas seulement dans l'intérêt de sa protégée : sa propre faveur toujours croissante, l'espèce d'influence caba-
listique qu'elle exerçait sur l'esprit du faible
Louis XV, lui suscitaient chaque jour de nouveaux
ennemis. Elle comprit que pour conserver son
ascendant sur le monarque et la cour, elle avait
besoin de déjouer chaque jour les complots qui se
tramaient autour d'elle. Pour être sur la trace de
ces complots, pour suivre le fil de ces manœuvres
quotidiennes, le concours du lieutenant de police
devenait indispensable et précieux : Berryer de Ravenoville fut nommé, et dès-lors le crédit de la favorite se trouva placé au-dessus et à l'abri des
sourdes atteintes; les cent yeux de l'Argus caché se
trouvèrent à sa dévotion, et elle connut avant le
monarque les intrigues de la cour, les commérages
de la ville, faisant son profit de la connaissance
des unes, amusant le roi du frivole récit des autres
et tirant également parti de tous deux.

Berryer devait sa faveur à la marquise, il ne
tarda pas à lui donner une haute preuve de l'utilité
de son dévoûment. Par un de ces moyens que réprouvent également, à juste titre, la morale et la

probité, mais que si souvent cependant ont mis depuis en pratique ses successeurs, il se procura une lettre qu'écrivait le comte d'Argenson à Mme la comtesse d'Estrade. Dans cette lettre, écrite d'un bout à l'autre sur un ton d'amical épanchement, Mme de Pompadour était vivement maltraitée; le roi s'y trouvait jugé lui-même d'une façon assez cavalière. La marquise courut en donner lecture à Louis XV et obtint de lui, non seulement l'exil du comte d'Argenson, mais la disgrace de la comtesse d'Estrade et le renvoi du comte de Maurepas.

Cette Saint-Barthélemy de courtisans produisit une vive impression d'étonnement, presque de crainte; les confidences les plus intimes furent regardées dès-lors comme dangereuses, et la puissance de la favorite se trouva affermie de toute la peur qu'elle inspira.

Aussi cette police, si péniblement formée par La Reynie, organisée par d'Argenson et développée par Machault avec tant de persévérance, n'eut désormais d'autre mission que protéger, de soutenir, de défendre de tous ses moyens la faveur et les influences de Mme de Pompadour.

Les vols se multiplièrent dans Paris; quelques hardis assassinats y jetèrent subitement l'épouvante; les maisons des citoyens furent sur plusieurs points assaillies par des larrons organisés en bandes redoutables et régulières: la police ne s'en inquiéta pas le moins du monde. Toutes ses ruses étaient éveillées, tous ses moyens mis en jeu pour arrêter quelques caricatures moqueuses, saisir une chanson égrillarde ou s'emparer de quelque libelle injurieux où fussent rappelés avec trop de liberté les antécédens de la marquise.

A ces soins se bornaient toutes les occupations de la police, toute la sollicitude de Mme de Pompadour : l'or, les promesses, la corruption, étaient uniquement prodigués pour découvrir les ennemis, les critiques, même les envieux de la maîtresse du roi de France. C'est ainsi qu'un aventurier du nom de Latude, coupable seulement d'une friponnerie digne tout au plus de cette correction que Molière inflige aux effrontés valets de son théâtre, fut traqué comme un criminel d'Etat par la police, arrêté, saisi et jeté dans les cabanons de la Bastille pour avoir tenté d'escroquer à la favorite un peu d'or, quelque place ou la moindre bribe de cette faveur qu'elle jetait par les fenêtres à la valetaille de Versailles, aux laquais titrés de l'Œil-de-Bœuf.

Le nombre des individus arrêtés pour crimes et délits envers la marquise de Pompadour se monte, sous l'administration de Berryer, à plus de quatre mille : quelques uns ne subirent que des peines légères ; un plus grand nombre fut proscrit ; plus de huit cents furent jetés à la Bastille, à Ham, à Doullens, à Vincennes, à Lille, et ne recouvrèrent leur liberté qu'à la mort de leur ombrageuse et inpitoyable ennemie.

Berryer cependant, esclave jusque-là docile des volontés dominatrices de la cour, parut, vers le commencement de 1752, se réveiller de sa léthargique apathie. Les tolérances de la police, son incurie du moins, avaient laissé s'accroître le nombre des vagabonds, des mendians, des voleurs et des filles de joie, à ce point qu'on ne pouvait faire un pas par la ville sans être audacieusement insulté, volé ou provoqué de la manière la plus révoltante. Le lieutenant de police voulut nétoyer *le pavé du roi*, comme on disait alors, de cette infâme et quadruple engeance. Il ordonna *une presse :* les femmes, les enfans, les vieillards rôdant incessamment dans les rues, furent ramassés par les exempts, enfermés provisoirement dans l'enclos du Temple, puis envoyés par bandes de deux cents au Havre et à Lorient pour y être embarqués pour la Louisiane (1).

La mesure était nécessaire sans doute ; le mode d'exécution choisi par Berryer parut, à juste titre, odieux. Le peuple, si facile à impressionner, si prompt parfois à plaindre ceux mêmes qui méritent le moins sa pitié, fit éclater des murmures ; la multitude accueillit même avec sa crédulité ordinaire un bruit que nous ne relaterons ici que pour

(1) L'admirable roman de l'abbé Prévost, *Manon Lescaut,* parut peu de temps après la mise à exécution de cette mesure.

prouver que dans tous les temps l'imagination du populaire a été la même. On dit, on répéta et le peuple finit par croire que les enfans enlevés par ordre du lieutenant de police étaient égorgés secrètement et que de leur sang on composait un bain odieux au dauphin, en proie alors aux douleurs d'une paralysie incurable. Certes, la fable était atroce et absurde. La crédulité du peuple l'accueillit, et il n'en fallut pas davantage pour déterminer un soulèvement qui pouvait avoir les conséquences les plus terribles.

Le 17 septembre 1752, trois ou quatre mille individus de tout sexe, de tout âge et de tout état se rassemblent à la porte de l'hôtel de la police, situé alors rue Saint-Honoré, auprès de l'église Saint-Roch; des cris, des blasphèmes, des imprécations se font entendre; on brise les vitres de l'hôtel, les lanternes appendues aux murs et jusqu'à la devanture des boutiques de plusieurs marchands du voisinage. Un exempt est reconnu au milieu des groupes, et le malheureux est aussitôt massacré sur les marches mêmes de Saint-Roch. Berryer, à cet effroyable moment, s'évade par une porte secrète et laisse sa femme, seule, sans défense, en butte à la rage croissante de ces forcénés. Mlle Fribois, par bonheur, était une femme d'un courage viril : elle appelle ses gens, les rassure, fait ouvrir à deux battans les portes et les issues de son hôtel, et, seule, sans pâlir, paraît elle-même à son balcon, son fils dans les bras. Un murmure

d'étonnement se fait entendre; elle profite du trouble de l'hésitation, et, d'une voix calme, assurée,
elle s'adresse à ce peuple tout souillé de sang : « On
» vous trompe, messieurs, s'écrie-t-elle, en accu-
» sant le lieutenant de police d'un crime. Le lieute-
» nant de police est mon mari : jugez si moi, épouse
» et mère, je pourrais être jamais sa complice! »

La beauté de cette femme, son courage, le calme
qui respirait dans ses traits, tout changea en un
instant en admiration l'hostilité de cette multitude;
de nombreux *vivat* se firent entendre au lieu de cris
de menace et de fureur. « Retirez-vous, messieurs,
» reprit-elle; retirez-vous, j'ai tout vu, tout ouï,
» mais j'ai tout oublié en même temps, et vous ne
» devez garder nulle crainte. »

La foule se retira à sa voix : cette redoutable sédition était calmée; mille bruits coururent sur sa
cause et ses véritables auteurs. Les jésuites en furent accusés, avec quelque fondement peut-être :
ce corps puissant ce débattait en effet sous les
coups que Mme de Pompadour, unie aux Parlemens, lui portait avec une énergie sans relâche.
On ne put ou ne voulut pas donner suite à cette
sanglante algarade. Comme aujourd'hui, alors on
savait que le peuple ne se livre guère spontanément à la révolte sans avoir en arrière des chefs et
des instigateurs de quelque marque, et Louis XV aimait trop le repos pour rechercher curieusement les
véritables fauteurs d'une échauffourée avortée. Il se
moqua de Berryer et adressa à Mme de Rave-

noville des éloges délicats et mérités sur son sang-
froid, son énergie et sa prudence. Là se termina en
cour tout le retentissement de l'émeute de la rue
Saint-Honoré.

Le Parlement eut moins d'indulgence : il fit com-
paraître le lieutenant de police à sa barre, lui
adressa de vifs reproches pour s'être laissé surprendre d'abord, et avoir surtout abandonné son
siége à la merci de la populace. Il termina en lui
enjoignant d'*être plus circonspect à l'avenir.*

Cette mercuriale du Parlement, faite en public
et avec aigreur, déconsidérait le magistrat et devait être regardée comme une destitution négative.
La cour le sentit et sacrifia Berryer de Ravenoville
au ressentiment du Parlement et à la haine populaire.

Berryer ne laissa que de fâcheux souvenirs dans
la place importante où Bertin de Bellisle le remplaça. Il était parvenu, à force de complaisances et
d'adorations pour Mme de Pompadour, à avilir
la police même. Cet instrument puissant, formé
pour la sécurité de tous, n'avait été, dans ses
mains, consacré qu'au repos d'une seule personne,
la favorite. Berryer n'était qu'un ambitieux aimable
et ne possédait aucune des qualités qui font le magistrat supérieur. Sa disgrace n'émut personne, sa
chute fut reçue avec indifférence. A peine quelques couplets satiriques attestèrent-ils les regrets
que l'on attribuait à la marquise, qui ne s'occupa
que de capter aussi puissamment son successeur.

Un seul réglement de l'édilité de Berryer, régle
ment fait d'ailleurs de concert avec le Conseil des
bâtimens de la ville de Paris, est digne de louange
et mériterait peut-être d'être tiré de l'oubli où on
l'a laissé tomber. Il était enjoint par ce sage réglement à ceux qui élevaient des bâtimens au coin des
rues marchandes ou passagères de ne construire
qu'en pierres de taille : les moellons et les pans de
bois étaient prohibés sous peine de démolition.
Ne serait-il pas du devoir d'une administration
éclairée de remettre en vigueur cette ordonnnance,
au moment surtout où une notable partie des rues
de la capitale se renouvellent à grand renfort de
maisons de lattes, de charpente et de gravois?

Mme de Pompadour n'abandonna pas Berryer
dans sa disgrace : elle le fit nommer conseiller
d'État, puis conseiller aux dépêches. Aidée du duc
de Choiseul, elle le porta ensuite au ministère
de la marine, qu'il acheva de désorganiser. Il devint enfin garde des sceaux, et ce même homme
qui, simple lieutenant de police, avait reçu un sanglant affront devant et par le Parlement de Paris,
intima les ordres de la couronne aux Cours sou-
veraines du royaume et marcha fièrement à leur
tête.

Berryer de Ravenoville mourut en 1762, après
avoir, dans ses divers emplois, dit l'historiographe
Duclos, mieux fait les affaires de Mme de Pompadour que celles de l'État. On rapporte qu'à la
mort lu marquis de Torcy, neveu du grand Col-

bert, en 1746, la magnifique galerie que ce ministre avait formée à grands frais étant sur le point
d'être vendue à l'ambassadeur d'Angleterre, Berryer courut chez son notaire, et, pour l'acquérir,
engagea, au prix de six cent mille livres, ses terres
de Nogent, de Guise et de Plessis-en-Valognes. Sa
femme lui adressa de justes observations sur l'é-
normité de cette dépense : — C'est une affaire de
patriotisme, répondit Berryer ; il serait honteux
que les Français fussent obligés de passer le dé-
troit pour admirer Lebrun, Le Poussin et Lesueur.

Le trait était beau assurément : mais une seule
action généreuse suffit-elle à réhabiliter la mémoire d'un faible et ambitieux magistrat ?

CHAPITRE XI.

BERTIN DE BELLISLE,

Dixième lieutenant-général de police.

Un hospodar de Moldavie, mécontent de son médecin, fit venir à grands frais de Paris le célèbre docteur Bertin, régent de la faculté de médecine. Ce savant praticien était arrivé à peine à la résidence de l'hospodar que le malheureux Esculape dont il venait occuper la place, fut écorché vif et décapité devant ses yeux. Le prince moldave accusait à tort ou à raison le pauvre homme de l'avoir voulu empoisonner à la sollicitation du grand-seigneur. Un tel spectacle n'était pas fait pour inspirer au docteur Bertin une grande confiance en

son malade : l'indignation, la surprise et peut-
être aussi la peur s'emparèrent de lui dès ce moment et il prit en lui-même la résolution de rester
le moins de temps possible auprès d'un client si
expéditif. Deux ans après, Bertin, profitant du retour d'un consul de France, faisait accepter sa démission à l'hospodar et reprenait le chemin de
la patrie, non sans jeter derrière lui, jusqu'à la
frontière des regards d'inquiétude et d'effroi.
Au mois de décembre 1745 il arrivait enfin à
Paris.

Parti pauvre, Bertin revenait porteur de sommes
considérables, gagnées par lui, presqu'à son insu,
durant ses deux années de séjour forcé à la cour de
l'hospodar de Valachie. Pour un cœur tel que le
sien, l'opulence n'était qu'un nouveau moyen de
répandre le bien autour de lui. L'excellent docteur
créa en Bretagne, en Dauphiné et à Paris plusieurs
chaires destinées à l'enseignement; il fonda des lits
dans les hôpitaux, constitua des rentes à la maison
des Enfans-Trouvés, et combla de ses bienfaits sa
famille obscure et presque indigente.

Un de ses neveux, plein d'application et de conduite, languissait dans l'étude d'un procureur au
Châtelet. Bertin le retira de ces limbes de la chicane, le mit à même d'étudier le droit, et, ses
études achevées, lui acheta une charge de conseiller au Parlement.

Ce jeune homme, cet heureux neveu, était Jacques-Antoine Bertin de Bellisle. De conseiller au Parlement il devint receveur-général des finances de la généralité de Riom et bientôt lieutenant de police de la ville de Paris, lors de la retraite forcée de Berryer de Ravenoville.

Nommé par l'influence du duc d'Aiguillon et de Mme de Pompadour, Bertin dans l'administration de la police continua de suivre les erremens de son prédécesseur : l'institution était faussée, détournée de son but et employée uniquement à la sûreté de la favorite, au triomphe bâtard de plates intrigues, à la découverte de petits secrets sans intérêt aucun pour la paix publique. Bertin de Bellisle n'avait ni assez de résolution ni assez de pouvoir pour ramener la police à son véritable objet : il se laissa dominer par le parti puissant de la cour, lui qui n'aurait dû veiller qu'aux intérêts et au bien-être de la cité qui lui était confiée.

Bertin de Bellisle cependant, avec ce peu de portée dans l'esprit, sans rendre des services éminens, sans même paraître s'occuper attentivement des soins matériels confiés à sa sollicitude et à son zèle, ne cessa pas, durant son administration et même après avoir cessé d'occuper des fonctions publiques, de jouir de la confiance, presque de l'affection du monarque. Un fait, dont ne parle, que nous sachions, aucun ouvrage du temps, et que nous trouvons dans de précieux et authentiques documens demeurés inédits jusqu'à ce jour, donne, ce semble, le mot de cette persévérante faveur du plus inconstant des rois , et l'explique par un double intérêt de reconnaissance personnelle et de crainte d'une flétrissante indiscrétion.

Un jour de l'année 1758 , la veille de la fête de saint Louis, un pauvre ouvrier , un frotteur, arriva tout haletant à l'hôtel du lieutenant de police. Il demandait à parler au magistrat ; mais il était une heure après midi (c'était le moment du dîner alors), et les valets, à qui s'adressait cet homme, n'eussent osé déranger M. de Bellisle pour un ouvrier. Il insista cependant avec énergie, on lui rit au nez ; il supplia, on l'engagea à se retirer ; il se fâcha et tenta de forcer la consigne , on le prit par les épaules et on allait le jeter à la porte, quand il s'écria : « Ne me chassez pas ! je veux voir M. de Bellisle : il y va de la vie du roi ! » A ces cris , les valets s'arrêtent, et un exempt, frappé de l'accent de candeur et de vérité de ce brave homme , force la consigne et instruit le lieutenant de police de l'insistance du frotteur, qui tout aussitôt est introduit dans le cabinet, où le reçoit le magistrat d'un air inquisiteur et sévère.

En se livrant aux pénibles travaux de son état dans une des renommées maisons de plaisirs d'alors, cet homme avait entendu à travers la cloison, mal jointe , une conversation à voix basse entre deux personnages de la cour. Le nom du roi, fréquemment prononcé, avait attiré son attention ; il avait prêté l'oreille, et les détails qu'il avait surpris étaient de la plus terrible importance. Parmi

les bouquets qui , le soir même, devaient être présentés au roi à l'occasion de sa fête , un allait se
trouver préparé d'avance , dont les fleurs étaient
imprégnées d'un poison tellement subtil que le
monarque , s'il l'effleurait de son odorat, devait
tomber foudroyé. Maître de cet horrible secret, le
frotteur avait laissé sa besogne inachevée , et, sans
se donner le temps de quitter ses habits de travail , il était accouru à l'hôtel du lieutenant de
police pour dévoiler la trame de cet épouvantable
forfait.

Depuis les prétendus complots de Latude et de
quélques intrigans moins célèbres , la police était
d'une grande incrédulité pour les révélations de
cette espèce ; l'émotion profonde du frotteur, son
air de vérité cependant , de conviction ; firent passer la confiance chez Bertin de Bellisle.—Vous êtes
sûr , bien sûr , dit-il à l'ouvrier , d'avoir entendu
ce que vous venez de m'apprendre? Réfléchissez-y,
voyez bien ! si vous n'étiez poussé que par la
cupidité à inventer une si épouvantable fable, vous
paieriez cher une démarche imprudente : plus
d'un par cette voie s'est ouvert la porte de la
Bastille...

—Vous me mettriez à la question que je ne
dirais pas autrement , reprit avec vivacité le frotteur ; j'ai entendu ce que je rapporte. Retenez-moi
jusqu'à ce que vous en soyez certain ; j'offre ma
vie de bon cœur en garantie de la vérité de mes
paroles.

— C'est assez , je vous crois , et vous allez partir avec moi pour Versailles.

Une heure après, M. de Bellisle arrivait à la résidence royale et pénétrait dans les petits appartemens
par l'escalier de l'OEil-de-Bœuf pour ne pas éveiller par sa présence les soupçons de ceux dont il
voulait surprendre l'odieux secret.

Il eut un long entretien avec Louis XV. Vers
huit heures , au moment seulement où le roi allait
se rendre dans la salle des Traités pour recevoir
les hommages de la cour et des ambassadeurs
étrangers , il se retira dans une salle attenante,
où déjà le frotteur se trouvait , placé sous la surveillance de deux gardes de la prévôté.

Louis XV s'assit d'un visage riant sur le siége
d'apparat placé au fond de la salle; devant lui était
la magnifique table ronde de mosaïque donnée
jadis à Louis-le-Grand par la république de Venise,
et qui , ce jour-là , était consacrée à recevoir les
brillans bouquets offerts par la famille royale , les
grands-officiers de la maison et les membres du
corps diplomatique. Louis ne paraissait nullement
ému , il échangeait même de temps en temps de
gracieux regards avec Mme de Pompadour et flattait de la main son épagneul favori, qu'il avait fait
placer sur un tabouret à ses pieds.

La cérémonie commença : le roi, comme chaque année , reçut un à un les bouquets qui lui
étaient offerts. Sous prétexte de jouer avec l'épagneul , dont les indiscrètes caresses paraissaient

l'amuser, il approchait chaque faisceau de fleurs du nez de l'animal et le déposait sur la table de mosaïque.

Les membres du corps diplomatique avaient les premiers présenté leurs hommages à Sa Majesté; après eux venait la famille royale, qui s'était fait un devoir de céder courtoisement le pas en cette occasion. Au premier bouquet offert par elle, l'épagneul tomba mort.

Mme de Pompadour pâlit, un cri allait s'échapper de sa poitrine : « Ce n'est rien, dit Louis à voix basse, contraignez-vous, et cachez du pli de votre robe la dépouille de ce pauvre animal : il meurt pour justifier le dicton, ajouta-t-il entre ses dents : Fils de roi, frère de roi, jamais roi. »

Ainsi s'acheva la cérémonie. Louis, de retour dans ses appartemens, fit appeler le lieutenant de police: — Vous étiez bien instruit, M. de Bellisle, dit-il : l'an passé, le poignard de Damiens; un bouquet cette fois, et le tout part de la même source. Mais je ne puis ni ne dois punir. Je vous défends de chercher à éclaircir ce mystère. Quand à l'homme qui m'a sauvé, je veux le voir, présentez-le moi.

Car il faut remarquer ici que Bertin avait eu la probité de dire à Louis la source obscure de son salut. C'était un bel exemple donné aux magistrats futurs et dont ils ont bien peu profité. Mais d'ordinaire une roue de cuivre fait marcher une aiguille

9

d'or, et, seule visible, celle-ci excite l'hommage et l'admiration.

— J'ai amené avec moi ce brave homme, répondit Bertin : il est là, sire, tout troublé, tout confus et modestement couvert de sa veste de pauvre ouvrier. — Tant mieux, tant mieux, l'habit de travail est l'habit de gloire du peuple. Amenez votre frotteur, M. de Bellisle, je le recevrai mieux qu'un courtisan.

Le lieutenant de police sortit, et bientôt il revint de la salle des gardes tenant par la main son protégé tremblant et n'osant lever les yeux.

Louis XV avait du bon dans son vice : une larme roula dans ses yeux, et s'avançant vers lui, — Embrasse ton roi, brave homme, lui dit-il ; que là soit ta première récompense.

— Ah ! sire, répondit l'homme en cherchant à se jeter à ses pieds, suis-je digne de tant de bonté, de tant d'honneur ?

Le roi le prit alors à bras-le-corps et le baisa sur le front.

C'eût été un beau sujet de tableau pour Greuse : un roi de France, l'élégant et fastueux roi de Versailles et de Marly, pressant sur son cœur un pauvre ouvrier vêtu de bure ; le roi pleurant de reconnaissance ; l'ouvrier, de surprise et d'attendrissement. — Que veux-tu ? dit Louis XV après ce premier mouvement d'émotion. — Rien, sire, rien, je suis heureux. — Demande, j'accorderai ce que tu voudras. — Eh bien, sire, une petite maisonnette, ici, près de vous, dans le parc. — Et c'est tout? — Oui, c'est tout; et si vous me permettez de vous voir quelquefois, je serai heureux pour toujours. — Va pour la maison, mon brave homme; dans quinze jours elle sera bâtie près de Trianon, et chaque matin tu m'apporteras un bouquet..... cela me rappellera ton dévouement. M. de Bellisle, continua le roi, je garde cet homme; on le logera provisoirement à l'hôtel de la prévôté; je lui accorde cent louis par mois sur ma cassette, et je vous renouvelle l'injonction de me garder le secret.

Ce qui avait été promis par le roi s'effectua. Quinze jours après, la maison était bâtie au milieu du parc, et le frotteur, qui ne survécut au roi que de quelques mois, l'habitait encore en 1770.

Revenons à l'administration de Bertin de Bellisle, dont cet épisode nécessaire nous a un peu écarté.

Malgré ses préoccupations courtisanesques, Bertin ne laissa pas de faire quelques réglemens utiles: tous les cinq ans, l'administration du corps des gardes françaises et des gardes suisses vendait à l'encan les effets d'habillement hors de service. La lie du peuple acquérait en détail ces divers objets, et il n'était pas rare de voir les Savoyards du Pont-Neuf, les chiffonniers et nombre de pareils individus couverts de débris d'uniformes de soldats. Cette transformation avait un double inconvénient, elle avilissait l'habit respectable du soldat et permettait en outre aux malfaiteurs de se faire passer, en commettant leurs brigandages, pour des militaires à demi déguisés. Bertin de Bellisle voulut mettre un terme à ce trafic immoral et dangereux : il ordonna que les adjudicataires des vieux effets militaires ne pussent les remettre dans le commerce qu'après en avoir préalablement changé la forme et la couleur. Dès lors on cessa d'avoir les regards blessés de ces grotesques toilettes de la populace, et les soldats n'eurent plus à rougir en voyant des vagabonds, des voleurs, des gens sans aveu traîner dans la fange des lieux impurs un uniforme qui, pour être glorieux, a besoin d'être respecté.

Depuis les guerres de la Fronde, quelques petits artisans avaient coutume de se servir d'instrumens de musique de guerre pour attirer l'attention des acheteurs ; des conducteurs de brouettes, des remouleurs, des raccommodeurs de faïence tiraient ainsi des sons discordans de trompes, de cors de chasse et de clairons ; on voyait même des laitières de nuit appeler leurs pratiques au moyen de bruyantes fanfares. Cet usage était ridicule et dangereux : Bertin défendit ces bizarres appels et ne toléra que la crécelle pour le même objet. Il défendit également aux bateleurs, aux saltimbanques, aux marchands d'orviétan de se servir de tambours et d'autres instrumens de guerre, et cette double mesure lui attira l'applaudissement à la fois des hommes de guerre et des paisibles citoyens. Le lieutenant de police fit encore, pour la propreté des rues, quel-

ques bons réglemens qui n'eurent malheureusement pas plus d'efficacité que ceux de ses prédécesseurs.

Nous avons vu que Bertin de Bellisle avait le secret du roi. Il n'est donc pas surprenant de le voir
quitter la lieutenance de police de Paris pour le
portefeuille des affaires étrangères. Il resta toutefois peu de temps dans ce dernier poste, où il précéda le duc d'Aiguillon. Nommé conseiller d'État
en 1764, il mourut bientôt après, laissant la réputation d'un homme d'honneur et de probité, mais
d'un homme d'Etat plus que médiocre.

CHAPITRE XII.

DE SARTINES,

Onzième lieutenant-général de police.

On pourrait comparer les quatre magistrats qui occupèrent le plus long-temps le siége des lieutenans de police sous les règnes de Louis-le-Grand et de son successeur aux quatre grands poètes comiques qui ont peint ou moralisé les dix-septième et dix-huitième siècles. La Reynie, qui fonde et crée la police en France, est Molière : son génie, comme celui du père de la comédie française, embrasse tout d'un seul coup d'œil ; il fait marcher de front les grandes intrigues et les grands caractères ; il brille dans les hautes conceptions et réussit dans la farce; son œil vif plonge dans les mœurs de la cour et dans celles de la populace; il sait ce que doit dire et penser Alceste dans la chambre du roi, Harpagon près de sa cassette, Dandin dans son lit roturier, le bourgeois gentilhomme à son comptoir, Défonandrès et Diaforus dans leur cabinet de consultation. La Reynie, comme Molière, sait tout braver pour améliorer les mœurs en les corrigeant; comme lui aussi, il est en butte à l'animadversion des talons rouges, au mépris des sots et des financiers, à la haine des privilégiés et des faux dévots.

D'Argenson ressemble à Regnard : avec lui, point de ces combats corps à corps livrés aux castes nobles et fières; point de ces rudes et hardies leçons données au peuple et à la grandeur; mais une poursuite vive, ardente, obstinée des abus que la police doit combattre. Par lui le joueur est démasqué dans le monde comme il vient de l'être à la comédie; les folies amoureuses sont contenues dans de justes bornes; les Ménechmes politiques sont observés avec soin, et il n'est plus permis aux agens secondaires de l'autorité d'être distraits, quand la sécurité des citoyens est si puissamment intéressée à leur vigilance et à leur zèle.

Hérault de Vaucresson impose à la police un caractère qu'elle n'avait point eu jusqu'alors : il la fait intervenir dans les affaires de religion, l'inaugure dans le sanctuaire et lui fait porter un des cordons du dais épiscopal. La police, sous Vaucresson, comme la comédie avec Destouches, devient philosophe, casuiste, puritaine, socratique. On abandonne les grandes routes de l'art pour se jeter dans des sentiers nouveaux. On ne sait plus tenir le fil des grands événemens et des grandes choses, mais on s'applique à éclaircir les intrigues de sacristie, les conjurations de paroisses, les complots du jansénisme et du molinisme. On vole, il est vrai, effrontément dans Paris; les rues sont encombrées d'immondices; les mendians, les vagabonds, les raccoleurs et les filles de joie y regorgent; mais l'archevêque de Paris sait à quoi s'en tenir sur les conciliabules et les ennemis d'*unigenitus;* on continue, comme l'assure Voltaire, à faire communier les malades la baïonnette au bout du fusil, et la police parisienne semble une pâle et rétrospective émanation de l'inquisition espagnole.

Vient Sartines, et tout d'abord la police semble animée de l'inventif et intarissable esprit de Dancourt. Sous lui, point d'effets grandioses, point de vastes et originales conceptions, comme avec Molière et La Reynie; point de saisissans tableaux, de pensées fécondes et de grands ressorts, comme avec d'Argenson et Regnard; point de mysticisme caché, d'étroites et coquettes inventions, comme avec Destouches et Vaucresson : mais une police active, gaie, bouffonne, égrillarde, curieuse, sémillante, qui tient de la galanterie espagnole et de la pétulance française, une police étourdissante par son adresse, par sa mignardise, par sa perspicacité,

par ses allures. La police de Sartines, comme la comédie de Dancourt, a des mouches, des parfums,
du fard; elle porte l'épée et les manchettes, elle rit,
elle saute, elle fredonne et fait son métier sans
se cacher, sans rougir, à visage découvert, allant
court vêtue, hardie, pimpante, à faire croire que
Pasquin et Marforio sont descendus de leurs piédes-
taux antiques pour s'enrégimenter dans sa bande.
Comme Dancourt, Sartines allonge la table du fes-
tin comique ; il prend ses personnages et ses collaborateurs partout, en haut, en bas, au milieu, et
cela sans qu'ils s'en doutent, sans qu'il lui en
coûte rien pour être servi de leurs labeurs. L'honnête marchand du coin de la rue, le décrotteur à
la royale, le marguillier, l'avocat, le procureur, le
gentilhomme, rendent à leur insu d'importans services à l'habile et entreprenant magistrat : ils sont
innocemment les espions de M. de Sartines, et il
a confiance en leur naïve collaboration à ce point
qu'il dit, dans un moment de rare abandon : «Quand
» trois personnes causent dans la rue, il y en a, à
» coup sûr, au moins une à moi. »

Antoine-Raymond-Jean-Gualbert-Gabriel Sartines, ou Sartinez, naquit à Barcelone (Espagne),
en 1729, d'une famille pauvre et obscure. Le voile
le plus impénétrable couvre les premières années
de sa vie, et on ne sait ni les motifs qui le condui-
sirent en France à l'âge de dix-huit ans ni les
moyens qu'il employa pour parvenir au poste honorable de conseiller au Châtelet, qu'il occupait

en 1752, c'est-à-dire à moins de vingt-trois ans. Quelques écrivains du temps prétendent que le jeune Espagnol, accueilli à son arrivée chez un opulent financier, fut assez heureux pour se concilier l'affection de la femme de son protecteur, et trouva dans cette heureuse sympathie les facilités nécessaires à sa première élévation. Quoi qu'il en soit, Sartines, espèce de Condottieri en robe noire, ne laissa pas échapper les premières faveurs de la fortune et sut en profiter en homme habile et adroit. Trois ans après son investiture de conseiller au Châtelet, on le voit, en effet, lieutenant-criminel au même siége; il devient maître des requêtes en 1759, et enfin, le 1er décembre de cette année, il est élevé, en remplacement de Bertin de Bellisle, à la lieutenance-générale de police de la ville de Paris.

Certes, un chemin si rapide et si brillant devait être le résultat d'une infatigable intrigue ou d'un mérite bien transcendant: hâtons-nous de dire que si la prompte élévation de Sartines ne fut pas tout-à-fait exempte de manœuvres subtiles et ténébreuses, ses talens, son aptitude, ses lumières comme magistrat, étaient de nature à justifier et à faire absoudre les exigences de son ambition.

Nul, en effet, ne semblait plus fait pour remplir une telle place: à un maintien grave, austère, réservé Sartines joignait une de ces figures froides et régulières faites pour révéler à coup sûr un caractère ferme et arrêté. Ses traits étaient espagnols, comme

son teint, comme ses cheveux, comme son attitude ; mais il avait su modifier en quelque sorte
ce type sévèrement ibérien par cette sorte de facilité française qui sied si bien aux gens du pouvoir. Le regard de Sartines était interrogateur et
profond, mais son sourire aimable et affectueux
suffisait à rassurer ceux que son œil avait fait trembler d'abord. La puissance de ce coup d'œil, de ce
maintien aréopagiste se faisait surtout sentir dans
les émeutes populaires ; plus d'une sédition, que
les efforts du guet à pied et à cheval avaient été
infructueux à apaiser, se dissipa comme par en-
chantement au seul aspect du lieutenant de police :
sa présence calmait les flots d'un peuple irrité, et
quelques mots de sa voix aigre et un peu criarde
suffisaient pour faire pâlir les Rienzi de halles et
les Procida de carrefours.

Sartines prit au pied de la lettre les trois mots
par lesquels le premier président du Parlement de
Paris, Lamoignon, définissait les devoirs d'un lieutenant-général de police : *Sûreté, propreté, clarté.* Bertin de Bellisle et son prédécesseur Berryer avaient
considérablement négligé ces simples et utiles
attributions: Sartines résolut de ramener l'institution à sa véritable base. Il cassa, pour le refor-
mer bientôt, le corps du guet à pied, qui était
devenu un ramassis de gueux, d'oisifs et de soute-
neurs, incapables de se plier à la discipline militaire et bien plus encore de veiller à la sûreté
publique. Il forma un corps de balayeurs divisés

en brigades, qui, se répandant chaque jour et à diverses heures dans Paris, en nétoyèrent les rues, les quais et les places. Dès 1768, les petites lanternes qui éclairaient les rues de Paris durant la nuit furent remplacées par des réverbères qui répandaient à plusieurs toises de distance une large et vive lumière; par une ordonnance de la même année il enjoignit, sous peine d'amende, aux propriétaires et locataires de maisons de fermer leurs portes dès neuf heures du soir. « Ne laissez pas aux larons là facilité de se cacher, disait-il, bientôt j'aurai purgé la ville des filous et des malfaiteurs à qui votre incurie donne asile. »

Sartines épura le corps utile et respectable des commissaires de quartiers, magistrature la plus voisine du peuple et qui a le plus de contact avec ses intérêts et ses passions. Il pensa avec raison qu'on ne saurait apporter trop de soin et de scrupule à ne revêtir de telles fonctions que des hommes dignes en tout point de la considération publique, et que des mœurs pures, une conduite régulière et d'irréprochables antécédens étaient indispensables surtout à ceux qui sont appelés chaque jour à veiller sur la conduite et les mœurs de leurs concitoyens. Sartines n'installa dans ces humbles prétoires que des hommes capables de se concilier le respect et l'attachement en prêchant avant tout d'exemple; ses bonnes intentions furent couronnées de succès, et le corps des commissaires reprit bientôt sur l'esprit du peuple l'influence que l'indignité de quelques uns lui avait trop souvent fait perdre.

Le théâtre attira aussi sa sollicitude. La police de ces établissemens ouverts aux plaisirs de tous était en quelque sorte abandonnée aux comédiens, qui n'employaient pour maintenir l'ordre et la tranquillité que des mesures insuffisantes. Les variétés dramatiques entretenaient alors déjà des escouades d'approbateurs salariés, dont le grossier fanatisme métamorphosait souvent en arène le parterre des premières représentations : Sartines réprima cet abus par des ordonnances très sévères. Les gens qui troubleraient les représentations théâtrales durent être arrêtés par les exempts de service; et, s'il était prouvé que les perturbateurs fussent à la solde d'acteurs ou d'actrices , ceux-ci devaient être immédiatement conduits eux-mêmes au Fort-Lévêque. Grâce à ces sages mesures, le Théâtre-Français reconquit en partie son ancienne splendeur ; les bons juges revinrent au parterre, purgé des misérables qui en avaient depuis dix ans déshonoré l'enceinte, et l'on put applaudir encore *le Misantrope* , *Iphigénie* , *Mahomet* et *Manlius* sans crainte de se voir insulté par un laquais déguisé , comme il était arrivé au comte de Lépine , le soir de la première représentation de *Zaïre.*

Les valets de chiens et les piqueurs de grandes maisons avaient alors la coutume de se rassembler à certains jours de la semaine dans les cabarets de diverses rues et de donner du cor pour s'apprendre mutuellement les halali et autres fanfares. Outre l'inconvénient qui en résultait pour les voisins, le lieutenant de police était informé que des voleurs se servaient des sons plus ou moins pressés du cor pour entretenir une sorte de correspondance mystérieuse avec les malfaiteurs détenus à la Conciergerie, au Châtelet et à la Bastille. La tranquillité publique était doublement intéressée à la suppression de ces discordans concerts. Il les défendit sous des peines sévères, et enjoignit aux cabaretiers de ne plus prêter leurs salles ni leurs jardins aù gens porteurs de ces instrumens. Des valets de chenil du prince de Soubise, confians dans la puissance et le crédit de leur maître, se hasardèrent à braver l'ordonnance et résistèrent aux exempts qui voulaient la faire respecter. Une sorte d'émeute éclata même à ce sujet au centre de la vieille rue du Temple. Le lieutenant de police envoya une compagnie du guet à cheval au secours de ses agens menacés, se mit lui-même à la tête de la troupe et arrêta les douze ou quinze perturbateurs, qui tentèrent en vain de se réfugier à force ouverte dans l'hôtel du prince. Sartines les fit lier et les envoya au Châtelet, où leur procès s'instruisit sans que M. de Soubise, qui connaissait trop bien Sartines pour espérer qu'il fléchît après l'insulte faite à son autorité, tentât de justifier ses gens ou même daignât prendre la peine de les réclamer comme de sa maison.

Nulle partie de la police n'échappa à la rare sagacité de Sartines. Voirie, éclairage, bâtimens, pavage, surveillance nocturne, corps-de-garde, fontaines, approvisionnemens, conservation des monumens, prostitution, jeux clandestins (1), marchés, enseignement, salubrité, il porta dans toutes les branches de son administration son vigilant et infatigable zèle.

On a injustement rendu solidaire M. de Sartines des malheurs qui signalèrent la nuit du 30 mai 1770 et dont la place Louis-Quinze fut le théâtre. On sait que cette horrible catastrophe arriva au feu d'artifice tiré à l'occasion du mariage de Louis XVI, alors dauphin ; mais ce qu'ignoraient ou ont feint d'ignorer du moins ceux qui font peser un si grave reproche sur l'administration de Sartines, c'est qu'alors ce qu'on appelait *le Bureau de la ville de Paris* (aujourd'hui corps municipal) se trouvait seul chargé des mesures relatives à ces sortes de fêtes, auxquelles les magistrats supérieurs ne pouvaient concourir à moins d'en être formellement requis. Dans cette déplorable circonstance, le Bureau de ville avait négligé et refusé même l'appui que le lieutenant de police s'était empressé de lui faire offrir. L'édilité bourgeoise regarda comme au-dessous d'elle d'accepter la surveillance de la

(1) Ce fut sous l'édilité de Sartines que furent pour la première fois établies les maisons publiques de jeux. Ce n'est pas sur lui toutefois qu'en doit retomber le blâme. Une délibération du Conseil et l'obtention de lettres-patentes plaçaient cette immorale institution au-dessus et en dehors de son pouvoir.

police dans une fête dont seule elle faisait les honneurs et les frais; elle eut bientôt à se repentir de tant de fierté et d'assurance. On élevait sur la place alors les pavillons que l'on restaure aujourd'hui et l'on creusait les fossés qui s'y voient encore. Le feu d'artifice avait été disposé à l'entrée des Champs-Elysées et un immense concours s'était rendu sur la place. Le feu tiré, la foule voulut s'écouler par la rue Royale (la rue de Rivoli n'existait pas alors); l'obscurité était profonde, et des filous avaient tendu des cordes de distance en distance à un pied à peu près d'élévation. Des milliers de personnes tombèrent les unes sur les autres; les cris, les imprécations jetèrent dans les masses plus éloignées l'épouvante et le désordre; les uns, en voulant fuir, se jetèrent dans les fossés; d'autres se cramponnèrent aux échafaudages et en déterminèrent la chute, qui les écrasa; quelques uns s'accrochèrent aux équipages, dont le Bureau de ville n'avait pas songé à défendre la circulation au milieu de cette multitude; c'étaient de toutes parts des cris, des plaintes, des gémissemens arrachés à la fois par la sollicitude et l'effroi.

On ne connut que le lendemain toute l'étendue de ce désastre. M. de Sartines mit un louable zèle à réparer des malheurs qu'il ne lui avait pas été donné de prévenir. Pour ne pas effrayer les masses, il recommanda le plus impénétrable silence sur le résultat de ses recherches. Aujourd'hui, qu'un plus long mystère serait sans objet, nous pouvons dire que des notes, rapports et états dressés alors il résulte que le nombre des morts s'éleva à deux mille sept cent quarante-trois individus, tandis que celui des blessés se trouva seulement de huit cent trente. Différence énorme et qui s'explique à peine par la nature même de l'événement : le plus grand nombre avait été étouffé ou écrasé sur la place. Les blessés se composaient seulement de ceux qui étaient montés sur les échafaudages, étaient tombés dans les fossés ou avaient été renversés par les équipages.

Une enquête, dès le lendemain de ce jour funeste, fut ordonnée dans les maisons les plus mal famées de la capitale. Cette recherche produisit de bons effets : dans une seule maison de la rue des Rats, près de Saint-Étienne-du-Mont, on trouva plus de trois cents chapeaux d'hommes, plus de quatre cents montres, une quantité considérable de bracelets, de boucles d'oreilles, de chaînes, de colliers et d'autres bijoux de femmes, ainsi que nombre de bourses pleines encore ou du moins garnies, et dont le total se monta à une somme de six mille livres.

Le nombre des voleurs et des vagabonds arrêtés le lendemain par les ordres de M. de Sartines fut de plus de quatre cents. Quelques uns de ces misérables avaient payé de leur vie le succès de leur horrible entreprise : dans le nombre des cadavres ramassés au coin de la rue Royale on trouva celui du nommé Petit-Jean, ancien garde-française et

10

voleur de profession. Il était mort étouffé, et sur lui on trouva quarante-trois montres avec leurs chaînes, des colliers, des bijoux et quatorze bourses bien garnies, parmi lesquelles un échevin de la ville, nommé Habeleau, reconnut la sienne.

Sartines se piquait de savoir non seulement ce qui se passait à Paris et dans les principales villes du royaume, mais encore les événemens qui pouvaient plus ou moins compromettre ou intéresser la tranquillité des capitales de l'Europe. On lui écrivit un jour de Vienne qu'un brigand fameux, qui avait long-temps désolé la campagne de la Carniole et de la Carinthie, était à Paris ; on le priait d'en faire opérer l'arrestation. Sartines répondit aussitôt que le brigand qu'on lui signalait n'était pas dans la capitale de la France, mais bien à Vienne, au cœur de l'Autriche même, dans tel quartier, dans telle rue, dans telle maison. La police allemande fit, sur les indications du magistrat, les perquisitions nécessaires, et trouva en effet le bandit caché au lieu désigné.

Un domestique du pape s'était enfui de Rome après avoir volé dans la sacristie de Saint-Pierre un grand nombre de vases sacrés et d'ornemens pontificaux évalués à une somme considérable. Le gouvernement papal supposait que le larron s'était embarqué sur un bâtiment de commerce français et avait passé en Provence. Le protonotaire apostolique expédia un courrier à M. de Sartines pour qu'il eût à faire arrêter le malfaiteur à son entrée sur les terres de France. Le lieutenant de police renvoya immédiatement le courrier, après avoir écrit sur ses dépêches : « Le voleur que cherche » la police romaine n'a point paru en France : il est » caché à Civita-Vecchia dans une barque sici- » lienne dont le patron se nomme Bartholoméo » Frandi; son intention est de se rendre à Messine, » pour de là passer en Turquie. Faites diligence, » et vous le rattraperez en pleine mer. » Le pape, au reçu de cette laconique missive, fit armer à la hâte un brick et une galère, et on arrêta en effet dans les eaux de Messine la barque sicilienne du patron Frandi, qui portait le voleur et les riches dépouilles de Saint-Pierre.

Une si imperturbable assurance, une si prodi- gieuse activité, fixèrent les yeux de l'Europe en- tière sur Sartines. Les peuples, toujours amis du merveilleux, le crurent en commerce régulier avec quelque démon familier; les gens éclairés sou- tinrent que cette police aux mille-z-yeux devait coûter des sommes énormes à la France. Les uns et les autres se trompèrent. Sartines puisait dans son esprit inventif et sa prodigieuse activité ce qu'il y avait de plus surprenant dans ses ressour- ces, et les sommes qui lui étaient alors allouées pour la police étaient très minimes, si on les com- pare à celles qu'engloutit chaque année cette administration de nos jours. La magie de M. de Sartines était une probité habile. A l'exemple de Turenne, qui, dans une carrière plus magnifique, se couvrait de gloire malgré le faibles moyens dont il disposait, Sartines se contentait strictement de l'argent affecté à la police : il en était bon ménager et trouvait même parfois l'occasion d'en épargner quelques bribes, sans que le service en souffrît. C'est ainsi qu'en 1772, lorsque l'hiver le plus rigoureux vint peser sur le pauvre peuple, il fit sortir des coffres de son administration cent quatre vingt mille francs qui y étaient en réserve, et acheta du pain et des vêtemens à une multitude de malheureux qui eussent péri de faim et de froid sans ce généreux secours. Le peuple était bien peu alors cependant. Le progrès de la civilisation a-t-il rien produit de plus honorable dans nos quarante dernières années?

Sartines, le premier, employa dans sa police des voleurs repentans et des forçats amendés, certain que le parti qu'on en pourrait tirer devait être immanquablement utile. Quelques personnages de la cour lui reprochèrent de se servir d'êtres aussi dégradés pour faire la police de la ville. « Indiquez-moi, je vous prie, dit-il, les honnêtes gens qui voudraient faire un pareil métier? » Et sa question resta sans réplique.

Le lieutenant de police avait toujours autour de lui trois ou quatre exempts émérites, filous jadis, honnêtes gens pour le moment, sorte de Janus à deux visages, et qu'il appelait plaisamment ses aides-de-camp. Un soir, qu'à la suite d'une conversation, au jeu du roi à Versailles, on avait beau-

coup plaisanté sur l'adresse et la dextérité des voleurs, le prince de Beauveau, esprit bizarre et
paradoxal, voulut établir que le voleur le plus
subtil ne parviendrait jamais à voler un homme
qui se tiendrait sur ses gardes. « Prince, dit M. de
Sartines, la thèse que vous soutenez n'est pas
bonne, et, si vous êtes jaloux de vous en convaincre, demain, à ma table, je vous ferai voler sans
que vous vous en puissiez apercevoir. — Je pa-
rie trois cents louis que vous n'y réussirez pas,
répondit le prince en riant, et vous pouvez d'a-
vance compter les perdre, M. de Sartines. — J'en
serais fâché pour les pauvres, répliqua le lieutenant de police, mais j'en serais étonné vraiment.
— Vous me ferez peut-être prendre ma tabatière,
mes boutons d'habits, ma montre ou ma bourse :
le tour n'aurait rien de neuf ou de singulier. —
Je ne vous tiendrai pas quitte pour si peu, mon
prince. Voulez-vous savoir ce que je vous ferai
voler ?... votre croix de l'ordre du Saint-Esprit. —
Ma croix du Saint-Esprit ! fit le prince en riant
de surprise : oh ! M. le lieutenant de police, si vous
en venez à bout, je proclame MM. vos aides-de-
camp les plus habiles prestidigitateurs de l'Europe.
Allons, messieurs, continua-t-il en se retournant
vers les personnes qui se trouvaient dans le cabinet,
nous dînerons demain chez M. de Sartines. »

Le dîner fut splendide et somptueux : plus de
cent personnes y assistèrent. Outre les personnages
les plus distingués de la cour, d'illustres étrangers,

des membres du corps diplomatique, Sartines y
avait réuni quelques unes des célébrités de l'époque, Morellet, d'Alembert, Coysevox, Latour, Coy-
pel : en face du prince de Beauveau se trouvait un
chevalier de Calatrava attaché à l'ambassade
d'Espagne.

Bientôt la conversation devint générale, et l'on
se livra sans contrainte à cette joie douce et tempérée, à ces entretiens de bon goût et de bon
esprit dont la société française offrait à cette
époque le modèle; des questions de beaux-arts, de
philosophie, de littérature furent traitées avec pro-
fondeur, avec atticisme, avec originalité. Le prince
était enthousiaste de la littérature italienne : il ne
tarda pas à s'engager entre lui et le chevalier de
Calatrava une polémique vive et ingénieuse. Au
dessert, le chevalier citait avec une imperturbable
mémoire des passages entiers de Lopez de Vega, de
Hernandès et de Cervantes ; le prince s'évertuait de
son côté à déclamer des vers du Dante, du Tasse et
de l'Arioste. Enfin, lorsque, de guerre lasse, les
deux adversaires, toujours fidèles à leur culte, se
furent un peu rapprochés, sinon pour le fond, du
moins pour la forme, Mme de Sartines, s'appro-
chant du prince, une riche bourse ouverte à la
main, lui dit en faisant une gracieuse révérence :
« Pour les pauvres, monseigneur, s'il vous plaît ! »

M. de Beauveau regarde à sa poitrine : la croix
du Saint-Esprit avait disparu.

« Je suis vaincu, dit-il en souriant et en glissant

dans la bourse un billet de 5oo louis, mais je dois des remerciemens au vainqueur, qui me permet de déposer mon tribut dans la main des grâces.

— Mon prince, dit à son tour M. de Sartines en remettant la croix à M. de Beauveau, je vous rends le gage de mon triomphe, heureux de pouvoir conserver le souvenir de vous avoir possédé un jour. »

Personne ne s'était aperçu du larcin. On rit de bon cœur du succès de l'entreprise, et on pressa M. de Sartines de donner le mot de cette piquante et inexplicable énigme.

« Je devrais peut-être garder le secret de mon stratagème, dit alors le lieutenant de police, mais je ne me sens pas la force de résister à tant d'honorables sollicitations. Enlever la croix était difficile, portée comme elle est en sautoir et suspendue à un ruban entourant le cou. Tandis que M. de Beauveau discutait avec le gracieux et savant chevalier de Calatrava, que vous ne reverrez jamais au milieu de vous, messieurs, un autre de mes aides-de-camp, placé sous la table, tirait doucement la serviette du prince. Trois fois M. de Beauveau s'est baissé pour la retenir, et trois fois mon adroit filou a été le maître de s'en emparer; mais je voulais aussi le ruban, je le voulais entier, sans section, sans déchirure : à la quatrième chute de la serviette, tout était consommé. » Et le lieutenant de police fit passer à la ronde le ruban, frais azuré, et qui avait été, en effet, dénoué avec une dextérité admirable.

Le reste de la journée se passa en divertissemens de toute espèce, et le soir, dans les petits
appartemens de Louis XV, il ne fut question que
du dîner de M. de Sartines et de l'incroyable
adresse de ses aides-de-camp.

Un des premiers magistrats de la ville de Lyon
prétendait une autre fois devant M. de Sartines
que la police n'ayant aucun intérêt à connaître les
démarches des citoyens obscurs et inoffensifs, il
lui serait facile, à lui, de venir visiter la capitale
sans que lieutenant de police en fût instruit.
« Ne vous y fiez pas, répondit Sartines d'un ton
flegmatique, je vous laisse libre toutefois d'essayer.»
Le magistrat retourna dans sa province. A quelques
mois de là, des affaires le rappellent à Paris : il se
souvient de sa conversation avec Sartines, et se
hasarde à tenter sa vigilance. Il part mystérieuse-
ment de Lyon, arrive nuitamment à Paris, et va
se loger, sous un faux nom, dans le quartier le
plus éloigné du centre. Le lendemain, dès l'aube
du jour, un domestique en livrée se présente, porteur d'un billet : c'était une invitation à dîner
que M. de Sartines lui adressait pour le même
jour.

La marquise de C..., une des dames d'atours de
la dauphine, arrive un jour tout effarée à l'hôtel
du lieutenant de police; elle pleure, elle crie, elle
se lamente : on lui a enlevé ses diamans et une
somme de vingt mille écus qu'elle conservait, en
or, dans son secrétaire. Elle supplie M. de Sar-

tines de mettre tous ses limiers sur la trace du
voleur; elle accuse ses voisins, ses domestiques,
presque ses enfans...«N'accusez personne, lui dit sévèrement M. de Sartines. » Puis, la tirant dans une
embrasure de croisée,«Hier,à minuit, dit-il, vous
avez reçu secrètement un chanteur de l'Opéra,
le sieur G...: c'est lui qui vous a enlevé votre or,
vos bijoux ; il en est nanti encore; si vous voulez,
je vais le faire arrêter... Parlez, que voulez-vous
faire? — Rien, rien, répondit la marquise, atter-
rée de voir connus du magistrat ses déporte-
mens, qu'elle avait eu l'art de cacher à la cour :
que je perde tout, je le mérite, mais sauvez ma réputation! — Bien, madame, reprend Sartines d'un
front sévère, mais heureux qui ne compromet ni
sa fortune ni son honneur.»

On ferait un livre de tous les faits de ce genre
où M. de Sartines montra la supériorité de son
rare esprit et de son grand sens : ce magistrat
voyait tout par ses yeux et ne laissait jamais à ses
commis le soin de dépouiller sa vaste correspondance. Des dépêches quotidiennes lui arrivaient de
l'Espagne, de l'Allemagne, de la Russie, de l'Italie,
de la Suisse; il entretenait des agens jusque dans
les Amériques et la Compagnie des Indes; toutes
ces lettres cependant lui passaient par les mains et
il en analysait la substance. Il faisait venir à tour
de rôle chaque commissaire de quartier dans son
cabinet; il l'interrogeait sur les mœurs, sur les besoins, sur les opinions des gens dont il lui con-

fiait la surveillance. Il avait ordonné à ses exempts de se rendre trois fois par jour dans son bureau particulier pour lui rendre compte des affaires qui ne devaient ou ne pouvaient être l'objet d'un rapport public ; il avait enfin déclaré à tous ceux qui relevaient de ses attributions qu'il était prêt à les écouter la nuit, le jour, en toute circonstance, à toute heure : « Le premier magistrat de la police de Paris, disait-il à ce sujet d'une façon pittoresque, ne doit pas, comme la statue de Memnon, ne rendre ses oracles qu'à la clarté du soleil. »

Pendant près de quinze années que Sartines se trouva investi de ces hautes fonctions, il ne démentit pas un seul jour ces paroles. Quand l'irruption des eaux du fleuve venait effrayer la cité ; quand un incendie se déclarait dans un théâtre, dans une maison particulière ou dans un établissement public, on était sûr de voir le lieutenant de police arriver en hâte et choisir son poste au plus fort du danger. Son dévouement aux intérêts du peuple étayait merveilleusement la sévérité qu'il déployait en toute circonstance ; mais cette sévérité, nous devons le dire, était elle-même tempérée par une admirable patience et un tour d'esprit original qui servit plus d'une fois avec bonheur la sainte cause de l'humanité.

Citons un dernier trait de cette esprit d'à-propos qui n'abandonnait jamais Sartines, même au milieu des dangers les plus imminens.

En 1771, le peuple de Paris se mutina; le pain était cher, les grosses eaux avaient entravé les arrivages, et sa cherté servit de motif ou de prétexte à une émeute qui éclatait sur la place Maubert. Les rassemblemens étaient nombreux, et l'émotion populaire avait pris dès l'abord un caractère si menaçant que le ministre de la guerre crut devoir mettre à la disposition des magistrats de la capitale les deux compagnies de mousquetaires de la maison du roi. Sartines voulait, avant tout, prévenir l'effusion du sang : il marcha lui-même à pied au milieu des escadrons de cette brillante jeunesse, et quand on fut arrivé à la place Maubert par la rue des Noyers, il s'approcha du comte de Juliers, qui commandait le peloton d'avant-garde, et après lui avoir parlé bas à l'oreille, lui ordonna d'avancer seul au milieu de ce peuple mutiné.

L'officier obéit. Il marcha droit à l'émeute, et arrivé à quelques pas des [premiers groupes, « Messieurs, dit-il en ôtant son chapeau avec courtoisie, nous venons ici au nom du roi, mais nous n'avons ordre de tirer que sur la canaille. Je prie donc les honnêtes gens de se retirer chez eux. »

Cinq minutes après, il ne restait personne sur la place, l'émeute avait été dissipée sans coup férir.

L'administration de Sartines ne fut cependant pas tout-à-fait exempte de reproche. Les lettres de cachet se distribuèrent encore alors avec une criminelle prodigalité; et lui-même, par trop accessible aux douces provocations de la flatterie, se laissa parfois aller à quelques actes d'un arbitraire presque ottoman. Malgré ces graves torts cependant, il serait injuste de nier les services rendus par son administration. L'impulsion qu'il a eu le bonheur de donner à la réforme des mœurs populaires, et surtout le zèle, l'abnégation, la persévérance qu'il ne cessa de consacrer à l'embellissement de la capitale, pallient du moins, s'ils ne suffisent à les excuser, des faiblesses qui furent celles de l'époque peut-être plus que du caractère et du cœur de ce remarquable magistrat.

Une foule d'établissemens utiles attestent l'amour bien entendu de M. de Sartines pour le bien public. Paris lui doit sa Halle-aux-Blés; la fondation d'une école gratuite de dessin pour les ouvriers; la restauration de quatorze fontaines, dont huit ne donnaient plus d'eau depuis les dernières années du dix-septième siècle; le pavage d'une grande quantité de rues affluentes de ses faubourgs et la première statistique des carrières de Paris, converties aujourd'hui en catacombes par le transport des ossemens des cimetières; une foule d'ordonnances enfin et d'arrêtés, tous empreints d'une pensée utile ou généreuse.

Sartines quitta en 1774 la lieutenance de police et fut appelé par la confiance du roi au ministère de la marine. Il arriva à ce nouveau poste plein du désir de bien faire, mais manquant des

connaissances pratiques, que peut seule donner
l'expérience.

Sartines, en effet, ne connaissait rien à la
construction des vaisseaux, à l'armement des flottes, à la hiérarchie maritime. La partie administrative de son ministère fut bien comprise par lui
sans doute, mais la partie technique, la partie militaire lui échappa entièrement. Il eût d'ailleurs fallu
un Tourville en ce moment à la tête de la marine
française pour la reconstruire pièce à pièce, la réformer et y mettre la victoire à l'ordre du jour.
Depuis le cardinal de Fleury, dont la coupable incurie porta un coup si désastreux à la puissance
militaire de la France, la marine était dans un état
de marasme et de consomption qui inspirait des
craintes à tous les citoyens éclairés. Sans doute on
eût pu profiter des loisirs d'une longue paix pour
construire des vaisseaux, former des marins sur
les bâtimens de commerce et promulguer un bon
code maritime; mais les coffres de l'Etat étaient
vides, la gêne se présentait dès-lors comme l'avant-
courenr d'une banqueroute prochaine, et Louis XV
n'avait pas été homme à s'embarrasser de ce qui
arriverait après lui. Sartines, lié par son inexpé-
rience et l'insuffisance de ses moyens, fut hors
d'état de rendre à la marine de sa patrie adoptive
les services qu'il avait rendus à sa capitale. Comme
la présence d'un homme supérieur cependant se
révèle toujours par quelque point, Sartines se con-
cilia la reconnaissance et l'estime des gens de mer

par son excellent réglement de 1780: qui concerne la salubrité des vaisseaux et la santé des équipages.

M. de Sartines fut sacrifié à Necker. Ce puritain financier exigea du roi son remplacement parce que, toujours ami des mesures de justice et d'humanité, il avait dépassé de douze millions le crédit de son département pour arracher au provisoire les invalides de la marine et les officiers réformés, dont les pensions n'avaient pas été liquidées depuis dix ans. Sartines accepta sa disgrace avec une noble résignation, et, comme par une inspiration prophétique, en signant sa démission, il s'écria : « Puisse le roi n'être pas bientôt contraint de signer la sienne! »

Dès les premiers momens de la Révolution, M. de Sartines avait pris la résolution de quitter la France. Il mit son projet à exécution vers la fin de l'année 1790. L'ancien lieutenant de police avait été mieux qu'un autre à portée de connaître les abus dont le peuple se plaignait et d'apprécier le caractère de ce peuple appelé tout-à-coup à les écraser du poids de son ardente colère. Il ne voulut pas être témoin de ces effroyables tempêtes qui devaient briser le trône : il partit pour l'Espagne, sa patrie.

Après avoir passé quelques années à Madrid, il vint se retirer tout-à-fait à Tarragone. C'est dans cette ville qu'il mourut le 22 septembre 1801, au milieu de sa famille et d'un petit nombre de

Français qu'il avait recueillis dans leur malheur avec un cœur fraternel.

Sartines avait été quinze ans lieutenant de police et six ans ministre de la marine. Sept cent quarante-cinq millions lui avaient passé, disait-il, par les mains. Sartines en mourant ne possédait pas six mille livres de rentes.

De nos jours, plus qu'en aucun temps, on peut présenter ce dernier fait comme le plus beau de tous les éloges.

CHAPITRE XIII.

M. LENOIR,

Douzième lieutenant-général de police.

Jean-Charles-Pierre Lenoir est né à Paris, en 1732, d'une famille alliée à la haute magistrature, à l'administration et à la finance. Son père était lieutenant particulier au Châtelet. Le jeune Lenoir, désireux de parcourir une carrière où ses ancêtres s'étaient fait un nom glorieux, entra, après des études brillantes faites au collège de Louis-le-Grand, dans le barreau. En 1752, il était conseiller au Châtelet, lieutenant particulier au même siége en 1754, lieutenant-criminel en 1759, maître des requêtes en 1765, et enfin lieutenant de police en

1774; il avait à peine atteint sa quarante-deuxième année alors.

Cette succession rapide de hautes fonctions, justifiée par des talens incontestables, l'était également par des preuves d'un caractère ferme et conciliateur. Lenoir, étant maître des requêtes, avait été chargé de rétablir le Parlement de Pau et de sévir, presque en même temps, contre le Parlement de Provence. Il apporta dans l'exécution de cette double mission tant de convenance et de dignité, il sut allier avec tant d'art la réserve à la sévérité, que ceux mêmes sur lesquels étaient tombés les éclats de la foudre judiciaire ne purent refuser au magistrat qui les en avait frappés des éloges et une gratitude sincère.

A peine revêtu du titre si envié et si honorable de lieutenant de police de Paris, Lenoir se trouva dans une position hérissée de difficultés de toute espèce. Obligé de combattre les opinions du ministre Turgot sur les approvisionnemens de la capitale, il le fait avec un calme, une conviction, une lucidité admirables; mais les deux systèmes opposés auxquels le ministre et le lieutenant de police étaient attachés embarrassaient la marche des opérations : il fallait que l'un des deux cédât ; Turgot, alors très populaire, dut l'emporter. Cependant, peu flatté de sa victoire, peu sûr de l'excellence des moyens qu'il faisait prévaloir, le ministre conseilla au monarque d'écrire au ma-

11

gistrat consciencieux, qui préférait quitter un
siége honorable, une dignité élevée plutôt que de
mentir à ses principes et à ses convictions.
Louis XVI adressa à M. Lenoir une lettre remplie
d'affection et de bonté, où il regrettait de ne pouvoir refuser la démission que celui-ci offrait. Lenoir se retira aussitôt et reçut l'expression à la fois
des regrets de son prince et de ses administrés, car
l'opinion publique, qui commençait à cette époque à se faire jour en France, avait repoussé le
système préconisé par Turgot.

Lenoir fut immédiatement remplacé et le plan
du ministre reçut son exécution. Mais les essais ne
furent pas heureux : les prétendus économistes,
vainqueurs sur le papier, ne purent venir à bout
de réaliser leurs utopies. On murmura, on se
vengea en chansons et en persifflages. Turgot fut
éliminé des conseils du roi à l'applaudissement
général et Lenoir fut rappelé presque aussitôt à
la lieutenance de police.

Lenoir ne fut pas insensible aux manifestations
de joie que sa seconde élévation avait fait naître.
« Je serais bien ingrat, dit-il au célèbre Lavoisier,
fermier-général alors, si je ne consacrais tous les
instans de ma vie à servir et à protéger tout ce
pauvre peuple qui me témoigne tant d'affection
et de confiance. Mon ami, ajoutait-il, que Dieu et le
roi me laissent quinze ans à la tête de la police, et
le sort du peuple de Paris ne sera pas si malheu-

reux dans un demi-siècle qu'il l'est aujourd'hui. »

On peut voir, en effet, que Lenoir a tenu parole. Dans une petite brochure (1) qu'il composa tout exprès pour la reine de Hongrie, qui l'avait consulté vers 1780, il déroule, avec une précision mathématique, toutes les améliorations qu'il a faites, toutes celles qu'il a l'intention de faire. Dans cet ouvrage modeste, qui ne vise pas à l'effet philantropique, on chercherait en vain une bonne pensée oubliée, un chiffre avancé indiscrètement. Tout respire la netteté froide et précise, l'amour de l'humanité et le désir de bien faire actuellement pour mieux faire encore plus tard.

L'attention de Lenoir se dirigea d'abord vers les hôpitaux et vers les prisons, ces deux grands gouffres de la civilisation. Les hôpitaux et hospices de Paris étaient richement dotés, mais les sommes énormes qui formaient leurs revenus annuels se dépensaient mal. Les malades couchaient trois et quelquefois quatre ensemble, et ces infortunés, souvent torturés par des maux différens, assistaient à une triple agonie. Lenoir décida qu'à l'avenir chaque lit ne pourrait contenir que deux malades : c'était déjà une victoire remportée sur la routine et sur l'usage. Les alimens destinés aux convalescens étaient fournis avec abondance, suc-

(1) Détails sur quelques établissemens [de la ville de Paris. (Veuve Duchesne, 1781.)

culens, splendides même (tout cela bien changé
depuis, et pareil reproche ne peut plus exister aujourd'hui). Cette chère délicate nuisait parfois aux
convalescens et déterminait des rechutes dangereuses. Le lieutenant de police régla lui-même la qualité
et la quantité des alimens destinés aux malades, et
ne trouva pas au-dessous de sa dignité d'inspecter
de sa personne, plusieurs fois par mois, les divers
hôpitaux et hospices de Paris afin d'en surveiller
les divers services. Lenoir étendit sa sollicitude sur
les infirmes, sur les vieillards et les incurables; il
augmenta les bâtimens réservés à ces trois espèces
de malheureux, créa, dans chaque maison des
conseils de surveillance composés des hommes les
plus notables et les plus probes de la bourgeoisie,
et augmenta le nombre de lits, qui déjà se trouvait
en désharmonie avec la population croissante de
la capitale. Dans les prisons, Lenoir porta également
l'œil de la charité et de la bienfaisance. Louis XVI,
à son avénement au trône, avait supprimé les tor-
tures de la question ; le premier magistrat de Paris
supprima les cachots et les chaînes. Il améliora le
sort des prisonniers; institua des lits de camp à la
Bastille, au Châtelet, au For-Lévéque et à la Conciergerie; ordonna que les prisonniers âgés de plus
de cinquante ans fussent gratifiés d'un matelas et
d'une couverture. Enfin, la nourriture des prisons
subit aussi une remarquable transformation : le
pain fut d'une meilleure qualité, et les légumes distribués à chaque repas ne furent plus ramassés

dans la fange des halles. La mort moissonnait habi-
tuellement à Paris six prisonniers sur vingt-huit,
c'est-à-dire un peu moins du quart; la seconde
année de l'administration de M. Lenoir, on ne
comptait que douze morts sur cent prisonniers :
l'amélioration était évidente.

Lenoir, assisté de quelques médecins habiles et
de plusieurs chimistes illustres, parmi lesquels
était Lavoisier, perfectionna les moyens de salubrité. Il fonda dans plusieurs quartiers de Paris
des écoles pour les enfans des pauvres; il fit un
grand nombre de réglemens pour assurer le sort
des enfans trouvés, qui, souvent arrachés de leur
hospice par d'avares artisans, se trouvaient, au bout
de quelques mois, sans asile et sans pain, faute de
pouvoir rentrer dans la maison hospitalière qui
avait recueilli leur enfance. Lenoir exigea qu'un
traité notarié fût passé entre les maîtres artisans et
les supérieurs de l'hospice des Enfans-Trouvés, et
que la moralité de ces maîtres fût constatée par le
témoignage de personnes notables. Grâce à cette
mesure charitable, les malheureux enfans ne furent plus soumis aux caprices de maîtres exigeans;
dès-lors, quand ils ne convinrent pas à l'état ou à
l'ouvrier, ils furent reconduits à l'hospice.

Ce fut Lenoir qui inventa le bureau des nourrices. Avant son édilité, des femmes, connues sous
le nom de *messagères*, venaient de porte en porte, à
Paris, proposer des nourrices. On confiait à ces

femmes les faibles êtres qui avaient à peine quelques heures d'existence, et elles les emportaient dans la Brie, dans la Champagne, dans la Lorraine ou la Bourgogne, se contentant de mettre sur le maillot du malheureux ainsi confié à des soins mercenaires le nom et la demeure de ses parens. On conçoit quels graves inconvéniens devaient résulter de ce singulier mode d'enlèvement. Les hommes sages réclamaient depuis long-temps contre cette coutume barbare et gothique : Lenoir entendit leurs vœux, et les statuts du bureau des nourrices furent dressés, statuts équitables, qui protégent également les droits de la famille, ceux de la nature, et, il faut le dire, ceux du commerce, puisque nourrir des hommes est aussi une industrie et un négoce.

C'est aussi à Lenoir que l'on doit l'excellent réglement de 1682 sur les secours et soins à donner aux blessés, aux noyés et asphyxiés. Tout est prévu dans ce code peu volumineux, mais contenant essentiellement ce qu'il était utile et convenable d'apprendre. L'humanité elle-même semble avoir tenu la plume du lieutenant de police, et la simplicité du style employé dans ce morceau de haute philantropie n'en est pas le moindre ornement.

Le lieutenant de police augmenta le nombre des pompiers, corps alors peu nombreux et surtout fort peu militaire. Il composa un fort bon réglement pour les secours à porter aux incendiés.

Nous aurons occasion de revenir sur cette partie
de l'administration de M. Lenoir en parlant du
feu de l'Opéra.

Sous le nom de Lombards, des usuriers, des juifs
portugais et italiens avaient établi dans divers
quartiers de Paris des maisons où l'on prêtait sur
nantissement. Les malheureux, les pauvres ouvriers, les filles entretenues, les riches dissipateurs
trouvaient dans ces maisons un argent chèrement
acheté. Les filous, les escrocs, les voleurs se félici-
taient de leur côté de rencontrer des recéleurs à
peu près autorisés par les lois et formaient la clien-
telle la plus productive et la plus nombreuse des
Lombards. C'était une plaie ajoutée à tant de plaies
dont le pauvre corps social est couvert. Lenoir
sonda les dangers de ces périlleuses entreprises et
résolut de cautériser le mal. Par un vaste et immense établissement il annihila toutes ces odieuses succursales de vol et d'usure. Le Mont-de-
Piété fut créé par lui, et dès-lors les intérêts énormes qui sont pris également sur les avances faites
au riche et sur les deniers prêtés au pauvre allèrent grossir l'épargne des hôpitaux, dont l'établissement releva, comme autrefois les grands
vassaux de la couronne dépendaient de la cour du
Louvre. Sous le triple rapport philantropique, politique et philosophique, le Mont-de-Piété est un
chef-d'œuvre dont les rouages sont merveilleux de
précision, de justesse et d'ensemble. Une telle
institution suffirait pour immortaliser un magistrat.

Lenoir donna aussi ses soins à l'éclairage de la ville (1). Il fonda aux frais de la police une école de boulangerie; il supprima les vaisseaux de cuivre dans lesquels les laitières avaient coutume alors d'apporter chaque matin leur lait; il supprima également les comptoirs de plomb des marchands de vins, qui les ont repris depuis. Tout ce que la vaniteuse philantropie moderne, enfin, croit avoir inventé a été connu alors et mis en pratique par Lenoir.

Si de l'administration écrite nous passons maintenant à l'administration active de M. Lenoir, nous ne trouverons pas à lui donner moins d'éloges. Sous l'édilité de ce lieutenant de police, des monumens d'utilité publique, de nécessité incontestable s'élèvent à l'envi : la coupole de la Halle-aux-Blés est placée; la colonne stellaire de Catherine de Médicis, adossée à cette halle, est

(1) Avant M. Lenoir, on faisait à l'entrepreneur de l'éclairage des rues de Paris (et nous croyons que, malgré le mouvement ascensionnel des améliorations prétendues, cela se fait aujourd'hui encore) quelques retenues pour les momens d'interruption où la lune devait éclairer suffisamment, cè qui n'arrivait pas toujours, surtout dans les nuits brumeuses et sombres. — C'est à cette occasion qu'un personnage de comédie disait assez plaisamment : « La lune comptait sur les réverbères, les réverbères comptaient » sur la lune : il n'y a ni réverbères ni lune, et ce qu'il y a de » plus clair, c'est qu'on n'y voit goutte. » M. Scribe, dans un de ses légers essais, a emprunté cette idée comique. — Au reste, ces retenues formaient un fonds de gratification ou de traitement qu'on appelait les pensions sur le clair de lune. M. Lenoir supprima ces ridicules économies, et la ville y gagna d'être éclairée en tout temps.

restaurée, utilisée, et une fontaine s'échappe de sa base; on construit simultanément une halle aux cuirs, aux veaux et à la marée; les boulevarts qui entourent Paris se dépouillent des formes guerrières qu'ils avaient encore et se changent en promenades élégantes; la pompe Notre-Dame est restaurée, et la fontaine de la Samaritaine, sur le Pont-Neuf, subit de grandes améliorations; enfin, M. Lenoir parcourt les carrières sur lesquelles la partie sud de Paris est construite, et ordonne l'établissement des piliers qui existent encore aujourd'hui et ont peut-être préservé de la destruction cette importante fraction de la capitale.

Nous avons passé rapidement en revue les actes et les faits du magistrat. Nous allons maintenant montrer l'homme tel qu'il était sous l'hermine du pouvoir, tel qu'il s'est montré sous le frac de la vie commune. C'est, à notre gré, en considérant les personnages historiques sous ce double relief qu'on parvient à les peindre, non pas à la manière de Rigaut ou de Largillière, mais à la manière d'Hoggard ou de Rembrandt. Cette dernière n'est-elle pas la bonne?

Le 8 juin de l'année 1781, au moment même où les derniers spectateurs franchissaient le seuil du théâtre, le feu se manifesta avec une grande violence dans la salle de l'Opéra, située alors au Palais-Royal. Les quatre ordres mendians (1), le régiment

(1) Les capucins, les récollets, les carmes et les cordeliers for-

des gardes françaises, les pompiers de la ville de Paris accoururent avec zèle et intrépidité. Mais ce qui est arrivé vingt fois depuis arriva : les réservoirs manquaient d'eau. Les pompes, augmentées par l'heureuse prévoyance du lieutenant de police, jouèrent en cette occasion avec vigueur ; mais, malgré les efforts des pompiers et des soldats, malgré le dévouement héroïque des moines, dont plusieurs périrent dans les flammes, le vaste édifice ne fut bientôt plus qu'un monceau de ruines lançant par intervalles des gerbes de feu, des débris de poutres enflammées et des quartiers de pierres étincelantes.

La conduite de M. Lenoir fut dans cette circonstance celle d'un magistrat courageux. On le vit, à la tête des capucins et des soldats, monter sur les échelles dressées aux pans des bâtimens tout en flammes ; il pénétra le premier dans la salle et n'en sortit que le dernier. Son sang-froid, sa présence

maient les quatre ordres mendians. Ces religieux étaient appelés par leur institution même à combattre les incendies. Il était beau de voir ces hommes, sous l'embarrassante robe de bure, se précipiter au plus fort du danger et rivaliser d'héroïsme avec les soldats et les pompiers, moins exposés qu'eux, grace à leurs vêtemens légers et à leurs casques de cuivre. On peut voir dans les Mémoires de Mlle de Montpensier quel courage et quelle philantropie les moines mendians déployèrent au feu du Palais-de-Justice et à celui de l'Hôtel-Dieu. La génération actuelle ne connaît guère les ordres religieux que par des récits empreints de l'exagération des passions et des utopies. Il est bon et il serait convenant, ce semble, de restituer aujourd'hui à chacun la part de justes louanges qui lui appartient.

d'esprit, l'opportunité de ses ordres, son exemple surtout, eurent pour heureux résultat de limiter du moins le désastre et de sauver le palais et ses attenances, menacés de la destruction.

M. Lenoir adoucit autant qu'il était en lui les malheurs privés qui découlèrent naturellement de ce malheur général. Il mit à la disposition des blessés son propre hôtel et fit sortir immédiatement des coffres de la police une somme de quarante mille livres pour être distribuée aux plus nécessiteuses victimes de ce déplorable malheur.

C'est à la suite de cet incendie qu'un autre Lenoir, architecte de la ville, construisit en six semaines une salle provisoire d'Opéra. Cette salle, illustrée long-temps par les premiers talens de la scène et par la musique de Mozart, de Sacchini, de Gluck, est aujourd'hui le théâtre de la Porte-Saint-Martin..... Triste revers des choses humaines!

Lenoir, devenu conseiller d'Etat, partagea la disgrace du ministre Calonne. Le roi, satisfait des nombreuses améliorations que le lieutenant de police avait introduites, reconnaissant du bien qu'il avait entrepris et dont une part déjà se réalisait, voulut lui donner une dernière marque de sa gratitude royale : il le nomma son bibliothécaire.

Dans cet humble poste, qui le croirait! il fut tourmenté par les ennemis que lui avait suscités son administration stricte et austère. Des diatribes plus que déhontées, de lâches pamphlets vinrent troubler la tranquillité de sa vie. Un procès scandaleux, dans lequel il joua malgré lui le principal rôle, ajouta encore aux chagrins de sa vie privée.

Guillaume Kornmann, ancien magistrat de Strasbourg, connu dans la banque de Paris par la hardiesse de ses opérations financières, intenta à sa femme un procès en adultère. Dans ce procès étaient impliqués l'ex-lieutenant de police Lenoir, le caustique et entreprenant Beaumarchais, le prince de Nassau-Siegen et le sieur Daudet de Jossan, syndic-adjoint de la ville de Strasbourg.

M. Lenoir était accusé d'avoir, à la sollicitation de Beaumarchais, levé la lettre de cachet que Kornmann avait obtenue contre sa femme, d'avoir ensuite livré cette femme à Beaumarchais, et enfin d'avoir fait offrir six cent mille livres à Bergasse, avocat de Kornmann, pour assurer l'impunité par son silence.

Bergasse, comme beaucoup de gens d'alors, voulait à tout prix se faire un nom. C'était en 1787, la Révolution couvait et l'Assemblée des Notables ouvrait la lice à toutes les ardentes ambitions.

L'avocat Bergasse trouva le moyen de faire, dans des *factums* qui avaient pour objet la défense d'un intérêt particulier, un cours complet de politique, de morale et de jurisprudence. Ses mémoires, espèce de salmigondis où on trouve des conseils au roi, à la France, à l'Europe, des réglemens de conduite diplomatique et des considérations sur l'état

des esprits, furent lus avec une sorte d'avidité. Jamais, depuis le fameux plaidoyer de l'Intimé, on
n'avait entendu de si plaisantes choses à l'occasion
d'un chapon. L'excès même de ce ridicule fut ce
qui en fit la fortune. On s'arrachait ces absurdes phi-
lippiques, et les salons de Paris et de Versailles ne
retentirent bientôt que du nom de Kornmann et
de son avocat Bergasse, qui, à propos d'infortunes
matrimoniales, dénonçait les ministres et attaquait
les opérations du gouvernement.

Beaumarchais répondit. Mais cette fois l'auteur
du *Barbier* ne trouva pas dans son humeur caustique, dans son esprit incisif et amer cette verve satirique, ces traits acérés qui avaient mis les rieurs
de son côté en 1774, lors du procès Goezmann.
Ses répliques parurent froides, timides, dépour-
vues de sel et de saillies. Et comme en France les
demi-méchancetés ne réussissent pas; comme, avant
tout, on veut que le scandale s'épanouisse au milieu
d'épines sanglantes; comme surtout on ne le par-
donne qu'autant qu'il amuse, Beaumarchais, le favori du public jusque là, devint l'objet d'une animadversion générale et assuma contre lui un dé-
chaînement universel.

La raison cependant, le droit, étaient cette fois du
côté du père d'Almaviva. Son adversaire avait beau
invoquer en longues et sèches phrases de rhéteur
la liberté, les lois, la morale, il ne s'agissait au fond
que de la suppression d'une lettre de cachet, c'est-

à-dire de la suppression d'un acte criminel en lui-même, puisque rien n'est plus contraire à la liberté, aux lois, à la morale que l'atteinte portée arbitrairement à l'indépendance d'un individu. C'était là toute la cause. Kornmann avait obtenu du ministre Breteuil une de ces lettres pour faire enfermer sa femme. Le lieutenant de police Lenoir n'était poursuivi que pour avoir fait exécuter la main-levée de cette lettre à la sollicitation de Beaumarchais, de Daudet de Jossan et du prince de Nassau. La justification du magistrat fut établie clairement dans un mémoire rédigé par Suard. Quant à Beaumarchais, il fit tête à l'orage et se contenta de traduire Bergasse sur la scène dans le hideux personnage de Bégearss de *la Mère coupable*. C'était là une vengeance à la manière d'Aristophane, mais c'était, certes, une mauvaise manière de prouver que l'on eût raison.

On a prétendu avec quelque fondement que l'acharnement de Bergasse contre le lieutenant de police Lenoir était aussi une vengeance. Ardent disciple de Mesmer, Bergasse n'avait point pardonné au magistrat d'avoir *autorisé* la représentation des *Docteurs modernes*, de Radet. Ce qui rend cette supposition acceptable, c'est que l'avocat Bergasse entretint depuis des relations avec la fameuse Mme de Krudener, et qu'à l'entrée des alliés à Paris en 1814, il eut plusieurs entrevues avec l'empereur de Russie Alexandre et quelques autres illustres illuminés, disciples ou dupes des

Mesmer, des Cagliostro et autres célèbres expé-
rimentateurs.

Le 2 avril 1789, le Parlement rendit son arrêt
dans cette pitoyable affaire. La séparation des deux
époux fut prononcée, et le client de Bergasse,
Kornmann, fut condamné à restituer une dot
de 364,000 liv. Kornmann, diffamé par lui-même,
se vit ainsi ruiné. Quant à M. Lenoir, son inno-
cence fut hautement proclamée, et ses ennemis
ne retirèrent d'autre fruit de leurs scandaleuses
imputations que la honte de les avoir formulées.

Lenoir avait été trop long-temps initié à la marche des affaires gouvernementales pour ne pas
s'apercevoir des périls au milieu desquels le trône
s'était placé. Il donna sa démission de bibliothécaire en 1790, et se retira en Suisse, puis à Vienne
en Autriche. Partout un accueil distingué fut offert
à l'ancien magistrat de Paris. Pendant son séjour
en Autriche, Paul Ier lui proposa de venir en Russie
pour organiser la police de l'Empire. Il le faisait
sénateur, conseiller d'État, et lui donnait, sa vie
durant, le comté de Morlan dans la Lithuanie.
«Sire, répondit M. Lenoir, je désire vivement être
utile à Votre Majesté, mais je refuse vos offres brillantes. Si je les acceptais, je me trouverais lié pour
le reste de mes jours à la Russie, et je nourris dans
mon ame l'espoir de revoir ma chère patrie. Je
consacrerai à Votre Majesté deux années de ma
vie, si elle le veut, c'est tout ce que je puis lui offrir». L'empereur, touché d'une si noble franchise,

accepta. Lenoir avait déjà atteint la Pologne pour se rendre à Pétersbourg, lorsqu'un courrier vint lui annoncer la mort tragique du souverain qu'il allait servir. Il rebroussa chemin et revint en Autriche.

Lenoir rentra en France en 1802. Il ne possédait aucune fortune, car il avait porté dans toutes ses fonctions une intégrité qu'on pourrait taxer de puérile si la probité cessait jamais d'être sublime. Bonaparte, alors premier consul, le fit appeler : « Eh bien ! M. Lenoir, lui dit-il de ce ton brusque qui masquait souvent une intention délicate d'obliger, revenez-vous bien riche de l'émigration ? — Général, dit M. Lenoir en montrant une canne sur laquelle il se soutenait avec peine, voici toute ma fortune. — Et vos biens ? votre patrimoine ? — Vendus, général. — Quoi, tout ? Vous ne serviez pourtant pas dans les légions de l'armée de Condé? — Non, général. — Et qu'est-ce que vous dites de cela ? — Je dis, général, qu'il faut se soumettre aux lois de son pays, et que l'on est encore trop heureux lorsqu'on peut le revoir après dix ans d'exil. — C'est bien, cela, M. Lenoir ! c'est ainsi qu'il faut penser. Allons, je pourvoirai à votre tranquillité, à votre bien-être. Voyez le grand-juge, voyez-le souvent, voyez aussi Fouché. Vous avez été un brave et loyal magistrat, on aura soin de vous. Adieu, M. Lenoir (1). »

(1) Nous citons cette conversation telle que nous l'avons entendu narrer à M. Lenoir lui-même dans notre enfance. Elle

Le premier consul lui fit allouer, en effet, quelques jours après, une pension de 4,000 fr. sur le Mont-de-Piété. Un homme à qui il avait rendu quelques services et qui était devenu riche, lui offrit la jouissance d'une petite maison de campagne dans les environs de la capitale. L'ancien lieutenant de police habitait de cette manière tour à tour la ville et les champs, et jouissait ainsi heureusement des derniers jours d'une vie longue, laborieuse et si utilement employée.

Il mourut à Paris, qu'il aimait comme on aime une amie d'enfance, en 1807, à l'âge de soixante-quinze ans.

M. Lenoir avait une physionomie pleine de vivacité et d'esprit, son organe était agréable et son élocution facile. Des études profondes et consciencieuses avaient fait de lui un criminaliste profond; il fut consulté sur l'abolition de la torture et contribua à effacer cette page déshonorante de notre Code. L'ambition de M. Lenoir fut le désir de se distinguer et non de s'élever ou de s'enrichir. Sa dépense fut modeste et sa fortune médiocre. On lui a reproché peu de caractère; on a avancé qu'il aurait pu prévenir une partie des maux de la révolution: cette accusation n'est nullement fondée; M. Lenoir n'a jamais manqué ni à la sévérité ni à la délicatesse de ses devoirs. Certes, il n'était pas en la puissance d'un homme d'arrêter les flots d'une

fit assez d'impression sur nous pour que nous ne l'ayons jamais oubliée, et elle doit être regardée comme exacte.

12

tourmente qui devait engloutir un trône et les institutions de huit siècles. Le *quos ego* d'un lieutenant de police ne va pas jusqu'à ce degré de puissance.

Lenoir fit de la police un refuge de paix et non
un Tribunal d'inquisition ; il rendit de grands services aux familles, prévint des désordres graves,
et, avec peu de moyens matériels, sut créer de
grandes améliorations et distribuer une police vigilante et directe dans tous les quartiers de la ville.
Fouché, qui aimait souvent à le voir, et qui se
plaisait à le consulter quelquefois, s'étonnait que,
avec des ressources si bornées, M. Lenoir eût pu
mener à bonne fin tant d'entreprises utiles et
eût exercé une si exacte et si active vigilance. « De
mon temps, voyez-vous, répondait Lenoir à l'ancien oratorien ; de mon temps, il y avait là-haut
aussi un lieutenant de police (il désignait le ciel), et
celui-là donnait beaucoup d'appui au lieutenant de
police de Paris. » C'était avouer et faire sentir en
deux mots que la moralité du peuple est, avant
tout, nécessaire à la marche d'un gouvernement.
Fouché le sentit, car il répliqua en souriant: « Vous
avez raison, M. Lenoir. »

Les citoyens de Paris, non contens de donner le
nom de Lenoir à une rue de la Halle-aux-Blés, que
ce lieutenant de police avait fait construire, instal-
lèrent dans ce même monument un buste en
marbre de ce magistrat. Quelques misérables de ce

quartier profitèrent de la révolution pour l'abattre, après en avoir demandé l'autorisation à la Convention nationale.

Malgré cet exil de son image du plus beau monument de son édilité, la mémoire de Lenoir ne périra pas, car les grands magistrats inscrivent leur nom sur chaque pierre des édifices qu'ils consacrent à l'utilité publique.

CHAPITRE XIV.

ANDRÉ ALBERT,

Treizième lieutenant-général de police.

Né en Dauphiné, vers la fin de l'année 1746, d'une famille doublement illustrée dans les armes et dans la magistrature, Albért fut envoyé à Paris, dès l'âge de seize ans, pour y terminer ses études et prendre ses degrés dans la Faculté de droit. A peine arrivé dans la capitale, il fut présenté chez Mme du Deffand par le duc de la Vauguyon, à qui l'unissaient quelques liens de parenté.

La figure, l'esprit, la candeur du jeune légiste, plurent généralement dans la société bienveillante

et choisie que réunissaient alors les salons de cette
douce et excellente femme. Albert vit bientôt le
nombre de ses protecteurs s'accroître avec celui
de ses succès. Le duc de la Vrillière voulut se l'attacher en qualité de secrétaire ; quelques mois plus
tard, il lui fit donner l'emploi de commissaire du
roi aux États de Bourgogne ; à vingt-cinq ans,
Albert achetait une charge de conseiller au Parlement de Paris ; à ving-neuf, le 14 mai 1773, il
était appelé par la confiance du roi au poste important de lieutenant de police, laissé vacant par
la retraite de M. Lenoir.

Depuis La Reynie et d'Argenson, personne ne
s'était trouvé peut-être plus apte à remplir dignement cette difficile magistrature. Animé d'un zèle
ardent pour le bien public, dévoué aux intérêts
de l'humanité, travailleur infatigable, et profondément imbu des principes d'une philosophie
tolérante et secourable, le but de toutes ses pensées, de ses études, des méditations de sa vie
entière avait été d'épurer les mœurs générales et de
faire disparaître jusqu'aux plus légères traces des
mauvaises passions descendues dans le sang du
peuple depuis la régence de Philippe d'Orléans et
les orageuses années de la fin du règne de
Louis XV.

Par une heureuse coïncidence, le nouveau lieutenant de police se trouvait merveilleusement secondé dans ses idées d'amélioration sociale par le

roi qui l'appelait à la tête de l'administration de la ville. Louis XVI aussi voulait rendre à la nation cette probité de mœurs qui seule honore et conserve un peuple. Le peu de temps qu'Albert passa à la lieutenance de police ne leur permit, ni à l'un ni à l'autre malheureusement, de mettre leurs vastes projets à exécution. Ce qu'Albert tenta toutefois, ce qu'il fit, ce qu'il voulait faire, suffisent pour le placer au premier rang des administrateurs éclairés de la cité parisienne.

Un des points les plus passagers de la capitale, le quai de la Ferraille, était de temps immémorial couvert de ces recruteurs dont le souvenir comique se conserve encore et que le peuple désignait sous le nom de *racoleurs*. Ces hommes, qui appartenaient à différens régimens de l'armée, embauchaient, à l'aide de quelques boissons énivrantes, de quelques écus, et surtout de magnifiques et fallacieuses promesses, les malheureux ouvriers, les pauvres enfans ou les crédules fils de famille assez simples pour se laisser attraper à leurs grossières séductions. C'était un scandale, et pour le peuple, qui se voyait en proie aux insolentes provocations de ces gens, et pour l'armée, à qui ce commerce honteux ne fournissait que des recrues de mauvais aloi.

Les citoyens éclairés réclamaient contre un si monstrueux abus : Albert écouta les plaintes qui avaient trouvé ses devanciers sourds, et dans un

rapport au roi il s'éleva avec une vertueuse indignation contre cette infâme industrie, qui ne craignait pas de mettre la fraude et la mauvaise foi sous
l'égide de la cocarde nationale. Le rapport d'Albert
fut lu au Conseil, et bientôt le secrétaire d'Etat au
département de la guerre interdit le mode de re-
crutement qu'un si long usage avait presque classé
au rang des lois. Les racoleurs furent supprimés
de droit et de fait, et le quartier le plus populeux
de Paris ne fut plus déshonoré par la présence de
coupe-jarrets dont la coupable industrie ne se
bornait pas le plus souvent à voler la liberté de
leurs dupes.

Ces lentes et lourdes voitures de blanchisseuses,
qui stationnent encore aujourd'hui dans nos rues,
sur nos places, dans nos carrefours, causaient
alors, comme elles ont fait constamment depuis,
des accidens et des embarras de toute espèce ; leur
stationnement prolongé sur la voie publique, la
lenteur de leur marche et l'impertinente incurie
de leurs conducteurs déterminaient à chaque
moment ces encombremens dont les infortunés
piétons deviennent presque toujours les victimes.
Albert voulut porter un remède efficace au privilége meurtrier des blanchisseurs : il leur fit défense
de s'arrêter ou de vaguer dans les rues ; dans chaque quartier, un local fut affecté au dépôt des
paquets qu'ils ont à emporter ou à rendre. La
journée terminée, ils dûrent charger sur leurs voi-

tures respectives le linge qu'ils avaient déposé, et, par ces moyens, nul embarras, nul encombrement ne fût plus à redouter, leurs voitures devant se ranger en file aux abords du point central où elles se chargeaient ou déchargeaient tour à tour.

Cette excellente mesure, presque aussitôt abandonnée que mise en vigueur, fut reprise sous l'administration du préfet de police Dubois; mais, par une inconcevable fatalité, elle est retombée aujourd'hui en désuétude, bien que les charrettes de la banlieue, conduites la plupart du temps par des enfans, déterminent des accidens nombreux chaque jour.

Albert avait accueilli, pour la propreté des rues de Paris, un plan dont les résultats eussent pu changer la face de la capitale. De vastes tonneaux, supportés par trois roues, devaient être, chaque matin, placés de distance en distance. Dans ces tonneaux les habitans devaient venir déposer les ordures qu'on éparpille d'ordinaire sur le pavé même de nos rues. Chaque jour, à midi, ces tonneaux, que des chevaux affectés à ce service eussent desservis avec rapidité, devaient disparaître; et la ville, purgée en quelques heures des monceaux d'immondices qui vicient l'air et entretiennent l'humidité de ses rues, devait rivaliser bientôt de salubrité et de propreté avec les belles capitales du nord, si au-dessus de Paris sous le double rapport de la netteté du sol et de la pureté de l'atmosphère.

Albert avait jeté aussi un coup d'œil investiga-
teur et philosophique sur ces maisons nécessaires
aux grandes cités, où la volupté se vend, mais où
s'engendrent aussi la mort et le hideux cortége de
douleurs qui ne suffisent pas à effrayer les malheureux que l'égarement ou la passion y entraîne. Le lieutenant de police voulait couper dans
sa source l'affreuse contagion que la jeune Améri-
que a donnée en dot à l'Europe. Pour parvenir à
ce but de philantropique sollicitude, il fallait que
la police eût sous la main tous les temples où le
poison se distille: l'intention d'Albert était de supprimer, par un coup d'autorité, toutes les maisons
de tolérance, et de les rétablir avec de nouveaux
réglemens, sur un autre pied et moyennant de
sévères limites.

Sous le nom de *caligulaires* (1), trois cents maisons devaient être fondées dans la capitale; dans
chacune de ces maisons il devait y avoir des bains
ou étuves, un jardin, le logement d'un chirurgien,
celui d'un inspecteur de police et un nombre
déterminé de cellules. Et qu'on ne croie pas que
ces établissemens eussent été exclusivement aban-

(1) Caligula avait établi des jeux et des lieux publics de prostitution dans l'intérieur même de son palais, et il retirait, au dire
des historiens contemporains, des sommes énormes de ces espèces de repaires. Si la vengeance n'a pas guidé la plume des écrivains qui ont transmis ces détails, on comprend difficilement le
degré d'avilissement où était tombée Rome, saluant du titre de
César le maître des tripots de l'Empire.

donnés aux riches; que les plaisirs ou les vices du pauvre eussent été abandonnés au hasard: dans ces trois cents *caligulaires* devait exister une hiérarchie véritable. Il y avait le lot du traitant ou du duc comme celui du soldat et de l'artisan; la somptuosité était inégale, mais les moyens de surveillance et de salubrité étaient égaux; là était le mérite essentiel de l'institution: *sécurité pour tous*.

Il est malheureux que Parent-Duchâtelet, à qui nous devons la piquante et mathématique *Histoire de la prostitution dans la ville de Paris*, n'ait pas connu l'opuscule que le lieutenant de police Albert fit imprimer en 1785 sous le modeste titre de *Pensées d'un magistrat*: il eût trouvé dans cet excellent ouvrage de précieux documens et surtout de ces vues de philosophie sympathisante qui décèlent la sollicitude d'une ame noble, la pénétration d'un cœur dévoué aux intérêts de l'humanité.

Mais, tandis qu'Albert voulait entourer de garanties hygiéniques la prostitution, qu'il reconnaissait nécessaire, il voulait aussi réprimer les séductions, qui jettent trop souvent dans les mauvais lieux de Paris tant de pauvres filles abandonnées et sans guides: le lieutenant de police rendit des ordonnances très sévères contre les maîtresses de maisons de tolérance qui tenteraient, par dons, promesses ou menaces, d'augmenter le personnel de leurs établissemens. Par une ordonnance tombée aujourd'hui en désuétude, il défendit égale-

ment « à aucun homme de s'attribuer dans ces
mêmes logis l'autorité d'un maître ou d'un associé,
les magistrats ne reconnaissant que des femmes
pour propriétaires et directrices. »

Cette disposition était précieuse et avait pour
but de prévenir les querelles, les guet-apens et
les assassinats, dont ces lieux infâmes n'avaient été
que trop souvent le théâtre.

Chose remarquable, ce fut sous l'administration
d'Albert que les commissaires de police commencèrent à rougir de la robe qui était l'attribut de leur
fonctions, et qu'ils essayèrent de la quitter. Instruit
de ce qui se passait, le lieutenant de police fit appeler ceux qui essayaient de se débarrasser de la modeste toge. « Messieurs, leur dit-il, j'ai appris avec
douleur que plusieurs de vous répugnaient à revêtir l'habit que vos devanciers ont porté avec honneur. C'est un tort, car cet habit indique la profession qui vous fait vivre ; aussi vous déclaré-je que
ceux qui négligeront de porter dans leurs tournées de quartier la robe illustrée par les Boylève
et les Delamarre seront regardés comme démis-
sionnaires et immédiatement remplacés. La loi est
un mot vide de sens pour le menu peuple, ajouta-
t-il, et votre robe lui parle mieux qu'un Code.
Conservez-la, messieurs, car lorsque quelques au-
nes de serge noire ne suffiront plus pour le maintien de l'ordre et des lois, il faudra recourir aux
baïonnettes ! »

Le lendemain, tous les commissaires avaient répris la robe, qu'ils ne tardèrent pas toutefois à abandonner entièrement (sous l'administration de M. de Crosne).

On doit au lieutenant de police Albert une foule de décisions et d'ordonnances où l'utilité s'unit à l'opportunité. Le temps a manqué à ce magistrat pour se montrer administrateur en première ligne; il ne lui a pas failli pour prouver qu'il était bon citoyen et philantrope éclairé.

Le chef d'escadre Albert, cet illustre marin qui prit une si glorieuse part avec son vaisseau *le Sagittaire* au combat de la Grenade, où le bailli de Suffren battit les Anglais et l'amiral Byron; Albert, qui s'empara la même année (1779) du vaisseau anglais *l'Experiment*, chargé de 650,000 francs d'argent monnayé, était le proche parent du magistrat chargé de la police de Paris. Invariablement attaché au trône dont il avait contribué à augmenter la splendeur, le chef d'escadre Albert n'était pas moins attaché aux formes rudes et tutélaires de la discipline maritime. Quand il vit l'insubordination mise en quelque sorte à l'ordre du jour sur les vaisseaux de l'Etat, comme dans les corps de l'armée de terre, il commença à désespérer du trône et se décida à rallier à Coblentz l'armée que les princes émigrés y réunissaient. Avant de partir, il alla trouver son parent, son ami, l'ancien lieutenant-général de police: « André, lui dit-il, je pars pour Coblentz, viens-tu avec moi? — Tu es homme de guerre, répondit Albert, et libre d'aller où tu crois que ta conscience t'appelle; moi, je reste à Paris, là me semblent le salut et l'honneur de la patrie. — Tu es gentilhomme, repartit brusquement le marin : prêtre ou magistrat, un gentilhomme doit se battre pour sauver son roi! » Et comme Albert résistait encore, le chef d'escadre lui montra les lettres par lesquelles Louis XVI provoquait l'étranger à venir à son secours et faisait appel au dévoûment de la noblesse.

L'ancien lieutenant de police céda et prit, de concert avec le marin, la route aventureuse de Coblentz.

On sait le sort de cette armée d'émigrés, qui eut à souffrir plus encore des insolences de l'étranger que des boulets de la république. Après la dislocation du corps de Condé, le chef d'escadre et le lieutenant de police se retirèrent en Dalmatie : c'est là qu'exténué par les privations, par la fatigue, par les peines morales surtout, mourut André Albert, âgé de quarante-six ans à peine, après avoir promis dans sa courte vie une noble et exemplaire illustration de plus à la vertu et à la magistrature.

CHAPITRE XV.

THIROUX DE CROSNE,

Quinzième lieutenant-général de police.

Thiroux de Crosne est né à Paris, le 14 juillet 1736, d'une famille de tout temps consacrée à la magistrature (1). Successivement avocat du roi au Châtelet, conseiller au Parlement et maître des requêtes, le jeune Thiroux apporta dans chacune de ces

---

(1) La mère de M. de Crosne, Marie-Geneviève-Charlotte Thiroux d'Arnouville, était fille de M. Darleu, fermier-général. Ayant épousé, à l'âge de quatorze ans, M. de Crosne, conseiller au parlement de Paris et depuis président de l'une des chambres des enquêtes, elle montra pour l'étude un goût aussi vif qu'éclairé. La petite vérole la fit renoncer au monde à l'âge de vingt-deux ans, mais elle ne renonça pas, bien que dévote, aux plaisirs de

fonctions graves et difficiles un esprit méthodique
et observateur, qui, s'il ne suffit pas toujours à faire
les grands magistrats, est indispensable du moins
pour en faire de bons.

C'est en qualité de maître des requêtes que
Thiroux de Crosne eut, à vingt-sept ans, l'occasion
de se faire remarquer dans le monde politique. Il
avait été choisi par le chancelier Maupeou pour la
révision du fameux arrêt rendu par le Parlement
de Toulouse contre la malheureuse famille Calas.

Le jeune maître des requêtes s'acquitta de cette
commission délicate avec une mesure et une convenance rares. Voltaire, qui ne flatte pas toujours
la magistrature, s'exprime à ce sujet en ces termes :
« Le 7 mars 1763, tout le conseil d'État assemblé
» à Versailles, le ministre d'État y assistant, le chan-
» celier y présidant, M. de Crosne rapporta l'af-
» faire avec l'impartialité d'un juge, l'exactitude
» d'un homme parfaitement instruit et l'éloquence
» simple et vraie d'un orateur homme d'État, la

l'esprit. Elle s'occupa d'histoire, de chimie, de physique, d'histoire naturelle et même de médecine. Elle tint une correspondance suivie avec Voltaire, et reçut dans ses salons l'élite des
savans et des littérateurs de l'époque : Gresset, Sainte-Palaye,
Turgot, Malesherbes, Monthyon, Suard, Marmontel; elle eut des
relations suivies avec Macquer, Jussien, Valmont de Bomar,
Fourcroy, Sage. Jetée à quatre-vingts ans dans les cachots de
Picpus, Mme de Crosne en sortit avec autant de calme et de résignation qu'elle y était entrée. Elle survécut onze ans à son fils.
Bienfaisante, dévouée, pleine de sens jusqu'au dernier jour, elle
a laissé treize volumes de souvenirs manuscrits, dont on doit vivement désirer la publication.

» seule qui convienne dans une telle assemblée. »

On connaît l'issue de cette affaire : l'arrêt du Parlement de Toulouse fut cassé, et l'opinion publique, qui s'était fortement prononcée contre les juges languedociens, fit éclater une joie, une allégresse que Voltaire et l'école philosophique surent faire tourner au profit du progrès de la réforme, qui s'avançait à grands pas dès-lors.

Nommé adjoint à l'intendance de Rouen en 1776, puis intendant en exercice quelques mois plus tard, de Crosne apporta dans cette place un zèle, des lumières et une activité dont la capitale de la Normandie ne perdra jamais le souvenir (1). Une foule d'embellissemens, de nombreux établissemens d'utilité publique surgirent sous son administration paternelle. Il fit niveler et planter la belle avenue où s'ouvre le chemin du Havre ; des casernes aérées furent construites ; on travailla activement à terminer l'esplanade du Champ-de-Mars ; le magasin à poudres fut transporté hors de la ville ; il fit élever un vaste local destiné aux foires, et encouragea par tous les moyens la restauration des monumens précieux que Rouen compte dans son sein en si grand nombre.

Là ne s'arrêtèrent pas ses efforts : l'intendant, pénétré des devoirs du citoyen et du magistrat,

(1) Un fait qui suffirait pour prouver cette assertion, c'est que huit ans après la mort de de Crosne, la ville de Rouen restitua son nom à une rue qui l'avait porté jusqu'à l'époque de la Révolution.

chercha à calmer les ressentimens profonds qui existaient entre l'ancien et le nouveau Parlement. Il réussit dans cette œuvre patriotique. Aidé de sa femme, dont la gracieuse simplicité avait su se concilier l'approbation du commerce de Rouen et de la province, il parvint à réunir les antagonistes les plus acharnés dans les vastes salons de l'Intendance. La paix ne tarda pas à se conclure, et M. de Crosne eut la satisfaction de se voir également estimé et chéri de tous les honnêtes gens, à quelque ligne politique qu'ils appartinssent.

Appelé, en 1775, à l'intendance de Lorraine, M. de Crosne garda également celle de Normandie jusqu'au 30 juillet 1785, époque où il fut appelé à la lieutenance-générale de police de Paris.

Dans ce poste envié, de Crosne apporta le désir bien arrêté de poursuivre les améliorations réclamées de toutes parts. Hâtons-nous de le dire, cependant; après avoir fait d'excellentes choses dans l'intendance de deux provinces, il se flattait trop légèrement d'obtenir au poste qu'il allait occuper des résultats aussi importans. Dans une intendance de province, comme dans les fonctions de préfet de nos jours, il ne fallait qu'un esprit d'ordre, de justice, d'impartialité; la ruse, la rouerie, si l'on peut se permettre cette expression, n'étaient pas encore nécessaires. Il n'en était pas de même dans les fonctions de lieutenant-général de police : là, de Crosne allait se trouver incessamment en rapport avec ce que la société renferme, sinon de plus vicié, de plus subtil du moins et de plus adroit : par une étude nouvelle, il lui allait falloir démêler, dans les rapports de ces agens de tous les étages, ce qu'il y aurait de faux et de vrai, ce qui serait probable et ce qui ne pourrait qu'être fictif. De Crosne était peu propre à peser, à comprendre cette vaste clameur de mensonges et de vérités qui devait chaque matin l'endormir ou l'effrayer sur tous les volcaniques malaises de la capitale. Il était trop honnête homme, disons-le, trop pudique, trop délicat dans sa vie privée pour réussir dans cette vie publique; son intelligence noble et candide ne pouvait se plier à aller chercher des ministres de ses ordres, des hérauts de ses décisions dans l'écume mal épurée du bagne ou dans la fange des lieux de débauche.

De Crosne fut donc un médiocre lieutenant de police; la nature ne l'avait pas fait sur le moule des d'Argenson et des de Sartines; mais de ce qu'il ne sut pas démêler les fils nombreux de la double Ariane policière, de ce qu'il fut maladroitement inspiré dans certaines occasions importantes, on a trop légèrement conclu, dans quelques ouvrages, qu'il aurait pu, avec plus d'aptitude, d'activité, de génie, arrêter les premiers élans de la Révolution française. Une telle accusation est absurde. La Révolution française n'a certes jamais couvé dans les rues; ce n'est pas au coin des bornes qu'elle s'est faite: elle fermentait dans les cœurs, elle s'emparait de tous les esprits, et quand elle mit le pied dans la rue, quand elle devint justiciable du lieutenant de police, c'était le 14 juillet, ce jour glorieux où la Bastille en tombant pulvérisait les institutions vieillies et donnait sa démission au lieutenant de police comme au trône.

Si M. de Crosne n'a pas, par des mesures brillantes, par des ordonnances éloquemment motivées, agrandi le cercle de la police, on ne lui refusera pas du moins d'avoir entrepris et terminé, avec les seuls fonds de la police, l'opération la plus utile et la plus gigantesque que l'on ait jamais tentée dans l'intérêt de la salubrité publique.

Depuis le règne de Philippe-le-Bel, le cimetière de l'église des Saints-Innocens, situé rue Saint-Denis, recevait les corps de diverses paroisses. Là, une galerie obscure, garnie d'un côté de boutiques de marchandes de modes et d'écrivains publics, de l'autre de murailles faites avec les ossemens extraits du cimetière, présentait l'image la plus grotesque de la vanité et de la destruction en présence. Cette terre, cependant, engraissée des cadavres de tant de générations, exhalait une odeur fétide qui viciait l'air. Des éboulemens affreux s'étaient opérés dans les rues environnantes, et des fièvres dangereuses s'étaient en quelque sorte cantonnées dans le quartier de la Ferronnerie et les obscures rues qui l'environnent.

M. de Crosne adressa au Conseil du roi un mémoire afin d'être autorisé à commencer immédiatement les travaux nécessaires pour porter remède à cet état alarmant. Dans ce mémoire, écrit d'un bout à l'autre avec une lucidité remarquable, le magistrat fait observer au Conseil que les trois mille cadavres que le cimetière des Innocens reçoit chaque année né peuvent être absorbés par une terre déjà surchargée de matières animales, et que le moindre délai apporté à l'assainissement et à la sécurité sanitaire de ce quartier peut avoir les suites les plus funestes pour la capitale tout entière.

Le Conseil, sur l'ordre du roi, donna l'autorisation nécessaire à M. de Crosne, et les travaux commencèrent aussitôt.

Les architectes Legrand et Molinos furent chargés de tout ce qui était relatif à la démolition et aux fouilles; des chimistes expérimentés furent désignés, et le célèbre médecin Thouret, frère de l'avocat qui devait bientôt illustrer son nom à l'Assemblée Constituante, furent appelés à régulariser les mesures que prescrivaient la décence et la salubrité publique. Les travaux commencèrent avec une ardeur et une simultanéité dont on chercherait vainement aujourd'hui des modèles. On était au cœur de l'été; mais les précautions furent prises avec tant de rectitude que l'extraction de plus de seize cent mille cadavres, dont le tiers à peu près était encore dans un état voisin de la décomposition, ne causa pas même parmi les travailleurs une seule indisposition endémique. Ce fut dans cette circonstance solennelle que les hommes impartiaux reconnurent dans M. de Crosne les qualités et le dévouement qui distinguent les magistrats dignes de ce titre. On le vit, au milieu de ces catacombes infectes, encourager par sa présence, par ses paroles et par son exemple même le zèle et l'opiniâtreté des travailleurs ; on le vit descendre avec les chimistes et le médecin Thouret dans les tranchées les plus profondes, et pendant le jour, comme pendant la nuit, déployer au milieu de ces effroyables gémonies une présence d'esprit, une vigueur de volonté qu'on avait été jusqu'alors loin de prévoir et de deviner dans son caractère.

Enfin fut achevée cette œuvre utile. M. de Crosne n'arrêta pas là sa sollicitude. Il obtint du clergé la destruction de l'église des Saints-Innocens, et compléta ainsi le bienfait de salubrité et d'embellissement dont il avait résolu de doter la capitale. Bientôt la somptueuse fontaine des Innocens, qui était assise au coin de la rue aux Fers, s'éleva au milieu même de la place, et ôta par sa splendide décoration ce que ce terrain pouvait présenter encore de funèbres souvenirs à la mobile imagination du peuple.

Un tel service devait suffire pour assurer au magistrat la reconnaissance. Le nom de M. de Crosne est à peu près oublié cependant : on jouit du bienfait sans s'inquiéter du souvenir de l'homme qui a fait disparaître du sein de Paris le dernier vestige de la barbarie gauloise.

M. de Crosne n'avait point un extérieur terrible
ou attrayant comme quelques uns de ses prédécesseurs : sa personne ne manquait pas d'une certaine dignité, mais de bizarres manières, des habitudes vulgaires, une sorte de trivialité dans l'expression, prêtaient chez lui au ridicule et donnèrent
ample matière aux chansons, aux pamphlets, aux
brocards rimés des oisifs frondeurs de l'époque.
Malgré ces défauts, qui n'en seraient plus aujour-
d'hui que l'étiquette a perdu toute sa force et son
empire, M. de Crosne était généreux, bon, libéral
dans l'acception la plus étendue du mot, et les aumônes que sa femme et lui distribuaient chaque
année surpassaient d'une somme assez forte le
montant des honoraires attachés aux fonctions de
lieutenant de police. De Crosne protégeait aussi
les sciences et les arts, et des artistes, des savans
qu'il avait obligés sous le sceau du secret proclamèrent après sa mort les bienfaits dont il les
avait entourés avec une délicatesse et une modestie telles qu'on croyait devoir au roi ce qui n'était
dû en effet qu'à l'ingénieuse générosité du lieute-
tenant de police.

Après la prise de la Bastille, le 14 juillet 1789,
M. de Crosne résigna entre les mains de Bailly,
maire de Paris, les fonctions de sa charge, et reçut
de ce magistrat les complimens les plus mérités
sur la manière dont il avait occupé ce poste important.

Ainsi s'éteignit, après cent vingt-deux ans d'exis-

tence, la charge politique et sociale du lieutenant-
général de police, que la sagesse de Louis XIV avait
créée pour la gloire et l'honneur de la capitale,
pour la gloire et l'honneur de la France, dont
Paris n'est que l'expression et le résumé. Tous les
magistrats qui occupèrent le siége de cette édilité
n'ont assurément pas des droits égaux à la reconnaissance nationale ; mais, dans le nombre des
lieutenans de police, quatre mériteront de passer
à la postérité par la grandeur de leurs vues, le
nombre de leurs travaux, l'utilité de leurs entreprises et la portée de leurs institutions. Après La
Reynie, d'Argenson, Sartines et Lenoir, trois autres,
Feydeau de Marville, Bertin de Bellisle et de Crosne
laisseront un nom administratif digne de mémoire.
Compter quatre grands hommes et trois administrateurs distingués dans le cercle restreint de quatorze magistrats, certes c'est un bonheur dont la
France peut se montrer fière et qu'elle seule peut-
être pouvait produire.

De Crosne, traduit devant le tribunal révolutionnaire, fut condamné à mort le 28 avril 1794
et exécuté le même jour. On le conduisit à l'échafaud avec le lieutenant civil Angran-d'Alleray, le
ministre de la guerre Latour-Dupin, le comte
d'Estains, ce héros qui fit baisser tant de fois le pavillon anglais devant nos flottes victorieuses, et
plusieurs autres personnages célèbres. L'ancien
lieutenant-général de police marcha à la mort avec
la noble résignation d'un philosophe et d'un chré-

tien et, promis le dernier à la hache sanglante, il
dit en souriant à d'Estains, qui le précédait sur l'é-
chafaud : « Allez : dans quelques secondes, je suis
à vous pour ne plus vous quitter. »

Touchante parole, pleine de quiétude et de résignation ! Pourquoi d'Estains n'avait-il pas trouvé
la mort à bord de quelque navire anglais ! Pourquoi de Crosne ne succombait-il pas aux miasmes
pestilentiels du cimetière des Innocens ! Ils fussent
morts ainsi tous les deux avec le noble laurier de
leur mission citoyenne !

CHAPITRE XVI.

POLICE TRANSITOIRE.

———

(De 1789 à 1800.)

La prise de la Bastille, le 14 juillet 1789, avait nécessairement amené la suppression de la lieutenance-générale de police. La ville cependant ne pouvait rester sans une administration forte et vigilante. Les électeurs de Paris, qui s'étaient déclarés tout d'abord en permanence, établirent, pour veiller à la police, un *Comité permanent*, présidé par le prévôt des marchands et formé des autres membres du bureau de ville, ayant voix délibérative.

Dès le 20 avril 1789, Paris avait été divisé en soixante districts pour la nomination des électeurs qui devaient choisir les députés aux Etats-Généraux. Au 14 juillet, ces électeurs nommèrent trois cents députés, dont se forma l'*Assemblée générale des représentans de la commune*. Là fut arrêté un réglement d'organisation provisoire, qui reçut son exécution dès le mois de septembre suivant.

Cette municipalité provisoire fut composée du *Conseil-général de la commune*, formé des trois cents députés élus par les districts, et du *Conseil de ville*, de soixante membres, choisis parmi les trois cents députés de la commune.

Elle se divisa en six départemens : les subsistances, la police, les établissemens publics, les travaux publics, le domaine et la garde nationale. Chaque département eut à sa tête un *lieutenant de maire*. Les membres des divers départemens, au nombre de cinq, six ou sept, faisaient partie du Conseil de ville ; un procureur syndic et deux adjoints remplissaient les fonctions près *le Tribunal de police*, créé ensuite.

A peine entré dans l'exercice de ses fonctions, le département de la police sentit l'indispensable besoin d'une loi réglementaire de ses pouvoirs : il s'occupa d'un projet qui, soumis à l'Assemblée nationale et adopté par elle, fut converti en loi par le roi le 6 septembre 1789, sous le titre de *Lettres-patentes sur la police provisoire de Paris*. Nous ne saurions faire comprendre l'organisation de la police de ce temps si nous ne tracions une rapide analyse de cette loi.

Par l'art. 1ᵉʳ, chacun des soixante comités de district a la police dans son arrondissement. L'art. 3 veut qu'il y ait, nuit et jour, au comité de district, un membre au moins chargé d'entendre et interroger les gens arrêtés pour fait de police, avec pouvoir de les envoyer à la prison de la Force ; il ordonne aussi au greffier du comité de dresser procès-verbal de ce qui s'y sera fait chaque jour relativement à la police. Art. 5. Les gens arrêtés pour vol ou délit emportant peine afflictive seront envoyés directement devant les commissaires du Châtelet, chargés de commencer la procédure. Art. 6. Le commissaire au Châtelet qui aura interrogé les prévenus de vol ou autres crimes enverra, dans le jour, un procès-verbal au *département de la police*. Art. 7. Le lieutenant de maire ou un des administrateurs au département de la police fera, chaque jour, la visite des prisons, accompagné de deux notables adjoints ; il interrogera les prisonniers arrêtés de la veille pour fait de police. Art. 8. Le lieutenant de maire ou un des administrateurs pourra mettre en liberté les prisonniers, après les avoir interrogés, ou les condamner, suivant le cas, à trois jours de prison, au plus, et à une amende qui ne pourra excéder 50 fr. Par l'art. 10, il est établi un Tribunal composé de huit notables adjoints, présidé par le maire ou un des administrateurs de police, jugeant en dernier ressort, jusqu'à concurrence de 100 fr. d'amende et d'un mois de prison.

Tous ces réglemens étaient sages ; les citoyens probes et éclairés à qui en fut confiée l'exécution s'occupèrent, avec autant de zèle que de succès, de diriger la police dans les voies constitutionnelles qui venaient de s'ouvrir pour la France.

Bientôt, cependant, cette organisation provisoire reçut une modification importante : une loi, en date du 27 juin 1790, divisa Paris en quarante-huit sections, auxquelles on délégua les attributions de police qu'avaient jusque-là possédées les districts. Le maire, le procureur de la commune, ses deux substituts, quarante-huit membres formant le corps municipal, réunis à quatre-vingt-seize notables, composèrent *le Conseil-général de la Commune.* Le corps municipal fut divisé en conseil et en bureau. *Le Bureau* se forma du maire et des seize administrateurs ; *le Conseil municipal* fut composé des trente-deux autres membres. Le bureau, divisé en cinq départemens, fut chargé de l'exécution des arrêtés du corps municipal, et des réglemens de police.

Sous cette nouvelle autorité encore, l'administration de la police fut maintenue avec zèle, intelligence et fermeté, et les nombreux réglemens, les arrêtés, les ordonnances et les proclamations émanés d'elle attestent encore aujourd'hui la sagesse et les lumières de ceux dont elle était composée.

Mais l'institution, au milieu de l'entraînement et du tumulte des événemens de 92 et 93, finit par se dénaturer. Après avoir usurpé un pouvoir énorme en absorbant l'autorité des sections, des justices de paix, des administrations municipales, le Conseil de la Commune fut renversé, et, le 24 août 1794, une loi, *concernant la police générale de la République et l'organisation de Tribunaux révolutionnaires,* confia la police à douze Comités, de douze membres chacun, comprenant les quarante-huit sections de Paris, par portions égales.

Ce remaniement incomplet ne pouvait porter de fruits utiles : le besoin de ramener la police à une action plus simple et mieux entendue se fit immédiatement sentir, et, le 31 août de la même année, une loi établit, sous la surveillance du département, une *commission spéciale pour la police municipale,* composée de vingt membres nommés par la Convention et proposés par les comités de salut public, de sûreté générale et de législation. Les Comités révolutionnaires continuèrent de prendre part à la police, mais seulement en ce qui concerna le visa des certificats de civisme, des feuilles de résidence et des cartes de sûreté.

La loi du 15 août 1795 réduisit à trois le nombre des membres de la commission spéciale de la police; un article de la Constitution de l'an III décida que ces trois administrateurs seraient renouvelés périodiquement.

Ce triumvirat, composé souvent d'hommes de convictions différentes, ne sut ou ne put pas, il faut en convenir, imprimer à son administration

ce mouvement d'unité et de vigueur si nécessaire à
la haute mission sociale, partage naturel de la police;
il rendit cependant d'éminens services : c'est à lui
qu'on doit la création des patrouilles nocturnes,
appelées depuis patrouilles grises, l'embrigade-
ment, sur une vaste échelle, d'hommes et de
femmes chargés du balayage, l'établissement de
gardiens des jardins et des monumens publics, et
l'invention enfin des passeports, mesure fiscale et
politique qui, pour avoir le tort d'être née au
déclin d'une révolution qui avait proclamé les
droits de l'homme à son aurore, n'en est pas moins
utile, exercée dans la limite d'une police protectrice
et préventive (1).

La marche du bureau central dut nécessairement
s'améliorer par l'institution d'un ministère de la
police, qui eut lieu en vertu de la loi du 2 janvier
1796 et qui eut dans ses attributions l'exécution

(1) Il est remarquable que l'institution des passeports ait été
empruntée par des hommes dévoués aux principes de notre révolution aux mesures de l'inquisition espagnole. On lit dans
l'Histoire de Charles-Quint qu'occupé au siége de Marseille,
en 1537, et ayant résolu d'envoyer à Madrid deux seigneurs de
son armée, il leur fit délivrer avant son départ une pancarte signée de lui, du légat du pape et de l'abbé de Monte-Video, chancelier de l'inquisition, « afin, » dit l'annaliste gantois à qui nous
empruntons ces détails, « que ces seigneurs et nobles courriers
» eussent leur libre passage, obtinssent au besoin aide, bon office
» et protection, et ne fussent pas inquiétés dans leur passage aux
» terres du roi leur maître par les limiers de la Sainte-Herman-
» dad, qui ne cajole pas plus les grands d'Espagne et les gentil-
» hommes à panache que les muletiers et les hidalgos de la Ca-
» talogne. »

des lois relatives à la police générale, à la sûreté et
à la tranquillité intérieure de la république, la police des prisons, la répression de la mendicité et
du vagabondage, le maintien de l'ordre public
et les affaires de la haute police de l'Etat.

La victoire avait ramené la prospérité au sein
du pays ; mais, par un retour naturel, à mesure
que la France et Paris rentraient dans leur état
normal, les crimes et les délits reprenaient leur
cours : les plaies habituelles de la société se rou-
vraient, et ce n'était pas sans raison que le prince
de Ligne disait alors avec son flegme tudesque :
« On ne vole que chez les peuples riches et heureux : chez les peuples libres on assassine. »

Des compagnies de faux monnayeurs s'étaient
établies dans les châteaux abandonnés des Céven-
nes, du Dauphiné, de l'Artois, de la Normandie,
et portaient de cruelles atteintes au crédit public;
des bandes de brigands, surnommés *chauffeurs*,
s'étaient organisées dans les provinces de l'Est et
du Nord, et n'avaient pas craint de venir braver la
police de Paris jusque dans les faubourgs de la capitale. Une sorte de torpeur et d'effroi s'était
répandue à leur nom dans les campagnes ; Paris,
cette expression puissante de la France, Paris, au
sein de ses pompes, au milieu de ces flots de parfums, de ces pluies de fleurs, des chants que le Directoire prodiguait à ses généraux vainqueurs, aux
étrangers, aux ambassadeurs, aux grands hommes
qui venaient contempler la splendeur de la répu-

blique nouvelle ; Paris , dansant au bal des victimes , rimant des couplets libertins sur la défaite
de Joubert à Novi ; Paris, scintillant d'or, de pierreries et de lauriers , n'était pas tranquille , et son
luxe, sa sécurité politique, n'avaient servi qu'à réveiller ses vices étouffés huit ans durant sous la
gloire puritaine de la République, ou contraints
de se cacher ou de fuir devant le lit de justice de la
Terreur.

Les maisons de jeu avaient décuplé ; la prostitution publique augmentait d'une manière effrayante ; de 11,700 prostituées que l'on comptait
en 93, le chiffre était monté à 19,896 à la fin de
1799. Le nombre des vagabonds, des gens sans
aveu, des oisifs sans profession , sans nom , sans
patrie , augmentait aussi dans une proportion menaçante, comme si nos armées victorieuses eussent
ramené sous leurs pieds le limon des populations
conquises.

Le Directoire , tout insoucieux , tout impré-
voyant qu'il fût , ne tarda pas à s'apercevoir du
danger qui, en même temps que son pouvoir, menaçait la tranquillité et l'avenir même de la République. Il donna des ordres sévères pour que
la police fût exercée avec une nouvelle vigilance.

Sa voix ne fut malheureusement pas entendue ;
et, dans les six derniers mois de l'année 1799, près
de dix-huit cents vols, onze assassinats et plus de

soixante rapts vinrent jeter dans Paris l'épouvante et la terreur.

La faute n'en peut être imputée sans doute aux membres du bureau central ; il leur était impossible peut-être, avec les faibles moyens qu'ils eurent à leur disposition , et malgré le contrôle des administrateurs du département, de faire le bien , de le faire surtout comme on le fait en matière de police, c'est-à-dire vite et secrètement. Sur les trois membres du bureau central d'ailleurs , remplacés souvent au moment où ils commençaient à comprendre le mécanisme de la police , il suffisait qu'il s'en trouvât un mal disposé, peu appliqué ou tout-à-fait dénué de cet esprit administratif qui vivifie et anime, pour paralyser le bien que ses collègues auraient pu faire.

Cousin, Limodin , Bréon , membres du Comité central en 1798 , n'ont laissé aucun souvenir remarquable. Il n'en fut pas ainsi de Dubois, de Piis, de Dubos, qui leur succédèrent. Ces trois administrateurs déployèrent un zèle remarquable dans leurs fonctions difficiles, et Paris dut à leurs efforts une augmentation notable de sécurité.

Mais les grands événemens politiques se succédaient rapidement : la Constitution de l'an III fit place bientôt à celle de l'an VIII, et un gouvernement qui s'annonçait comme réparateur vint s'asseoir sur les débris glorieux de la Convention, usurpés un moment par le Directoire. Bonaparte parut, et ses premiers regards se tournèrent sur la capitale de

14

la France. Il la vit pauvre, avec des monceaux d'or, déguenillée, avec des habits de pourpre, sordide avec des fleurs au sein et au front; il sonda la source de cette alliance de honte et de gloire, d'opulence et de misère, et il résolut de la tarir. Une loi datée du 17 février 1800, concernant l'organisation des Préfectures de la France, créa un préfet de police, en même temps qu'elle divisait Paris en douze arrondissemens municipaux. Le premier consul investit Dubois des importantes fonctions de préfet de police. Piis fut nommé secrétaire-général.

C'est ainsi qu'un autre Charlemagne donnait, dès ses premiers pas dans la carrière gouvernementale, un gage de sa haute sollicitude à la seconde reine du monde.

CHAPITRE XVII.

M. DUBOIS,

Premier préfet de police.

Rappeler la police à la sévérité de son origine, faire disparaître, avec les ménagemens que les circonstances réclamaient, les nombreux abus qu'une longue série d'années de travail et de mouvement avait introduits dans la machine administrative ; s'entourer des anciennes traditions pour choisir celles dont le gouvernement nouveau pouvait s'étayer, telle fut la tâche délicate et pénible que la loi du 28 pluviose an VIII attribua au magistrat qu'elle appelait à succéder, sous le titre de préfet, aux anciens lieutenans-généraux de police créés par Louis XIV et Colbert.

Une ère nouvelle s'était ouverte pour la politique, pour l'art de la guerre, pour les sciences et pour l'industrie. La police qui, elle aussi, est une science et un art, ne pouvait rester en arrière au milieu de ces perfectionnemens divers. Il ne s'agissait plus, à l'aurore du dix-neuvième siècle, de détruire des repaires de mendians et de vagabonds ; il ne s'agissait plus de maintenir l'ordre physique au milieu d'une population bariolée de laquais, d'écoliers, de racoleurs et de filles de joie: en soins, en prévoyances, la marche du temps avait suivi celle des esprits. Il fallait faire plus encore. Dans une cité où les guerres intestines avaient eu un si grand et si cruel retentissement, il fallait des efforts tout nouveaux de la part du premier magistrat pour ramener le calme, la confiance, la concorde surtout, sans laquelle l'ordre, le commerce et les plaisirs généreux ne peuvent exister.

Le gouvernement consulaire, en brisant les tables de proscription, ou les rendant inutiles du moins, avait déjà fait beaucoup pour la France : pour Paris, c'était peu. Au préfet de police il appartenait de paraphraser, si l'on peut s'exprimer ainsi, la pensée gouvernementale. C'était à ce magistrat qu'était dévolu l'honneur de rétablir la sécurité dans cette métropole de la République, qu'Anacharsis Cloots avait récemment baptisée du glorieux titre de capitale du monde civilisé.

Plus riche d'attributions généreuses, plus ample, plus étendue que l'antique lieutenance de police, l'autorité du préfet devait aussi peser davantage dans la balance politique. Nous verrons, dans ce rapide aperçu d'une époque si féconde en faits, quelle influence elle a pu avoir sur les événemens ultérieurs.

La loi du 28 pluviose an VIII (17 février 1800) avait créé la place de préfet de police.

Voici le détail des fonctions de ce magistrat, fonctions que les changemens de gouvernement n'ont pas fait varier jusqu'à ce jour (1).

« Son autorité s'étend sur tout le département » de la Seine, sur les communes de Saint-Cloud, » Sèvres et Meudon, du département de Seine-et- » Oise et sur le marché de Poissy, appartenant aussi » à ce dernier département.

» Il exerce sous l'autorité immédiate des minis- » tres et correspond directement avec eux pour » les objets dépendans de leurs départemens res- » pectifs.

» Il est spécialement chargé de tout ce qui a rap-

(1) Arrêtés du 12 messidor an VIII (1er juillet 1808) et du 3 brumaire an IX (25 octobre 1800); décision du ministre de la police du 25 fructidor an IX (12 septembre 1801); arrêté du 1er messidor an X (20 juin 1802); décret du 21 messidor an X (10 juillet 1804).

» port 1° aux passeports, cartes de sûreté et per-
» mission de séjourner à Paris; 2° à la mendicité et
» au vagabondage ; 3° à la police des prisons de
» Paris et de la maison de Bicêtre ; 4° aux maisons
» publiques ; 5° aux attroupemens ; 6° à la librai-
» rie, à l'imprimerie et aux théâtres ; 7° à la vente
» de la poudre et du salpêtre ; 8° aux émigrés ; 9°
» aux cultes ; 10° aux ports-d'armes ; 11° à la re-
» cherche des déserteurs; 12° aux fêtes publiques;
» 13° à la petite voirie ; 14° à la liberté et à la sû-
» reté de la voie publique ; 15° à la salubrité de la
» ville; 16° aux incendies, débordemens et acci-
» dens de rivières ; 17° à la police de la bourse et
» du change; 18° à la sûreté du commerce; 19° aux
» taxes et mercuriales;20° à la libre circulation des
» subsistances; 21° aux patentes, comme police de
» vérification ; 22° aux marchandises prohibées ;
» 23° à la surveillance des places et lieux publics ;
» 24° aux approvisionnemens et à l'inspection
» des marchés de Paris, Sceaux, Poissy, La Chapelle
» et St-Denis ; 25° à la préservation des monumens
» publics.

» Il a sous ses ordres les commissaires de police,
» les officiers de paix, le commissaire de police de
» la Bourse, celui de la petite voirie, les com-
» missaires et inspecteurs des halles et marchés,
» les inspecteurs des ports et tous les hommes at-
» tachés à l'espionnage, la gendarmerie et le corps
» des sapeurs-pompiers.

» Il a entrée au Conseil général du département,
» devient membre du Conseil général des hospices
» et du Conseil d'administration du Mont-de-Piété,
» et préside le tirage de la loterie et le Conseil de
» salubrité. »

La création d'un poste aussi important devait
mettre en mouvement bien des ambitions diverses ; mais Bonaparte n'était pas de caractère à se
laisser éblouir à de fallacieuses protestations : il
accueillit froidement les recommandations et les
demandes des membres du Conseil des Cinq-Cents
et des Anciens; et la veille de la promulgation de
de la loi, après avoir fait appeler Cambacérès dans
son cabinet, « Monsieur, lui dit-il, il s'agit de
nommer un préfet de police : avez-vous quelqu'un
en vue? quel homme voudriez-vous installer dans
ce formidable poste ? — Général, répondit Cambacérès, je croyais votre choix déjà fait, et je ne me
suis nullement occupé, je l'avoue, de la présenta-
tion de candidats. — Bonaparte se prit à sourire,
car son collègue, avec son ordinaire sagacité, avait
deviné sa pensée. — Nimporte, reprit-il cependant, que mon choix soit décidé ou nom ; parlez.
Qui jugeriez-vous capable de remplir les fonctions
que nous venons de créer? — Cochon de Laparant,
dit Cambacérès. — Ah! mou, flasque, sans énergie,
fit Bonaparte. Après, après ! — Réal, c'est un homme
de tête et de dévouement.—Sans application , trop
bienveillant, un semi-satrape! — B..... — Un niais!

brave homme , mais incapable de deviner ce qui peut être sur ce qui est. »

Cambacérès ne chercha nullement à défendre les hommes honorables qu'il avait cités ; il avait répondu pour la forme , et lorsqu'il dit , pour couper court aux inutiles demandes de noms , « Je crois, en effet, qu'ils ne conviennent pas à la place. — Oui, c'est la place qui leur convient! » répliqua Bonaparte avec gaîté. « Ne vous mettez pas à la torture , citoyen consul, continua-t-il, notre choix est fait : Dubois est ce qu'il nous faut... un travailleur, un homme probe, infatigable, au courant des affaires, puisqu'il mène le bureau central... il sera préfet de police et il marchera... car il faut marcher... et droit. »

Le lendemain , la loi était promulguée et la nomination de M. Dubois se trouvait dans *le Moniteur*. Cette nomination, contre l'ordinaire, fut, au reste, accueillie par un assentiment unanime ; chacun rendit grâce aux consuls d'avoir porté leur sollicitude sur l'état moral et physique de la capitale ; et ceux qui connaissaient les lumières et le patriotisme du nouveau préfet s'applaudirent du choix que Bonaparte avait fait d'un homme digne de remplir des fonctions qui se rattachent à l'honneur et à la sûreté de tous.

M. Dubois est né à Paris le 20 janvier 1758. Avocat au Parlement d'abord, il fut successivement prévôt des justices seigneuriales de Montgeron ,

Vigneux et Passy, et devint procureur au Châtelet, au commencement de la révolution, dont il se montra partisan sincère, quoique modéré. Nommé juge au Tribunal civil, président du Tribunal criminel, commissaire du Directoire près la municipalité du 10ᵉ arrondissement, et enfin membre du bureau central, il fut appelé, après le 18 brumaire, à remplir le poste de préfet de police de la ville de Paris.

Les premiers actes de la magistrature de M. Dubois furent marqués au coin de la raison et de l'utilité. Il renouvela les anciennes ordonnances de police sur la voirie, fit exercer une surveillance active sur les nombreuses maisons garnies qui pullulent dans la capitale et offrent un mystérieux abri au ramas de vagabonds qui fondent incessamment sur elle ; il donna une extension plus complète à la vigilance nocturne, et, par des combinaisons dignes de tout point d'un magistrat expérimenté, assura les apprivisionnemens, l'ordre et la salubrité des halles et marchés, et fit renaître la confiance dans les transactions commerciales et industrielles.

En aucun temps, assurément, on en a fait fréquemment la funeste expérience, à aucune époque la police n'a pu prévenir les grands attentats inspirés par le fanatisme et exécutés par quelques séides obscurs. Le préfet Dubois ne sut pas, non plus que sa police, éventer le crime du 3 nivose ; mais cet effroyable événement, où tant de citoyens trouvèrent une mort pitoyable, mit en relief le nouveau magistrat et l'administration qu'il avait formée. Par ses ingénieuses investigations, par son infatigable ardeur, on parvint à découvrir les traces éparses de cette machination infernale. Bientôt les coupables furent placés sous la main de la justice, et le glaive de la loi punit ces sicaires, plus lâches, selon l'observation judicieuse d'un tribun, plus coupables que Jacques Clément et Damiens, puisqu'ils enveloppaient dans leur homicide tentative des centaines de victimes étrangères à l'objet de leur fureur.

Dubois rendit successivement, et souvent sans bruit, de grands et de remarquables services. Le chef de l'Etat ne fut point ingrat à son égard : il le fit tour à tour, et en suivant les phases de sa puissance colossale, conseiller d'Etat à vie, commandeur de la Légion-d'Honneur et enfin comte de l'Empire.

L'attentat du 3 nivose et quelques autres tentatives, qui eurent moins de retentissement inspirèrent à M. Dubois des mesures plus rigoureuses et plus exactes. On exerça sur les passeports et les permis de séjour une surveillance extrême ; il fit revivre avec des additions considérables les ordonnances de La Reynie, de d'Argenson et de Sartines. Parmi ces ordonnances, tombées en désuétude et qu'il remit en vigueur, il faut citer celle où les fanfares de cors de chasse étaient interdites dans les cabarets et autres lieux de la capitale. M. Dubois avait sans doute remarqué, comme l'avocat Linguet l'avait dit vingt-cinq ans auparavant, « que ces sortes de concerts en plein vent sont presque toujours le signal d'une commotion civile ou d'un malheur public, et que les voleurs ou les perturbateurs se sont toujours servis avec avantage de ce moyen pour éveiller ou reculer la témérité de ceux avec qui ils ne peuvent correspondre ouvertement. »

L'édilité de M. Dubois a laissé de brillantes et utiles traces.

Ce fut sous son administration que le superbe marché des Innocens fut construit et distribué comme on le voit aujourd'hui. La plupart des autres marchés de Paris se tenaient en plein air, et la ville n'avait pas pu parvenir encore à extirper des habitudes des dames de la halle la manie de demeurer exposées aux rigueurs du froid et de la chaleur. La ville fit bâtir des marchés, et M. Dubois se chargea de les peupler. Des arrêts sévères, mais motivés sur la salubrité publique, sur l'intérêt de la circulation, sans cesse compromise par les agglomérations d'acheteurs et de vendeurs, furent lancés par la préfecture. On murmura, on se fit presser ; les dames de la halle firent même mine de vouloir opposer une résistance sérieuse aux ordres de l'autorité; mais la volonté de fer qui do-

minait les destinées de la France imprimait alors
jusqu'aux actes les plus simples de la magistrature
municipale sa griffe de lion. Le magistrat menaça
les désobéissans, fit conduire aux Madelonnettes
quelques Procida en jupons, et rétablit la tranquillité en forçant les harangères et les revendeu-
ses à échanger le sale et hideux parapluie rouge
qui leur servait de tente et de camp contre des
places commodes et saines, dans des galeries élégantes et aérées.

Ce fut aussi sous l'administration de M. Dubois
que fut commencé le grand et vaste égoût qui passe
sous la rue Saint-Denis, et qui a exhaussé le sol
de plus de quatre pieds. Ce beau travail, qui a très
peu de rapports avec les mesquins essais que nous
avons vu depuis quelques années si péniblement
entreprendre, fut construit à l'imitation de l'égoût
de Tarquin, qui existe encore, après tant de siècles,
à Rome. Comme tout ce qu'entreprenait Napoléon,
ce monument d'utilité publique est plein de grandeur et de noblesse : une armée pourrait passer
sous les vastes voûtes de son vaste orifice, bâti
avec une solidité et une hardiesse toutes romaines.

Le vainqueur de Marengo et d'Austerlitz ne dédaignait pas d'aller visiter quelquefois, avec le
préfet de police, les travaux de cet égout gigantesque, et ce ne fut pas sans un enthousiasme
mêlé d'effroi que le peuple, amoncelé sur la place

du Châtelet, vit un matin surgir tout-à-coup son empereur des entrailles entr'ouvertes de la terre. Les cris, les vivat retentirent. Napoléon, qui, dès cinq heures du matin, s'était enseveli dans les constructions souterraines, demeura d'abord étonné de tant de lumière et d'émoi. Un de ces sourires charmans qu'il ne prodiguait jamais pour mieux séduire, vint effleurer ses lèvres tandis qu'il montait à cheval; il fit un geste d'adieu à la foule et disparut.

Le 14 octobre 1810, Dubois fut remplacé dans les fonctions de préfet de police par M. Pasquier. Il fut immédiatement appelé au Conseil d'Etat, où il siégea jusqu'à la déchéance de l'empereur.

On a dit, et peut-être avec quelque fondement, que M. Dubois avait servi d'instrument passif au despotisme de Napoléon, devenu empereur; on a ajouté que son administration avait été moins ingénieuse à servir les intérêts publics qu'à inventer d'acerbes mesures pour assurer le salut du chef de l'Etat; on a affirmé, en outre, que, consultant davantage son zèle de courtisan que son devoir de magistrat, il avait, dans quelques circonstances, déserté la modération, le calme et l'indulgence nécessaires dans ses délicates fonctions, pour s'arroger l'inflexible sévérité d'un pacha ou d'un gouverneur de provinces conquises.

Nous laisserons à l'histoire du temps le soin d'ap-

précier ces accusations. Ce que nous dirons, c'est
que M. Dubois, placé sous un gouvernement ré-
générateur, dans un poste neuf et presque arbitraire par sa création, a fait de bonnes et utiles
choses, et que la ville de Paris doit le mettre au rang
de ses meilleurs administrateurs.

M. Dubois avait signé, le 11 avril 1814, tous les
actes du Sénat et du gouvernement provisoire; il
avait donné son adhésion au retour des Bourbons,
ce qui ne l'empêcha pas de siéger, comme député
de la Seine, à la chambre des départemens de
1815. C'est dans cette assemblée qu'il proposa, le
24 juin, l'abolition de la confiscation. Nous ne
pouvons mieux terminer ce rapide aperçu d'une
vie toute de probité et de travail qu'en citant quelques lignes de cette remarquable proposition.

«On oublie les morts, dit M. Dubois, mais on
n'oublie jamais la perte des biens. » — « Si j'étais
propriétaire des biens d'un condamné, disait un
membre de la Convention (Legendre), je croirais
voir dans chaque goutte de rosée les larmes de
sa famille. »

Puis, en parlant de la seconde abdication de Napoléon, il ajoutait : « Le grand acte de dévouement qui vient d'avoir lieu, le sacrifice magnanime fait par l'empereur à la face de l'Europe, est
un grand exemple pour vous d'être justes. Vous
dire un mot de cette belle page de l'histoire de
Napoléon, c'est tourner naturellement vos es-

prits vers le développement d'une conception généreuse, l'abolition de la confiscation des biens.»

Et l'abolition fut prononcée.

Le second retour des Bourbons rendit M. Dubois à la vie privée, d'où son âge l'empêcha de sortir, malgré de vives sollicitations, après la révolution de 1830.

CHAPITRE XVIII.

M. PASQUIER,

Deuxième préfet de police.

Etienne-Denis Pasquier est né à Paris, le 22 avril 1767, de cette illustre famille dont un écrivain courageux et patriote fut la souche et qui ne cessa de donner à la France, depuis le règne de Henri IV, des magistrats intègres, éloquens et animés de l'amour du bien public. Le père de M. Pasquier, conseiller au parlement de Paris, fut une des premières victimes de la révolution et périt sur l'échafaud le 1er floréal an II (1793). Comme son père, comme tous les membres de sa famille, le jeune Denis Pasquier entra de bonne heure dans la car-

tière des lois et de la jurisprudence. A moins de
vingt-cinq ans, il était conseiller au parlement ;
et lorsque cet illustre corps fut aboli, il se cloîtra
en quelque sorte dans la vie privée, pour se livrer à ces études vigoureuses, à ces savantes méditations, qui devaient plus tard faire de lui, sous
l'Empire et là Royauté restaurée, un de ces
hommes de distinction que la popularité ne porte
pas d'ordinaire sur le pavois, mais que l'histoire
remarque, et que l'utilité générale sait parfois
aussi mettre en relief.

Livré tout entier à ses études, absorbé dans le
charme et la gravité de ses travaux, Denis Pasquier laissa s'accomplir la période révolutionnaire sans révéler sa vie. La mort tragique de
son vieux père ne fit qu'augmenter chez lui
l'amour de la solitude et du travail. Il ne voulut
rien être et ne fut rien jusqu'en 1804. Des jours
plus doux vinrent alors luire pour la France.
Bonaparte, entouré du prestige des victoires,
vint s'asseoir sur le trône de Charlemagne et de
Hugues Capet : la liberté, réduite à des proportions moins gigantesques, n'effraya plus les yeux
par de terribles quoique nécessaires hécatom-
bes; la paix et la concorde recommencèrent à
embellir nos cités, à consoler le commerce, les
arts, les sciences et l'industrie. Denis Pasquier
sortit alors de sa retraite, et vint offrir au nouveau
gouvernement le tribut civique de son concours,
de ses travaux, de l'étude de toute sa vie.

15

Bonaparte aimait les grands noms. Il croyait
que la gloire d'une nation ne doit pas dater seulement de dix années, et que, sans nobles souvenirs du passé, l'avenir d'un grand peuple est plus
qu'incertain. Le nouveau César accueillit M. Pasquier, comme il avait accueilli les descendans
des preux de Bouvines et de Denain. Il alla au-
devant du rejeton des vieux parlementaires,
comme il serait allé au-devant du petit-fils d'un
Villars, d'un Vendôme ou d'un Luxembourg. La
carrière des honneurs et des distinctions s'ouvrit
à deux battans devant M. Pasquier, et il y entra
digne et froid, non comme un parvenu qui sur-
prend la faveur du prince et de la patrie, mais en
homme qui sait sa valeur, qui a la conscience de
ce qu'il doit faire, sait dire comme le poète à l'archevêque de Bourges : « *Les rangs sont connus,
je passe le premier.* »

L'élévation de M. Pasquier fut rapide. Dès l'an
1809, il est maître des requêtes ; l'année suivante,
procureur-général du conseil du Sceau des titres,
baron, officier de la Légion-d'Honneur. Cette
même année 1810 enfin, il remplace M. Dubois,
en qualité de préfet de police.

Ce poste, sous le régime impérial, comme sous
les gouvernemens qui se sont succédé depuis,
était un poste de confiance et de sollicitude. L'empereur, en investissant M. Pasquier de cette magistrature, lui donnait la marque la moins douteuse
de sa considération et de son estime.

Nourri dans les traditions parlementaires, rempli des principes d'équité bienveillante et des formes protectrices qui méritèrent à ces grandes compagnies d'un autre temps l'amour et le respect populaire, M. Pasquier opéra d'heureux changemens dans la vaste administration qu'il était appelé à diriger. Nos discordés civiles avaient laissé dans cette police, naturellement si âpre et si susceptible, une sorte de levain de farouche humeur et d'insolente protection que M. Pasquier s'appliqua à faire disparaître. Il recommanda à ses subordonnés la modération, la douceur, le calme, et proclama avec une force de paroles et une énergie de conviction dignes de reconnaissance et d'éloges, que « toutes les lois devaient » être respectées, mais que la première de toutes, » celle de l'humanité, ne devait jamais être mé— » connue, même envers ceux qui avaient le plus » essentiellement manqué à la pratique de cette » loi sainte. » Ces paroles portèrent d'heureux fruits : la police se dépouilla successivement de ses formes acerbes et de ses mesures extrà-légales. Chacun, dans son attribution, remplit son devoir, et ce devoir fut d'autant plus religieusement accompli, qu'il ne devait plus désormais coûter ni remords ni crainte.

Profondément pénétré des obligations que lui imposait l'édilité, M. Pasquier mit à profit les études et les réflexions de toute sa vie pour s'en montrer digne. Il exhuma avec une rare sagacité toutes les ordonnances, tous les réglemens que la marche du temps avait affaiblis ou fait tomber en désuétude. Il puisa dans les documens laissés par M. de Sartines, par M. Lenoir, par l'infortuné Thiroux de Crosne, des idées d'amélioration, de bien-être et de sécurité générales. La ville de Paris ressentit bientôt les effets précieux d'une sage et vigilante administration. Un ordre admirable surgit de toutes les branches de la police ; la tranquillité des citoyens ne fut plus menacée ; la salubrité, abandonnée long-temps à des mains inhabiles, fut confiée à des hommes de science et de dévoument (1); l'éclairage reçut une application plus large; le corps des pompiers, reconstitué militairement, assura de nouvelles garanties aux propriétés privées et aux monumens publics;

(1) Le conseil de salubrité avait été institué le 6 juillet 1802 : composé d'abord de quatre membres, MM. Cadet, Deyeux, Huzard père et Thouret, il fut chargé de l'examen des boissons falsifiées, des manufactures ou ateliers insalubres et des épizooties ; bientôt après, il reçut la mission de visiter les prisons et de diriger les secours publics.

Le grand nombre d'affaires dont se vit surchargé ce conseil ne tarda pas à mettre le préfet dans la nécessité de lui donner plus d'extension. Le 26 octobre 1807, il reçut une nouvelle organisation : le nombre des membres fut porté à sept (MM. Thouret, Leroux, Dupuytren, Huzard, Cadet, Deyeux, et Parmentier): il fut chargé du traitement des épidémies, de l'examen des marchés, des rivières, des cimetières, tueries, voiries, chantiers d'écarrissage, amphithéâtres de dissection, vidanges, curage d'égouts et puits, bains publics, dépôts d'eaux minérales, de la statistique médicale, des recherches à faire pour l'assainissement des ateliers les abus sur la surveillance des filles publiques furent réprimés par l'établissement des dispensaires ; des règles fixes et équitables furent données à la navigation ; le commerce des charbons fut régularisé, et de sages réglemens assurèrent à la capitale des approvisionnemens dont elle devait éprouver si tôt le cruel besoin dans la disette de 1812.

Cependant, malgré la confiance dont l'investissait Napoléon, M. Pasquier n'était pas assez puissant pour atténuer les mesures commandées par un maître despotique et absolu ; il sut, il est vrai, apporter dans l'accomplissement de devoirs rigoureux et souvent arbitraires une humanité de formes qu'on aurait vainement attendue de beaucoup d'autres dépositaires du pouvoir impérial : nous ne saurions toutefois nous abstenir de lui

⸱ et lieux publics, de la répression du charlatanisme, de l'examen des substances alimentaires, et de la recherche des meilleurs modes de chauffage et d'éclairage.

En décembre 1833, le conseil de salubrité a été réorganisé : voici quelle est aujourd'hui sa composition :

Président, le préfet. *Vice-Président annuel*, Dr Huzard. *Membres :* Chevalier, Huzard fils, Pariset, Petit de Maurienne, d'Arcet, Pelletier, Juge, Gaultier de Claubry, Labarraque, Lecanue, Baude, Bussy. *Adjoints :* Emery, Boutron-Charlard, Ollivier (d'Angers), Guérard, Cadet de Gassicourt, Devergie. *Membres honoraires :* Bérard, Adelon, Orfila, Bouillon-Lagrange, Royer-Collard, Combes, Mary, Rohault, Rieublanc, Trébuchet.

Le conseil tient ses séances de quinze en quinze jours, le vendredi.

reprocher de s'être associé avec un dévouement
trop aveugle à la persécution suscitée contre les
évêques de France, lors de l'enlèvement du pape
et de la captivité du successeur de saint Pierre.
Dans les recherches de police qu'il exécuta à cette
occasion, M. Pasquier mit une âpreté, une rigueur qui semblaient devoir demeurer toujours
étrangères à son caractère essentiellement conciliateur. Le petit-fils de l'auteur du *Catéchisme
des Jésuites* voulait-il se venger en cette occasion
sur l'Église romaine des diatribes lancées jadis
contre Etienne Pasquier, par les journalistes de
Trévoux et les docteurs du collége de Clermont?

Dans une autre circonstance, M. Pasquier déploya tout à la fois une rigueur et une complaisance extrêmes. Un jeune élève d'un des colléges
de Paris avait composé sur la malheureuse retraite
de Russie une détestable chanson satirique. La
colère du préfet s'appesantit sur ce malheureux
enfant, qui gémissait encore au secret, sous les
combles de Sainte-Pélagie, quand les étrangers firent leur entrée, deux années plus tard, dans la
capitale. Tandis qu'il sévissait ainsi contre un
écolier, que l'indignation avait rendu poète et que
son âge dispensait sans doute de prudence,
M. Pasquier, malgré toutes ses investigations, ne
pouvait pas trouver l'auteur du *Roi d'Yvetot*, satire
plus sanglante encore, parce qu'elle était plus
froide, plus poétique et plus calculée. Les deux
chansons paraissaient en même temps, coupables

également toutes deux, puisque leurs auteurs profitaient des malheurs de la France, pour imprimer au front de son chef le stigmate d'une réprobation patriotique. Rendons grâce au reste à M. Pasquier de son peu de persévérance : s'il eût infligé alors à l'auteur du *Roi d'Yvetot* le supplice dont il frappa le pauvre écolier de la rue Saint-Jacques, la France eût été privée peut-être de ces pindariques inspirations qui ont porté à la branche aînée un coup si funeste, et dont Béranger semble avoir malheureusement perdu le secret.

A la fin de la fatale année 1812, le bruit de la mort de Napoléon se répandit tout-à-coup dans Paris. Trois généraux, prisonniers d'État, Malet, Lahorie et Guidal, voulurent par une révolution militaire faire une révolution politique : ils échouèrent, et nos lecteurs connaissent les faits publics et secrets de cette audacieuse tentative. Dans l'heure de triomphe de l'échauffourée, M. Pasquier fut jeté à la Force avec Savary. On se rappelle la colère de Napoléon à la nouvelle de cette catastrophe, et les paroles d'indignation qu'il fulmina contre les magistrats assez *niais* pour s'être laissé surprendre. Le duc de Rovigo fut disgracié, le préfet de la Seine, Frochot, eut un successeur; M. Pasquier survécut seul à cette Saint-Barthélemy de fonctionnaires.

Napoléon, avec ce tact admirable qui ne l'abandonnait même pas dans ses paroxysmes de violences, sentit que priver la capitale d'un magis-

trat capable, zélé, ardent, travailleur, pour ce fait
seul de s'être laissé conduire en prison à la suite
du ministre de la police, serait plus qu'une injus-
tice; une faute. M. Pasquier en fut quitte pour
quelques-uns de ces traits piquants que Bonaparte décochait sans ménagement dans sa colère.
Le préfet y répondit noblement; il se justifia sans
ostentation comme sans faiblesse, mettant à profit l'atticisme héréditaire, et assaisonnant quelques-unes de ses reparties du sel que l'adversaire
du père Garasse savait prodiguer avec tant de
goût. Le vainqueur de Marengo se prit à sourire,
et la réconciliation fut opérée entre l'Empereur
et le magistrat.

Des événemens importans se passèrent sous
l'édilité de M. Pasquier. Il était préfet de police
lorsqu'une archiduchesse d'Autriche amena l'aigle des vieux Césars s'abreuver à la coupe où s'en-
ivrait celui du moderne Charlemagne. Dans ces
fêtes somptueuses, où, de toutes les parties de la
France et de l'Europe, on affluait à Paris, dans
ces carrousels de cent mille hommes, dans ces
tournois immenses qui renouvelaient les jeux de
Thèbes et de Babylone, aucun malheur ne fut à
déplorer; aucune catastrophe ne vint secouer des
crêpes de deuil sur les arcs de triomphe de la
guerre, sur les autels de fleurs de la jeunesse et de
la beauté.

Paris plus animé, plus beau, plus luxueux que
jamais, conserva au milieu d'une population

transitoire et au sein de l'ivresse de la gloire, du bonheur et de l'abondance, une attitude calme et imposante. Ce grand et noble spectacle, offert au monde par la première ville de France, par la capitale de l'Europe, était assurément assez extra-ordinaire pour mériter des éloges au magistrat chargé de veiller pour tous.

M. Pasquier se montra en vrai magistrat lors du déplorable incendie de l'hôtel du prince Koura-kin, ambassadeur de Russie; lors du débordement de la Seine en 1813, et lors des successives mises-en-train des monumens d'utilité publique. Dans le cours de son administration, il ne resta étran-ger à aucune amélioration, à aucune tentative louable, à aucune utile entreprise.

M. Pasquier resta préfet de police jusqu'au 31 mars 1814. L'entrée des armées étrangères dans Paris le fit descendre de la magistrature-édi-litaire où il était appelé sans doute à siéger encore longues années.

Au retour des Bourbons, il fut fait par Louis XVIII, conseiller d'État, puis directeur-général des ponts-et-chaussées. Il s'éloigna des affaires dans les cent-jours, et au second retour du roi restauré, il fut tour à tour nommé mi-nistre de la justice, grand-cordon de la Légion-d'Honneur et membre du conseil privé ; élu, par le département de la Seine, député en 1815, il siégea constamment sur les bancs conservateurs, devint président de la Chambre des députés dans

la session de 1816 à 1817, et reprit bientôt les
sceaux et le portefeuille de la Justice à la place de
M. Barbé-Marbois. Enfin la pairie vint couron-
ner cette vaste succession de dignités et d'honneurs, et ce fut dans cette position politique que
les événemens de 1830 trouvèrent M. Pasquier.

Depuis 1830, M. Pasquier a été nommé président de la Chambre des pairs, puis chancelier de
France; il occupe aujourd'hui ces fonctions.

Il n'entre ni dans notre intention, ni dans notre
cadre, on le concevra, de juger ici les différens
caractères politiques que les phases de deux révolutions, d'une double restauration, et l'établissement d'une monarchie nouvelle devaient avoir
immanquablement fait peser sur M. Pasquier. A
l'histoire appartiendra le soin de juger le personnage historique, de discuter ses actes, d'incri-
miner ou d'absoudre ses intentions. Le magistrat
civil, le prévôt de nos temps modernes, devait
concentrer seul nos regards. Nous avons obéi
exclusivement à cette exigence, en nous abste-
nant de voir dans M. Pasquier autre chose que
le préfet impérial.

CHAPITRE XIX.

POLICE DE LA RESTAURATION.

Intérim.

I.

La Restauration, par une de ces rétrogrades idées qu'explique à peine l'influence nobiliaire et sacerdotale de l'époque, crut devoir remplacer, dès le 16 mai 1814, *le ministère* de la police générale par *une direction* de la police du royaume; c'était un changement de nom, et rien autre chose : une même ordonnance cependant supprimait la préfecture et la réunissait à cette direction. C'est ce qui nous contraint, pour rendre notre travail aussi complet que possible, de jeter un coup d'œil sur l'administration de MM. Beugnot et Dandré, comme s'ils n'avaient été que préfets, bien qu'ils aient été directeurs-généraux en titre.

Leurs attributions, en effet, n'étaient autre chose que celles des anciens préfets de police impériaux. Le ministre de la Justice, celui de l'Intérieur, et surtout les bureaux de la Grande-Aumônerie recélaient réellement les ressources, les moyens et les formes de l'ancien ministère de la police impériale.

Lorsqu'en 1815 Napoléon, en abordant par un coup hardi les côtes hospitalières de la Provence, jeta la perturbation dans Paris, le gouvernement royal sentit la faute qu'il avait commise en brisant sans calcul et sans prévision les rouages compliqués d'une administration active et patente. Le ministère et la préfecture de Police furent rétablis, et leur existence se prolongea au-delà des cent-jours, Louis XVIII ayant confirmé ce rétablissement le 9 juillet 1815.

Le 29 décembre 1818, le ministère fut réuni au département de l'Intérieur, dont il ne forma qu'une annexe jusqu'au 21 février 1820, jour de sa transformation nouvelle en direction générale, laquelle redevint division du ministère de l'Intérieur le 9 janvier 1822, le chef de cette division portant le titre de directeur, titre qu'il perdit à la retraite du directeur Franchet. Voici la liste et l'ordre des personnages qui se sont succédé dans ces importantes fonctions.

Directeurs-généraux.

M. Beugnot, du 18 mai au 3 décembre 1814;

M. Dandré, du 3 décembre 1814 au 20 mars 1815;

M. Mounier, du 21 février 1820 au 6 janvier 1828.

Directeur, chef de division.

M. Franchet, du 20 décembre 1821 au 6 janvier 1828.

Ministres.

M. Anglès, du 3 avril au 15 mai 1814;

Fouché, duc d'Otrante, du 21 mars au 23 juin, et du 9 juillet au 25 septembre 1815;

M. Pelet de la Lozère, du 23 juin au 8 juillet 1815;

M. Decazes, duc de Gluckesbourg, du 25 septembre 1815 au 29 décembre 1818.

Nos lecteurs nous sauront gré sans doute de revenir en quelques mots sur les fonctions et les attributions du préfet de police, tel que la Restauration l'avait trouvé. Cette récapitulation, que nous croyons utile de faire dans l'intérêt de la curiosité et de l'étude de nos lecteurs, ne nous entraînera pas hors des limites que nous avons résolu de ne point dépasser.

Le préfet de police, lors de sa création, fut spécialement chargé de tout ce qui a rapport : 1° aux passe-ports, cartes de sûreté et permissions de séjourner à Paris; 2° à la mendicité et au vagabondage; 3° à la police des prisons de Paris et de la maison de Bicêtre; 4° aux maisons publiques; 5° aux attroupemens; 6° à la librairie, a l'imprimerie et aux théâtres; 7° à la vente de la poudre et du salpêtre; 8° aux émigrés; 9° aux cultes; 10° aux ports d'armes; 11° à la recherche des déserteurs; 12° aux fêtes publiques; 13° à la petite voirie; 14° à la liberté et à la sûreté de la voie publique; 15° à la salubrité de la ville; 16° aux incendies, débordemens et accidens de rivières; 17° à la police de la bourse et du change; 18° à la sûreté du commerce; 19° aux taxes et mercuriales; 20° à la libre circulation des subsistances; 21° aux patentes, comme police de vérification; 22° aux marchandises prohibées; 23° à la surveillance des places et lieux publics; 24° aux approvisionnemens et à l'inspection des marchés de Paris, Sceaux, Poissy, La Chapelle et Saint-Denis; 25° à la préservation des monumens publics.

Il eut sous ses ordres les commissaires de police, les officiers de paix (institués en 1796), le commissaire de police de la Bourse, celui de la petite voirie, les commissaires et inspecteurs des halles et marchés, les inspecteurs des ports, tous les hommes attachés à l'espionnage, la gendarmerie et le corps des sapeurs-pompiers (réorganisé en 1807).

Le préfet eut entrée au conseil-général du département, devint membre du conseil-général des hospices et du conseil d'administration du mont-de-piété, et présida le tirage de la loterie et le conseil de salubrité.

En 1802, le 15 septembre, les consuls avaient supprimé le ministère de la police générale en réunissant les affaires de ce département aux attributions du grand juge. Le nouveau pouvoir croyait alors n'avoir plus besoin de cette ressource gouvernementale. L'importance et la rapidité des événemens, les conspirations royalistes de Georges, Pichegru et Moreau, les mouvemens de guerre civile que projetaient les Bourbons, avaient promptement décidé Napoléon, empereur, à rétablir ce ministère (Décret du 10 juillet 1804).

Comme la France se trouvait alors composée de quatre-vingt-huit départemens, le chef de l'État en forma quatre classes et attacha à son nouveau ministère quatre conseillers d'État avec mission de suivre la correspondance et l'instruction des affaires dans les départemens de chacune de ces classes. Le 21 février 1806, Napoléon supprima le second de ces arrondissemens, et réunit au premir et au troisième les départemens qui en avaient fait partie. Un arrêté du gouvernement provisoire du 8 avril 1814 réunit au ministère les attributions dévolues à ces arrondissemens.

Cette organisation de la police avait donc duré jusqu'au rétablissement des Bourbons sur le trône de France.

Il n'est peut-être pas sans utilité de présenter ici le tableau synoptique des hommes qui ont dirigé cette vaste administration de 1796 à 1814; un nom résume quelquefois la pensée entière d'une époque (1).

Ministres.

1er Camus, du 2 au 4 janvier 1796;

2e Merlin de Douay, du 4 janvier au 3 avril 1796;

3e Cochon, depuis comte Lapparent, du 3 juillet 1796 au 6 juillet 1797;

4e Lenoir-Laroche, du 6 au 26 juillet 1797;

5e Botin de La Coindière, du 26 juillet 1797 au 12 février 1798;

6e Dondeau, du 12 février au 15 mai 1798;

7e Lecarlier, du 16 mai au 29 octobre 1798;

8e Duval, du 29 octobre 1798 au 22 juin 1799;

9e Bourguignon Dumolard, du 22 juin au 20 juillet 1799;

10e Fouché (depuis duc d'Orante), du 20 juillet 1799 au 15 septembre 1802; du 10 juillet 1804 au 2 juin 1810;

11e Savary, duc de Rovigo, du 3 juin 1810 au 3 avril 1814.

Chargés d'arrondissement.

1er Dubois, du 10 juillet 1804 au 14 octobre 1810;

2e Miot, du 10 juillet 1804 au 21 février 1806;

(1) Nos lecteurs remarqueront que pour être clairs et bien compris, nous ne craignons pas de répéter des nomenclatures importantes. Nous n'avons pas voulu faire seulement un ouvrage agréable, nous avons prétendu composer un livre utile.

3ᵉ Pelet de la Lozère, du 10 juillet 1804 au 8 avril 1814;

4ᵉ Réal, du 10 juillet 1804 au 8 avril 1814;

5ᵉ Anglès, du 19 octobre 1810 au 8 avril 1814.

Préfets.

1ᵉʳ Dubois, du 8 mars 1800 au 14 octobre 1810;

2ᵉ Pasquier, du 14 octobre 1810 au 8 avril 1814.

Ces dix-huit années se peuvent diviser en trois périodes distinctes : temps républicains, temps consulaires, temps impériaux. Dans la première, la police laissa marcher des conspirations qu'elle aurait pu prévenir, les spectacles furent soumis à une surveillance toute spéciale; livrée d'abord à ce système de bascule si fâcheusement adopté de nos jours, elle prépara ensuite le 18 fructidor, usa de mesures sévères contre les prêtres, prohiba les journaux opposans, poursuivit les journalistes, les écrivains, les sociétés politiques et tous les hommes populaires.

Dans la seconde, toute d'organisation, elle employa l'argent provenant des jeux à payer des agens d'une espèce nouvelle, dont la fonction se bornait à dire du bien des gouvernans et à répandre des bruits agréables au peuple. Elle déjoua les projets de l'étranger et ne laissa aucun repos aux conspirateurs qu'il vomissait dans nos rues.

Dans la troisième, elle fut active, forte et modérée. Au commencement de l'époque, elle sévit

16

— 242 —

avec beaucoup de rigueur contre les *fauteurs* de *tentatives* de conspirations; mais on dut bientôt à ses soins la renaissance de la confiance publique. Comme sous le Consulat, elle eut ses *raconteurs* de bonnes nouvelles. Paris jouit alors d'une tranquillité parfaite, la police ayant eu l'art de mettre la main sur tous les mauvais sujets de la ville et de les utiliser, la conscription se chargeant d'ailleurs chaque année de faire disparaître des masses d'oisifs et de vagabonds que les bienfaits d'une éducation libérale ne s'efforçaient pas comme aujourd'hui de ramener dans le sein de la société. Ce qui prouve les améliorations qui avaient été introduites dans l'institution, c'est que la sécurité générale était arrivée à ce point qu'une conspiration put s'ourdir dans le silence, éclater même; que les conjurés purent enlever de leurs hôtels le ministre et le préfet de police; que les nombreux agens de cette vaste machine ne surent le complot qu'au moment de l'exécution, et lorsque le mouvement d'une troupe égarée à son insu leur eut appris ce qui se passait. Si ce fait témoigne du repos de Paris sous Napoléon, il ne sert pas moins à démontrer la léthargie blâmable des chefs de l'administration, peut-être aussi leur grande incurie, car on ne saurait sans mensonge les accuser de trahison. Le duc de Rovigo était dévoué, en effet, jusqu'au fanatisme, et M. Pasquier, qui se montra prudent au point de se cacher dans un lieu honteux, ne songea qu'un an plus tard à se ménager des intelligences avec la coterie Talleyrand.

Si de la police républicaine, consulaire et impériale nous passons à la police *restaurée* de Louis XVIII et de son successeur, nous trouverons certainement un prodigieux changement dans ses erremens, dans ses moyens d'exécution et dans son but. La police des quinze années de la Restauration s'est montrée, il faut en convenir, plus acerbe, plus dure, plus ombrageuse, plus inquisitoriale que celle même du Comité de salut public et de Barras.

Elle prit position, dès son début, en coopérant à la mission secrète donnée à Maubreuil pour l'assassinat de Napoléon, de son fils, de ses frères. Ceci n'est, à la vérité, qu'une croyance populaire; mais les journaux du temps, organes du pouvoir et du ministère, n'ont jamais donné sur ces accusations graves de justification satisfaisante. Elle prit avec trop de promptitude et d'hypocrisie les livrées d'une religion qu'elle avait jusque-là laissé insulter, et elle apporta dans sa ferveur autant d'insolence, d'acharnement et de violence qu'elle en avait mis autrefois dans ses mépris et ses persécutions. Enfin, au 20 mars 1815, elle avait organisé une correspondance secrète et un espionnage d'une nature et d'une étendue telles que tous les rapports sociaux, que tous les liens de famille devaient nécessairement en être brisés ou du moins affaiblis.

Après les cent-jours, elle reprit son allure de
clandestinité, de colère et de vengeance. Elle
s'associa à toutes les mauvaises passions de l'é-
migration et de l'étranger. Elle dressa des piéges,
tendit des embûches, aiguisa des poignards et
fondit les balles destinées à percer la poitrine de
plus d'un héros. Elle désigna à la royauté trom-
pée par ses rapports fallacieux, par ses terreurs
et ses délations fantastiques, vingt-neuf pairs,
dix-huit généraux et trente-huit citoyens dont
elle voulait priver la France.

De nobles caractères furent atteints par une
loi cruelle : Ney tomba sous le plomb anglais,
glissé dans une cartouche française. Quant aux
trente-huit citoyens condamnés à l'exil, aucun
ne méritait sans doute cette indignité, bien peu
étaient dignes de cet honneur. Ils partirent, et
la police, grâce à cette absurde liste de proscription transforma quelques hommes assez mé-
diocres dans les arts, dans les sciences et dans la
littérature, en autant de Newtons, de Linnés, de
Corneilles et de Raphaëls, qui pouvaient, si bon
leur semblait, se poser en Aristides et en Thémis-
tocles au foyer du Belge à qui les journaux indépendans de Paris rabâchaient toutes les semaines qu'il possédait l'élite, la gloire et l'honneur de la France.

La Restauration revint quelques années plus
tard sur cette faute que la police lui avait fait
faire; elle proclama une amnistie, elle employa

même une partie de ces citoyens qui avaient acheté dans l'exil le droit ou la sottise de se croire de grands hommes; mais elle ne désarma jamais, même à force de bienfaits et de sinécures, leur orgueil ou leurs sentimens blessés. Aussi les vit-elle en 1830 les premiers à l'œuvre pour renverser le trône qui les avait punis, mais qui les avait aussi pardonnés.

La police de la Restauration se fit à l'image de la police de l'Empire, telle qu'elle était dans les dernières années du règne de Napoléon, l'hypocrisie religieuse en sus. Elle suspendit la liberté individuelle (que Bonaparte avait, il est vrai, suspendue pendant le cours de son règne, mais que la maison de Bourbon avait juré de protéger et de rétablir). Elle créa une censure des journaux, des théâtres et des livres (censure que Napoléon avait maintenue aussi, mais que 1814 avait vu détruire). Dans sa dévotion menteuse et tracassière, elle rechercha les principes religieux des individus, le *compelle intrare* sembla redevenir à la mode, et les conversions par subterfuge ou par violence parurent devoir se renouveler en France. Elle soutint les missions, qui causèrent tant de troubles dans les provinces, et prêta son influence aux pères de la foi, anciennement connus sous la dénomination de jésuites. La violence la plus éhontée passa dans ses actes journaliers. Elle demanda et obtint le droit légal de l'arbitraire. Elle s'infiltra dans les élections, dans les écoles, dans les colléges et jusque dans les prytanées militaires. Elle organisa des conspirations, laissant la guillotine la débarrasser des agens qui eussent pu livrer ses secrets. Les piqueurs, les pétardistes, les hommes à fioles de vitriol et aussi probablement les incendiaires de la Champagne, de la Beauce et de la Brie furent gens de sa robe et de son alliance. Elle commanda les barricades de la rue Saint-Denis, les cris de Vive la charte! et les mitraillades de la rue du Renard. De ses préoccupations religieuses et politiques, enfin, le résultat fut qu'il n'y eut plus ni sécurité ni propreté dans la ville.

Dans ce peu de mots que nous avons tracés sans haine, et qui résument les fautes, les erreurs et les méfaits de la police royale, nos lecteurs saisiront l'une des causes, et peut-être la plus efficiente, de la chute du gouvernement de Charles X. Le trône d'un monarque français a besoin d'une autre base pour résister à la fureur des factions que les piques d'une police armée, et c'est ailleurs que dans ce prétoire que doit briller et se glorifier la couronne de Charlemagne, restaurée par Hugues Capet et sauvée par Philippe de Valois.

Après cette digression, trop longue sans doute et cependant nécessaire, nous reprenons, sans plus nous arrêter, la ligne que nous nous sommes proposé de suivre dans l'intérêt de la vérité et de l'histoire.

POLICE DE LA RESTAURATION.

II.

Beugnot Jacques-Claude (comte).

M. Beugnot (Jacques - Claude) est né à Bar-
sur - Aube, d'une famille de la bourgeoisie.
Après avoir fait de brillantes études au collége
des Oratoriens de cette ville, il fit son droit, et,
grâce à l'activité bienveillante de quelques personnages influens de la province, il parcourut
rapidement les divers échelons de la magistrature secondaire. En 1778 il était déjà lieutenant-
général du présidial de Bar; en 1790 il devint
procureur syndic du département de l'Aube;
l'année suivante il fut élu à l'Assemblée législative. Sa législature ne fut pas sans quelque éclat:
il fit des motions courageuses, et les hommes
d'ordre et de liberté légale applaudirent au décret d'accusation qu'il obtint contre Marat. Il ne
fut pas donné suite à cette mesure, mais M. Beugnot eut du moins l'honneur de l'avoir déter-
minée.

Beugnot quitta au 10 août l'Assemblée, où les hommes de sa nuance se trouvaient désormais dans l'impossibilité de faire le bien ou de neutraliser du moins le mal. Arrêté par ordre du Comité de salut public au mois d'octobre 1793, il fut assez habile pour se faire transférer de la Conciergerie à la Force, où il fut oublié jusqu'au 9 thermidor. Les portes de la prison s'ouvrirent pour lui à cette époque mémorable. Beugnot resta obscur pendant quelque temps dans une retraite qu'il s'était choisie aux environs de Paris. Mais le gouvernement consulaire, qui cherchait à rallier les hommes de capacité, vint l'arracher à une solitude dont l'étude embellissait les loisirs. Bonaparte le plaça auprès de Lucien, son frère, ministre de l'intérieur, comme régulateur et comme conseil. Beugnot fut le véritable inventeur des préfets. Il désirait vivement se réserver la préfecture de la Seine, mais Frochot était son compétiteur, et comme le gouvernement consulaire avait à ménager un parti dont ce dernier était le représentant, Beugnot ne fut pas agréé et on lui donna en échange la préfecture de la Seine-Inférieure, qu'il conserva jusqu'en 1806. A cette époque il fut nommé conseiller d'État et désigné par l'empereur pour aller organiser le royaume de Westphalie, nouvellement créé au profit de Jérôme Bonaparte. Beugnot donna dans cette délicate mission de nouvelles preuves de mérite et de capacité. En 1808 il devint commis-

saire et ministre des finances du grand-duché de
Berg. Les titres et les honneurs allèrent le chercher dans ces fonctions déjà élevées : il devint
comte de l'Empire et officier de la Légion-d'Honneur. Beugnot rentra en France en 1813. Il était
à Lille préfet par intérim lorsqu'il apprit les événemens de Paris en 1814, et la décision du gouvernement provisoire qui le nommait commissaire au
département de l'intérieur. Beugnot remplit ce
poste jusqu'au 13 mai de la même année, qu'il
fut revêtu par Louis XVIII du titre de directeur-
général de la police.

Les circonstances étaient épineuses. Dans cette
carrière toute nouvelle qui s'ouvrait devant lui,
Beugnot sut conserver la modération, la tolérance,
qui faisaient le fond de son caractère public : il
combattit toujours les moyens de rigueur que la
police sacerdotale et la police de l'émigration
prétendaient mettre à l'ordre du jour. S'il ne fut
pas toujours assez puissant pour empêcher des
persécutions arcanes, des représailles ténébreuses,
il eut du moins l'adresse de pallier en partie le
mal que l'on voulait faire. L'administration de
Beugnot n'a pas été sans utilité pour la ville de
Paris : il sut maintenir la tranquillité au sein d'une
cité populeuse dont une armée envahissante de
près d'un demi-million d'hommes venait encore
augmenter le bruit, les passions et les orages. Il
tint sévèrement la main à l'observance des réglemens de police qui ont trait à la salubrité et à la

propreté de la ville; enfin, les excellentes mesures qu'il prit lorsque le typhus, apporté par les armées étrangères, éclatait dans les hôpitaux, garantirent la capitale de l'invasion générale de cette cruelle maladie dont les foyers étaient en quelque sorte attachés à son giron. On a reproché avec trop d'exagération et d'amertume à M. Beugnot d'avoir été le promoteur d'une ordonnance qui, après un quart de siècle d'oubli, prescrivait la rigoureuse célébration du dimanche et la suspension de tous travaux pendant les fêtes de l'Église.

Le plus grand inconvénient de cette mesure était de paraître ridicule : aussi la caricature doit-elle prendre seule le soin d'en faire justice, malgré l'exemple puritain des deux pays les plus libres et les plus industriels de la terre, les États-Unis et l'Angleterre, rigides observateurs du jour sacré.

Beugnot quitta le 3 décembre 1814 la direction générale de la police, et, comme jadis M. de Sartines, fut placé à la tête du ministère de la marine.

On a jugé sévèrement et diversement Beugnot. Sans établir ici une controverse qui n'est pas de notre sujet, nous dirions que cet administrateur, doué d'une grande perspicacité, d'un tact précieux, d'une activité rare et d'un esprit délicat, s'est placé, non pas au premier rang des hommes publics de la France (il n'avait ni assez d'énergie

ni assez de fougueuses convictions pour cela),
mais au premier rang de ses fonctionnaires or-
ganisateurs. Beugnot a laissé partout où il a été,
des traces mémorables de son passage : c'est un
éloge que peu d'administrateurs monarchiques ou
révolutionnaires ont su mériter.

Nous avons dit que le comte Beugnot avait fait
de brillantes études, et que son esprit y avait encore puisé de nouvelles forces. Il donna des preuves de cet atticisme dès les premiers jours de la
Restauration : c'est lui qui fut l'auteur de l'inscription placée à la statue d'Henri IV, impro-
visée sur le Pont-Neuf. Cette inscription était
tout à la fois une louange délicate pour le vail-
lant chef de la maison de Bourbon, et pour le
petit-fils du Béarnais, qui avait le malheur de revenir en France sous le patronage des drapeaux
étrangers. La voici :

Ludovico reduce
Henricus redivivus.

Beugnot a fait aussi un nombre considérable
de mots spirituels officiels. C'est lui qui fit
dire au comte d'Artois : « Il n'y a rien de changé
en France, il n'y a qu'un Français de plus. » Il
est encore l'auteur du mot charmant : « Plus de
hallebardes », que les journaux de 1824 prêtè-
rent à ce même comte d'Artois, devenu Charles X. Le comte Beugnot était le Rivarol d'une
époque dont M. de Marcellus était le Marforio et
M. de Talleyrand le Pasquin. Disons, pour ter-

miner, que le comte Beugnot fut véhémentement soupçonné d'être le véritable père de cette charte de 1814, qui portait dans le pan de sa robe virginale, comme l'ambassadeur romain, la paix et la guerre.

On sait ce qu'elle a donné.

Le comte Beugnot, bien que né dans les rangs du peuple, bien qu'ayant professé une partie de sa vie des principes sinon démagogiques, du moins empreints d'une démocratie modérée, le comte Beugnot était courtisan par essence : son langage auprès des grands était presque aussi humble, aussi fleuri, aussi métaphorique que celui de M. de Fontanes. A voir le comte Beugnot à la cour des Tuileries sous Bonaparte, à la cour de Westphalie sous Jérôme, à la cour du Louvre sous Louis XVIII, on aurait pu croire à ses manières, à son attitude, à son langage, à ses incessantes mignardises, qu'il avait fait un long apprentissage du métier de courtisan à l'OEil-de-Bœuf sous Villeroy et sous Richelieu. Bonaparte, qui peignait, comme tous les hommes supérieurs, les gens d'un seul trait, disait de M. Beugnot, qui avait près de six pieds : « Ce diable d'homme est bien grand : comment se fait-il que je sois toujours obligé de me baisser pour lui parler? »

POLICE DE LA RESTAURATION.

III.

DANDRÉ MARTIAL.

Directeur-général de la police.

M. Dandré est né en Provence, en 1759, d'une famille bourgeoise et aisée. Il était conseiller au parlement d'Aix lorsque les premiers symptômes de la révolution éclatèrent. Envoyé aux états-généraux par le bailliage d'Antibes, il se montra, lors de la transformation de cette réunion politique en Assemblée Nationale, l'adversaire le plus ardent, le plus acharné de ceux qui voulaient saper les bases du trône en ébranlant les plus solides appuis de la monarchie. M. Dandré n'était point un orateur comme Cazalès, comme Barnave, encore moins comme Mirabeau et l'abbé Maury, mais il parlait avec une grande facilité, et son esprit pénétrant et méditatif dominait une question et prévoyait de plein saut tous les faits

qui devaient découler d'une grande mesure politique. Le duc d'Orléans (depuis Égalité), ayant
offert de renoncer aux prérogatives que l'Assemblée attachait au titre de prince, Dandré lui dit
*qu'il n'avait pas le droit de renoncer au trône, ni
pour lui, ni pour ses enfans, ni pour ses créanciers.*

Il n'était assurément pas possible de lancer du
haut d'une tribune des prédictions qui dussent
se trouver plus en harmonie quarante ans plus
tard avec les événemens accomplis. L'opinion
dont M. Dandré était le défenseur et l'organe
n'eut bientôt plus de représentant dans les conseils de la nation. Il disparut donc de la lice,
mais son activité dévorante eut bientôt besoin
d'un nouvel aliment. Il fonda un commerce
considérable d'épiceries, et en quelques mois il
se créa une clientèle et des relations si considérables et si étendues qu'on inspira quelques
craintes au gouvernement sur la nature des cor-
respondances que l'ancien législateur, devenu
épicier, pouvait entretenir avec l'étranger sous le
prétexte de faire arriver dans ses magasins de la
rue de la Verrerie des cafés, des indigos, des su-
cres et des savons. Les gouvernans profitèrent
de l'avis, et M. Dandré, signalé au peuple comme
un accapareur (c'était le terme consacré), fut
pillé, dévasté, poursuivi et obligé de quitter Paris
et la France et de chercher un refuge en Angleterre.

Ceci se passait en 1793. A Londres, M. Dandré

se lia avec l'homme qui, Méphistophélès politique, a tant de fois décidé dans des circonstances si diverses et souvent suprêmes du sort et des destinées de la France : Talleyrand! Le résultat de l'union de ces deux personnages resta un mystère. Ce qu'on peut seulement inférer, c'est que M. de Talleyrand, homme fin, astucieux, hypocrite, mais pusillanime aussi et craintif lorsqu'il s'agissait d'agir et de mettre les couteaux au vent fut heureux de trouver dans M. Dandré un homme de cœur, d'intrépidité, d'une présence d'esprit admirable, et qui eût pu prendre pour devise celle que Beaumarchais donne à Figaro : *consiliis manuque*. M. de Talleyrand resta, à cette époque, le machiniste en chef, le combinateur par excellence; M. Dandré prit le rôle qui lui convenait le mieux, celui d'homme d'action.

Ce pacte conclu, M. Dandré part pour l'Allemagne : on le voit tour à tour, de 1794 à 1796, à Vienne, à Bade, à Augsbourg, à Berlin, à Lubeck, à Dresde et à Stuttgard. En 1797, il pénètre en France et vient à Paris en qualité d'émissaire de Louis XVIII. Il se fait nommer au Conseil des cinq-cents, s'y trouve au 18 fructidor et devient l'une des premières et des principales victimes de cette nouvelle journée des dupes. Il prend la fuite, retourne en Allemagne et ne cesse de se livrer dans les différens États qu'il habite aux négociations et aux intrigues pour le compte de la maison de Bourbon.

Bonaparte le regardait comme un homme dangereux : aussi, premier consul ou empereur, refusa-t-il constamment la radiation de M. Dandré de la liste des émigrés. Et cependant deux fils de M. Dandré servaient avec distinction dans l'état-major d'un maréchal de l'Empire. Mais Bonaparte, en récompensant la bravoure et les services des enfans, persistait à tenir le père dans un exil forcé.

M. Dandré était en Hongrie, s'occupant encore probablement de commerce ou de négociations diplomatiques, quand il apprit les événemens de 1814. Il revint aussitôt à Paris, fut d'abord nommé intendant des Domaines de la couronne, puis directeur-général de la police du royaume, poste qu'il conserva jusqu'au retour de l'île d'Elbe.

Il faut l'avouer ici, cet homme qui avait montré dans mille occasions périlleuses, dans mille circonstances différentes, un génie d'à-propos, une perspicacité, une énergie peu communes, sembla s'éteindre et s'annihiler dans le poste que la confiance de celui pour lequel il avait long-temps conspiré lui avait donné. Le directeur-général de la police ne sut rien des menées, des nombreuses trames qui déterminèrent le débarquement au golfe Juan. Il ne fut pas même le premier averti de cet événement, et le roi n'en fut instruit que par une lettre d'une maison de commerce qu'on lui mit sous les yeux.

L'administration de M. Dandré ne fut donc profitable sous aucun rapport à la maison de Bourbon. En voyant ce fonctionnaire, placé en quelque sorte en vedette pour veiller à la sûreté intérieure, rester dans une inaction complète lors des événemens qui, au mois de mars 1815, ramenèrent Napoléon sur la terre de France, on est forcé de regarder ce grand événement comme providentiel en quelque sorte dans sa spontanéité, ou de faire partager au directeur-général de la police le stigmate de blâme justement infligé à tous les membres de la haute administration de cette époque.

Après le second retour des Bourbons, M. Dandré rentra à l'intendance des Domaines de la couronne, où il fut remplacé en 1817 par le marquis de La Maisonfort, qui lui-même avait été chargé intérimairement de la police, lorsqu'en 1814 le comte d'Artois avait précédé à Paris, sous le titre de lieutenant-général du royaume, l'arrivée de Louis XVIII.

M. Dandré est mort en 1826, retiré dans sa famille avec une fortune plus que modeste.

IV.

M. Réal (le comte).

Préfet de police du 20 mars au 2 juillet 1815.

M. Réal, originaire d'une famille de la petite bourgeoisie, est né au village de Chatou, près Paris, le 28 mars 1757. Après avoir fait ses études au collége Mazarin et à celui de Louis-le-Grand, ainsi que Robespierre, Camille Desmoulins, F. Raisson et nombre d'autres hommes marquans de la Révolution, il se consacra à la carrière judiciaire et traita d'une charge de procureur au Châtelet. Les événemens de juillet 1789 le surprirent dans cette position.

Son entrée aux Jacobins mérite d'être rapportée : il avait rédigé un projet de réunion en société des hommes les plus propres à écrire l'histoire, non des rois, mais du peuple. Quelques amis, entre autres Millin, avaient eu connaissance de ce projet. On convint de se réunir, pour le soumettre à l'examen, chez le marquis de Villette. On s'occupait déjà de le discuter, lorsque M. Noël, plus tard inspecteur-général de l'Université, arriva, et fit suspendre la discussion pour entretenir l'assemblée d'une brochure qu'on venait de publier : c'était une pétition présentée à l'Assemblée nationale par les artistes de l'Opéra, dont on s'amusa beaucoup.

Jeune, entraîné par les éloges qu'on donnait à l'auteur inconnu, M. Réal avoua que c'était lui qui avait écrit cet opuscule.

En sortant de cette réunion, M. Noël le conduisit à sa société, où il le fit recevoir. Ce fut ainsi que Réal commença sa carrière politique.

Jusqu'au retour de Varennes (25 juin 1791), cette société s'occupait des affaires publiques ; mais elle ne se composait à cette époque que de propagateurs et de défenseurs des principes.

Le 3 juillet suivant, jour où l'on devait traiter des questions relatives au trône, dans des discours préparés par plusieurs orateurs, Billaud-Varennes précéda M. Réal à la tribune.

Billaud, avec sa perruque plate et son teint blême, ne disposait pas favorablement ses auditeurs. Cependant il crut pouvoir s'expliquer avec franchise : il demanda l'abolition de la royauté et l'établissement d'une république.

Des murmures lui prouvèrent aussitôt qu'il s'était trompé sur l'esprit qui animait encore la

société. Le mécontentement alla même si loin,
qu'on le fit descendre violemment de la tribune.

M. Réal s'avança alors. Un ami lui recommanda, à l'oreille, d'être plus bref, et surtout
d'exposer ses vues avec moins de crudité.

Plusieurs des idées de M. Réal avaient quelque analogie avec celles de Billaud; mais, outre
que la forme pouvait permettre de les entendre,
l'orateur fit sentir, qu'en admettant la nécessité
de juger le roi, l'assemblée législative exerçant
une puissance égale à celle du prince, et deux
puissances égales ne pouvant se rendre juges
l'une de l'autre, il fallait soumettre la question
aux électeurs des quatre-vingt-trois départemens,
et les inviter à donner leur avis sur les imputations dont le souverain était l'objet.

Le discours de M. Réal fut couvert d'applau-
dissemens; on en vota, par acclamation, l'impression et l'envoi dans les départemens.

Ces deux faits nous ont semblé de nature à caractériser les Jacobins aux premières années de
cette société célèbre.

La seconde assemblée nationale vit naître trois
partis : les Girondins, les Robespierristes, les
Dantonistes. M. Réal appartint au premier;
aussi les élections, alors *girondines*, lui devin-
rent-elles favorables : il fut nommé, le 17 août
1792, accusateur public près le tribunal extraordinaire créé le même jour pour instruire sur
les faits relatifs à l'événement du 10. C'est ce tri-

bunal que, plus tard, Fouquier-Tinville et ceux dont il était l'instrument firent servir à leurs passions politiques. « Toutefois, dit la *Biographie des Hommes vivans*, de Michaud, avec son exagération habituelle, il serait injuste de comparer M. Réal à cette espèce de monstres qui n'avaient de l'homme que les formes extérieures. Ce révolutionnaire a beaucoup d'esprit, même un esprit agréable, et il ne semble pas appartenir à sa barbare faction... »

Le tribunal extraordinaire n'existant plus, les électeurs nommèrent M. Réal substitut du procureur de la commune de Paris : cette dernière magistrature était occupée par Chaumette. Elle devait être confiée à Chambon; mais les Cordeliers, déjà puissans, forcèrent les Girondins à une concession, et Chaumette fut choisi par préférence à Hébert (le père Duchesne).

Bientôt quatre partis se présentèrent le combat : ceux de Brissot et de Vergniaud, ceux de Danton et de Robespierre. Vainqueurs dans la lutte le 31 mai, Danton et Robespierre usèrent de la victoire sans mesure : ils proscrivirent les Brissotins, les Girondins, et avec eux des députés qui ne leur appartenaient pas.

Dénoncé, en l'an II, comme partisan de la liberté indéfinie de la presse et ennemi des comités, Réal fut arrêté quelque temps avant la mort de Danton et de Camille Desmoulins, et enfermé au Luxembourg.

Le 9 thermidor rendit M. Réal à sa famille, et le décida à s'attacher au parti thermidorien, qui lui paraissait le plus propre à assurer les intérêts du pays.

Ce fut alors qu'il se fit défenseur officieux, ce qui ne l'empêcha pas de suivre la société des Jacobins, où, l'un des premiers, il se prononça avec une telle énergie contre les crimes de quelques proconsuls, que lorsque Carrier fut traduit devant le tribunal révolutionnaire régénéré, il récusa plusieurs jurés, sur le seul soupçon qu'ils étaient liés avec Réal.

M. Réal établit, de concert avec Méhée, le *Journal des patriotes de* 89, dirigé contre tous les fauteurs d'excès. Malgré le succès de cette entreprise, son créateur l'abandonna bientôt, pour s'occuper de l'affaire de Tort de la Sonde, et sans doute aussi parce qu'à cette époque il fut nommé *historiographe de la République* par le Directoire.

Les membres du comité révolutionnaire de Nantes, mis en jugement, la tête couverte encore du sang de leurs compatriotes, prièrent M. Réal de se charger de leur défense. A l'exception de Carrier et de Grand-Maison, le défenseur, qu'on blâma beaucoup d'avoir prêté sa voix à de pareils accusés, parvint à les sauver tous, en faisant valoir avec beaucoup d'art et de chaleur ce moyen au moins bizarre, *que leurs crimes n'avaient pas été commis dans des intentions contre-révolutionnaires.*

L'affaire de Tort de la Sonde, dans laquelle il déploya une rare énergie, servit mieux sa réputation. Vers la fin de 1795, le Directoire avait dénoncé ce personnage, qu'il accusait de correspondance avec l'ennemi. Acquitté au tribunal révolutionnaire, sur la défense de M. Réal, il fut conduit à Bruxelles par suite d'un arrêté du Directoire; M. Réal l'y suivit, et l'enleva une seconde fois à ces nouvelles poursuites judiciaires.

Une cause dans laquelle M. Réal montra un véritable talent, fut celle des individus compromis dans la conspiration de Babœuf. Il alla les défendre à la haute-cour de Vendôme, et parvint à faire déclarer qu'il n'y avait pas eu de conspiration. Mais l'accusateur public, Viellard, manœuvra avec tant de succès, qu'il obtint des mêmes jurés qui avaient prononcé l'absolution, et la même nuit, la déclaration que les accusés avaient publié des pamphlets contre-révolutionnaires : c'est pour ce délit econdaire que l'on condamna à mort Babœuf et Darthé. Tous deux s'étant poignardés en entendant leur condamnation, on les conduisit à la guillotine, l'un mourant et l'autre mort.

Aux élections du mois de mai 1798, les amis de M. Réal essayèrent de le porter au Conseil des Cinq-Cents; mais le ministre Merlin, alors directeur, paralysa leurs efforts. Celui-ci ayant succombé lui-même lors du mouvement du 30 prairial an VII (18 juin 1799), M. Réal fut nommé commissaire du gouvernement près du département de la Seine.'

M. Réal prit une part active à la révolution du 18 brumaire, et fut immédiatement nommé conseiller d'État.

Au mois de mars 1804, le nommé Querelle, qui venait d'être condamné à mort, avait écrit pour demander à faire particulièrement des déclarations. Le premier consul, sans penser que cet homme eût à communiquer des secrets de quelque importance, et guidé seulement par un sentiment de pitié, chargea M. Réal de l'entendre : quelques heures après, le premier consul avait une parfaite connaissance du projet de Georges, envoyé d'Angleterre en France pour l'assassiner.

Chargé des interrogatoires et de tous les détails de la première instruction de cette conspiration de Georges Cadoudal, M. Réal fut nommé chef du premier arrondissement de la police générale de l'empire, qu'il conserva jusqu'en 1814.

M. Réal, lors de l'exécution du duc d'Enghien, joua un rôle que l'histoire ne peut apprécier faute de documens certains; il paraîtrait cependant en avoir ignoré la résolution. Lors de la conspiration Mallet, il était dans son hôtel, formant le coin des rues de Bourbon et des Saints-Pères, au moment où les conjurés s'emparaient de M. le duc de Rovigo. Entendant le bruit que faisaient les soldats, il envoya un domestique s'informer de la cause de ce bruit. Le domestique demanda à passer, de la part de M. le comte Réal. On lui répondit : Il n'y a plus de comte. M. Réal apprit qu'on arrêtait M. le duc de Rovigo ; il devina aussitôt la conspiration, et, s'adressant à M. Rolland, son secrétaire intime, il lui dit : Commençons par nous mettre hors de cour. En effet, ils sortirent pendant qu'on mettait les chevaux à la voiture, et se rendirent chez l'archichancelier Cambacérès. M. Réal revint ensuite au ministère, où il fit arrêter Lahorie.

La première Restauration le laissa à la vie privée.

Au retour de l'île d'Elbe, le 20 mars, le comte Réal ne se présenta point au château ; Napoléon le fit appeler, l'entretint particulièrement, et le garda jusqu'à minuit : le lendemain il était préfet de police, fonctions qu'il exerça jusqu'au 2 juillet, époque à laquelle la commission du gouvernement le fit remplacer par M. Courtin, *sur sa demande*, dit l'arrêté, *et attendu son indisposition*.

Compris dans l'ordonnance du 24 juillet 1815, il se retira à Bruxelles, puis à Anvers, où M. Decazes lui fit demander quelques papiers secrets.

Bientôt cependant l'ambassadeur La Tour-du-Pin réclama son éloignement, et force lui fut de quitter des lieux où du moins il entendait parler la langue de son pays, pour se rendre à New-York, où il établit une fabrique d'épuration d'huiles, une brasserie et un atelier de teinture.

En 1818, M. Decazes fit décider le rappel de M. Réal, qui toutefois ne rentra en France qu'en mai 1827.

Après la révolution de 1830, son nom fut souvent mis en avant, et les journaux annoncèrent en différentes occasions que le choix du roi l'allait porter à la Préfecture de police. Il n'en fut rien cependant, et dans les premiers mois de 1835 il mourut sans être sorti de la vie privée, laissant en portefeuille des papiers précieux, dont sa famille n'a laissé publier que la partie la moins importante, sous le titre de *Souvenirs d'un conseiller d'État*.

POLICE DES CENT-JOURS.

V.

M. COURTIN.

Préfet de police du 2 au 8 juillet 1815.

M. Courtin, né à Lisieux, en 1771, était, en 1790, procureur au bailliage d'Orbec; il se fit, peu après, recevoir avocat au parlement de Rouen.

A l'époque du procès de Louis XVI, il réclama l'honneur de défendre ce prince malheureux; un pareil dévouement était louable sans doute; mais il aurait fallu pour cela quelque chose de plus que le talent, c'est-à-dire une expérience que son âge ne lui avait pas permis d'acquérir.

La première réquisition l'ayant atteint, il partit pour l'armée, y resta jusqu'en 1796 comme secrétaire attaché à différens états-majors, et quitta le service, en qualité de démissionnaire, au mois d'avril de la même année.

Il vint alors à Paris, où il se lia avec Bonne-
ville et l'abbé Fouchet qui le mirent au nombre
des collaborateurs de leur journal intitulé *la
Bouche de fer*. Courtin passa ainsi les phases les
plus orageuses de la révolution, se livrant à des
travaux moitié politiques, moitié littéraires, et
apportant dans les uns et dans les autres le sens
droit, les opinions modérées qui ressortaient de
la trempe de son caractère. Il occupa, sous le
Directoire, plusieurs emplois importans au ministère de la guerre, et finit par rentrer au barreau en 1802, en se faisant inscrire sur le tableau
des avocats de Paris. Il s'était déjà fait remarquer
par des plaidoyers lumineux, lorsqu'en 1803 il
fut nommé, par la protection de Cambacérès,
substitut du procureur-général à la Cour de justice criminelle du département de la Seine. En
janvier 1811, il fut appelé aux fonctions d'avo-
cat-général à la Cour impériale, puis enfin, dans
le même mois, il fut élevé au poste important de
procureur impérial près le tribunal civil de la
Seine. La Restauration arriva et n'ôta rien à
M. Courtin, qui fut maintenu dans ses fonctions
et qui fut même décoré par le roi de l'étoile de
la Légion-d'Honneur. Au retour de l'île d'Elbe, il
fut l'un des premiers magistrats qui allèrent com-
plimenter Bonaparte aux Tuileries.

Les événemens marchèrent vite. M. Courtin
voulut en suivre et ne chercha pas à en discerner
et à en pénétrer les résultats. Il accepta, le 2 juil-

let 1815, des mains de la commission exécutive du gouvernement, le titre de préfet de police que l'adroit Réal venait d'abandonner, et ne montra pas, il faut le constater ici, dans son éphémère administration la tempérance politique et la modération qu'on s'était plu à lui reconnaître jusqu'à ce jour. Il pactisa, lui magistrat, avec ceux qui voulaient allumer les passions populaires; il tenta de remettre dans les clubs qui cherchaient à renaître une partie du pouvoir de la police. On a pensé à cette époque que le triomphe des fédérés eût assuré le sien et qu'il eût pris la place de Fouché. Quoiqu'il en soit, le court passage de M. Courtin à la police ne fut signalé que par des fautes, et le tort qu'il eut et qu'il dut avoir aux yeux des honnêtes gens de tous les partis, ce fut de vouloir faire un levier politique d'une puissance qui n'est jamais si respectable et si digne d'être respectée que lorsqu'elle se borne à graviter consciencieusement dans le cercle des attributions qui lui sont confiées. Le lot d'un préfet de police n'est point, et nous l'avons dit déjà, de se constituer personnage politique; il est avant tout le gardien, le surveillant le plus actif et le plus vigilant des intérêts moraux et matériels de la capitale; il doit veiller à sa tranquillité, à sa vie, à sa salubrité, à ses édifices, à tout ce qui fait sa prospérité, sa gloire, son salut.

M. Courtin était au reste digne d'entendre et

d'interpréter ces devoirs. Comme magistrat de l'ordre judiciaire, il a fait des discours dignes des mercuriales les plus éloquentes des Omer et des Denis Talon. Il a parlé haut et bien pour la consécration des droits de la justice, qui ne sont que les droits du peuple, et souvent il a manifesté des sentimens dignes de l'antique magistrature de la France, qui elle aussi était une gloire de la patrie.

M. Courtin, compris dans les listes de proscription en 1815, ne revint en France que très-peu de temps avant les événemens de juillet 1830, auxquels il ne prit aucune part.

POLICE DE LA RESTAURATION.

VI.

M. DECAZES.

M. Elie Decazes est né à Saint-Martin-en-Laye, près de Libourne (Gironde), le 28 septembre 1780, d'une bonne famille de la bourgeoisie, anoblie en 1595 dans la personne d'un de ses membres par Henri IV. Son père, qui exerçait avec distinction la profession d'avocat, lui fit faire ses études au collége de Vendôme : à l'âge de dix-neuf ans il prit lui-même rang au barreau, et ses débuts furent assez brillans pour faire présager que le champ rétréci de la chicane de province lui semblerait bientôt un théâtre trop étroit. Peu de temps en effet après son inscription au tableau de l'ordre, le jeune Decazes quitta le département de la Gironde pour venir à Paris où le précédaient de vives recom-

17 *

mandations, qui ne tardèrent pas à le faire admettre dans un modeste emploi au ministère de la justice. Doué d'une physionomie régulière et spirituelle, le jeune Decazes, dont les études fortes et sérieuses s'enveloppaient de formes aimables, se trouva de ce moment en relations avec tout ce que la magistrature comptait de personnages illustres ou éminens. En 1805 il épousa la fille de M. le comte Muraire, premier président de la Cour de cassation ; l'année suivante il fut nommé juge au Tribunal de première instance du département de la Seine ; puis, presque immédiatement, Madame, mère de Napoléon, le choisit pour secrétaire de ses commandemens en remplacement du comte Guieux. Quatre années plus tard, au commencement de 1809, M. Decazes fut élevé aux fonctions de conseiller à la Cour d'appel de Paris, et les magistrats contemporains de cette époque ont conservé le souvenir de la fermeté pleine de convenance avec laquelle il présida plusieurs affaires criminelles qui eurent alors du retentissement.

Appelé en 1811 aux fonctions de conseiller de cabinet de Louis Bonaparte, roi de Hollande, il s'attacha assez sérieusement à la personne et aux intérêts de ce frère de l'Empereur pour mécontenter Napoléon, qui ne lui pardonna jamais cette fidélité, ce dévouement qu'il n'eût dû considérer cependant que comme l'accomplissement d'un devoir.

Les événemens de 1814, en renversant le
trône édifié par l'Empereur, trouvèrent M. Decazes conseiller de la Cour d'appel (depuis Cour
royale). Louis XVIII le confirma dans ses fonctions. Il prêta alors doublement serment de
fidélité aux Bourbons, comme magistrat d'abord,
puis comme capitaine de la garde nationale
parisienne. M. Decazes, après le débarquement
de l'île d'Elbe, et lorsque le 20 mars au matin on
annonçait que Napoléon se présentait aux portes
de la capitale, convoqua sa compagnie, lui com-
muniqua la dernière proclamation de Louis XVIII
et l'exhorta à lui garder fidélité.

On sait l'entrée pacifique de Napoléon dans la
soirée du 20 mars. M. Decazes, bien que refusant
de le servir, ne quitta pas immédiatement Paris,
et lorsque le 25 du même mois les chambres de
la Cour impériale furent convoquées pour recevoir M. Gilbert Desvoisins, nommé premier
président en remplacement de M. Séguier, et
pour entendre la lecture d'une adresse à l'Empereur, il s'opposa, au sein de l'assemblée, à
la réception du nouveau premier président, déclarant qu'il ne voyait dans Bonaparte qu'un
usurpateur:

« Est-il besoin d'une autre preuve de sa légitimité, répondit le conseiller A***, que la rapidité de sa marche? Quel autre qu'un souverain
légitime aurait pu venir en vingt jours de Cannes
à Paris?

18*

—Je n'avais jamais ouï dire, répliqua M. Decazes, que la légitimité fût le prix de la course. »

Après cette spirituelle protestation, M. Decazes
n'avait plus qu'à se retirer dans sa famille : c'est
ce qu'il fit.

Les fautes des Cent-Jours et la désastreuse
issue de Waterloo ramenèrent à Paris M. Decazes qui, le 7 juillet 1815, fut nommé préfet
de police en remplacement de M. Courtin. Sa
nomination fut contresignée du nom de Fouché,
duc d'Otrante, et le premier acte auquel il dut
concourir fut la dissolution de la Chambre des
représentans.

La situation d'un préfet de police à l'époque
et au milieu des événemens d'une seconde in
vasion était assurément une des plus difficiles
que pût accepter un homme d'Etat. Les partis
irrités étaient alors en présence, et une violente
réaction multipliait sur tous les points de la
France les arrestations, l'ostracisme et même
les exécutions sanglantes. Les fonctions en tout
temps si difficiles de la Préfecture de police
étaient d'autant plus pénibles alors et délicates,
que tous les fonctionnaires, à quelque hiérarchie
qu'ils appartinssent, se trouvaient inévitablement
placés sous la surveillance active du parti qui
venait de triompher. Terrible et odieux moment
de lutte, où celui qui ne montrait pas de zèle
était soupçonné de trahison. Les étrangers oc-
cupaient le sol de la France, et, dans la capitale

qu'ils eussent voulu traiter en pays conquis, c'était uniquement au préfet de police et au préfet de la Seine qu'ils s'adressaient pour tous les besoins, pour toutes les exigences de leurs troupes. C'était à ces deux magistrats qu'ils recouraient pour faire disparaître ou amoindrir les difficultés, les conflits souvent menaçans, que faisait naître leur séjour au milieu d'habitans qui les abhorraient. M. Decazes, et c'est une justice qu'à cette époque les partis hostiles surent lui rendre, se montra constamment ferme, vigilant, infatigable dans l'accomplissement de devoirs pénibles, où il eut le mérite de sauver de toute atteinte l'honneur et la sûreté de Paris.

Bien des accusations depuis lors se sont élevées contre le préfet de police des jours réactionnaires de 1815; mais à côté de ces attaques passionnées et dénuées de bonne foi comme de preuves, on a dû tenir compte du témoignage de plus d'un des proscrits d'alors, de celui de Benjamin-Constant entre autres, qui proclamait avec reconnaissance que c'était à son crédit, à ses actives et persévérantes démarches qu'il avait dû de voir son nom effacé de la liste fatale des proscrits du mois de juillet.

Dans les premiers jours d'août 1815, un mois après sa nomination à la Préfecture de police, M. Decazes fut élu membre de la Chambre des députés par les électeurs du département de la Seine, au premier tour de scrutin. Au mois de septembre suivant il fut appelé à remplacer le duc d'Otrante, Fouché, au ministère de la police générale.

Certes c'était une épreuve grande et difficile que celle qui devait attendre le jeune ministre, appelé, dans les circonstances où se trouvait le pays, à un poste si périlleux. M. Decazes, en arrivant au ministère, n'y devait trouver que le résidu de trois ou quatre épurations successives, qui en avaient enlevé à peu près tous les hommes capables. Fouché, peu confiant dans sa propre situation, avait négligé de rien organiser pour un successeur dont il attendait de jour en jour la venue; les traditions et l'expérience devaient ainsi manquer à M. Decazes, prenant possession du plus important des services administratifs, dans un moment où il fallait à la fois exercer une surveillance active sur tout le royaume et prendre des mesures politiques analogues aux vues et à l'esprit des deux Chambres. Pour n'être pas jugé au-dessous de la situation qu'il acceptait, le ministre de la police devait se montrer de plein saut habile orateur parlementaire et profond administrateur.

Le 18 octobre, M. Decazes présenta à la Chambre des députés un projet de loi tendant à autoriser le ministre de la police et ses agens à arrêter et à détenir les individus prévenus de délits contre la personne et l'autorité du roi, la famille royale et la sûreté de l'Etat.

Cette loi fut adoptée séance tenante, à une majorité de 128 voix ; la Chambre des pairs l'adopta également.

Un spirituel publiciste de l'époque, M. Fiévée, trouva cette loi mal rédigée : « Mais, disait-il, » l'opinion de la Chambre était favorable à M. De- » cazes. Pendant les Cent-Jours, sa conduite avait » été courageuse : nommé préfet de police au re- » tour du roi, il montra du dévouement, travailla » jusqu'à altérer sa santé, et maintint Paris dans » l'ordre, sans le secours d'aucune loi extraordi- » naire. Au moment où M. Fouché parut dange- » reux, même à ses collègues, M. Decazes, pré- » fet de police, lutta contre Fouché., et le public, » qui juge les faits, et ne se trompe jamais moins » que quand il s'en tient là, ne chercha point si » M. Decazes n'avait rien de mieux à faire que » d'accepter cette lutte honorable; il lui sut gré » de sa conduite; enfin, le discours qu'il pro- » nonça en venant proposer la loi manquait » d'ordre et même de la correction nécessaire » quand on parle en public au nom de l'auto- » rité; mais il y avait de la chaleur, une haine » prononcée contre les factions, et quelque chose » qui répondait si bien aux sentimens de tous les » cœurs, que la majorité accepta la loi, sans » même y vouloir de simples amendemens. »

Au mois de novembre de cette même année 1815, M. Decazes et tous les autres membres du cabinet déposèrent à la Chambre des pairs les ordonnances et actes en vertu desquels le maréchal Ney était déféré à sa haute justice.

Quelques jours plus tard il fut, ainsi que M. Barbé-Marbois, ministre de la justice, attaqué vivement dans la Chambre des députés, au sujet de l'évasion de M. de Lavalette. On proposa, dans deux séances publiques, d'obliger ces deux ministres à fournir des renseignemens sur cet événement. La Chambre, malgré le renvoi de cette proposition aux bureaux, ne donna aucune suite à cette affaire.

A cette époque, M. Decazes était fréquemment attaqué à la tribune : le 22 mars 1816, M. le comte de Kergorlay l'accusa d'organiser un système de diffamation dans les journaux contre les principes religieux et monarchiques de la Chambre.

Ce serait sortir de notre cadre que de nous étendre ici sur les conspirations de l'époque; il nous suffira de dire que dans ces temps déplorables où le pouvoir, se défiant de ses forces, se montrait tour à tour peureux ou violent, le jeune ministre résista, autant qu'il était en lui, aux mesures acerbes, aux proscriptions, aux provocations d'une majorité furibonde, au risque d'encourir sa haine. Obligé de lutter avec la *Chambre introuvable*, il obtint de la confiance du monarque la fameuse ordonnance du 5 septembre 1818, qui sauva nos institutions d'une ruine imminente. La circulaire qu'il adressa en cette occasion aux préfets peut être considérée comme le

premier pas franchement fait dans la voie des libertés constitutionnelles : « Sous le rapport de
» la convocation, disait-il, point d'exclusions
» odieuses, point d'applications illégales des dis-
» positions de la haute police pour écarter ceux
» qui sont appelés légalement à voter : surveil-
» lance active, mais liberté entière ; point d'ex-
» tension arbitraire aux adjonctions autorisées
» par l'ordonnance. Il n'y a pas deux sortes d'in-
» térêts dans l'Etat, et pour faire disparaître jus-
» qu'à l'ombre des partis, qui ne sauraient sub-
» sister sans menacer son existence, il ne faut
» que des députés dont les intentions soient de
» marcher d'accord avec le roi, avec la charte,
» avec la nation, dont les destinées reposent en
» quelque sorte entre leurs mains. »

Les élections eurent lieu, la nouvelle Chambre compta un plus grand nombre de défenseurs de la liberté constitutionnelle, et M. Decazes, malgré les clameurs ultra-royalistes, s'apprêta à marcher avec la nation. Il présenta dans ce sens trois projets de loi : le premier exemptait tout écrit de la censure préalable, et déterminait les formes à suivre pour la saisie des ouvrages dangereux, après leur publication. Le second avait pour objet de modifier la loi du 29 octobre 1815 sur la suspension de la liberté individuelle. Le troisième portait que jusqu'au 18 janvier 1818 les journaux continueraient à paraître sous l'autorisation du roi.

Le 18 décembre 1818, le ministère de la police fut réuni à celui de l'intérieur, dont le portefeuille fut confié à M. Decazes. Un nouveau ministère, dont faisaient partie le maréchal Gouvion-Saint-Cyr, le marquis Dessolles et le baron Louis, obtint d'abord une imposante majorité; mais l'assassinat du duc de Berri vint donner contre lui des forces nouvelles au parti *ultra*. Des députés, des pairs, ne craignirent pas d'accuser M. Decazes de complicité. « *Les pieds lui ont glissé dans le sang* », écrivait M. de Chateaubriand dans le *Conservateur*, et cette absurdité, reproduite à la tribune par un député, valut à son auteur le titre de calomniateur que lui donna M. de Saint-Aulaire : «Songez, s'écria-t-il, que désormais il faut que vous obteniez la tête de M. Decazes, ou que la vôtre reste chargée d'infamie!

Ces accusations, d'une violence incroyable, rendirent inévitable la retraite de M. Decazes. Il offrit au roi sa démission, que Louis XVIII accepta à regret, le nommant, en même temps qu'il lui donnait M. Siméon pour successeur, ambassadeur en Angleterre, duc, et ministre d'Etat. A son retour de son ambassade en 1820, il donna sa démission et se retira dans le département de la Gironde, où il se livra à de vastes travaux agricoles et industriels.

Depuis la révolution de 1830, M. Decazes a été nommé grand-référendaire de la Chambre des pairs, en remplacement de M. de Sémonville.

POLICE DE LA RESTAURATION.

VII.

M. Anglès (Bernard) comte.

M. Anglès est né à Grenoble en 1780, d'une famille assez obscure. Quelques succès au collége
de la ville lui valurent la protection de personnages influens de son département, et après avoir
fait son droit à Toulouse et s'être fait inscrire
pour la forme sur le tableau des avocats de cette
ville, il entra dans la carrière de l'administration.
On le trouve maître des requêtes en 1809, et
bientôt il est chargé de la correspondance du
troisième arrondissement de la police générale
de l'empire. Cette subdivision comprenait tous
les départemens d'au delà des Alpes. M. Anglès,
toujours soutenu par d'illustres protecteurs, en
conserva la direction jusqu'à la chute du gouvernement impérial, malgré les réclamations qui
s'élevèrent en plusieurs circonstances sur l'in-

suffisance de ses moyens administratifs et sur la faiblesse de ses vues. En effet, M. Anglès, revêtu dans ces provinces réunies d'un pouvoir illimité, ne sut pas déjouer les trames de l'Angleterre et de l'Autriche qui tendaient à désaffectionner ces nouveaux Français et à leur faire prendre en haine le gouvernement de l'empereur. M. Anglès assistait, pour ainsi dire, l'arme au bras et en amateur au développement de toutes ces machinations étrangères, qui finirent par amener les revers de 1813 et l'invasion de 1814.

On serait profondément étonné d'une si incroyable incurie de la part d'un fonctionnaire noblement salarié par un gouvernement généreux, si l'un des premiers actes du gouvernement provisoire de 1814, ou, pour mieux parler, du gouvernement de M. de Talleyrand, ne venait donner le mot de cette coupable énigme et expliquer la longanimité antipatriotique de M. Anglès. Le directeur de la police d'au delà des Alpes fut nommé, le 13 avril 1814 (quinze jours à peine après la capitulation de Paris!), commissaire au département de la police générale du royaume, puis conseiller d'État le 29 juin suivant. L'empereur débarque au golfe Juan, et M. Anglès se met à la suite du cortège royal et part pour Gand, où il est appelé à la rédaction du *Moniteur royaliste*, qui s'imprimait dans cette ville. Est-il besoin de rappeler ici que cette feuille, rédigée par des Français, ne cessait de prédire l'abaissement de la France, le triomphe de l'étranger et le retour des exilés sur les cadavres de l'armée nationale? Il s'en fallut de bien peu que, le destin de la bataille de Waterloo ne fît mentir les oracles de ces Calchas politiques; mais, heureusement pour M. Anglès et les autres émigrés, l'aigle fut abattue dans la forêt de Soignes et sur le chemin de Wavres, et le retour en France des Bourbons ne fut plusmis en question.

Au retour de Gand M. Anglès, qui s'était acquis la confiance royale, fut nommé président du collége électoral des Hautes-Alpes. Il faut lire le discours qu'il prononça devant les électeurs assemblés pour se faire une idée de l'inconcevable impudeur politique de l'époque. On n'a jamais rien vu de si extraordinaire depuis les reviremens de conscience de la Ligue et de la Fronde, ou plutôt les raffinés de ces deux époques mémorables n'étaient que des enfans au prix des transfuges de Gand. Quoi qu'il en soit, le dévouement monarchique de M. Anglès ne resta pas sans récompense, il fut nommé député au premier tour de scrutin et revint à Paris, comme il était revenu de Gand, plein d'espoir pour l'avenir et assuré des faveurs qui allaient pleuvoir sur lui. Cette heureuse prévision ne tarda pas à se réaliser; la promotion de M. Decazes à des fonctions plus élevées laissa vacant le poste de préfet de police. On y plaça M. Anglès, et dès le 25 septembre 1815, il s'installa à l'hôtel de la Préfecture.

M. Anglès suivit avec une religieuse exactitude
les erremens de son prédécesseur. Bien plus,
dans ce poste éminent où la faveur l'avait porté,
et où un magistrat quelque peu indépendant
et ami de l'équité pouvait encore, jusqu'à un
certain point, agir avec liberté, il se conduisit
d'après les ordres et les inspirations personnelles
du ministre de la police. M. Decazes avait profondément médité l'aventure d'Alcibiade coupant la
queue à son chien pour donner matière aux
conversations publiques des Athéniens. Il avait,
autant qu'il avait pu, préfet de police, donné une
extension réelle à cette parabole politique. M. Anglès continua ce déplorable système. C'est sous
l'administration de M. Anglès que la hideuse fable de la fille tête-de-mort de la rue Plumet,
ayant trois cent mille francs de dot, prit naissance; c'est de son temps que le feu dévora l'O-
déon qui avait ouvert ses portes à un escamoteur
inconnu; c'est encore à cette époque que des
pluies de gros sous tombèrent comme par enchan-
tement dans quelques rues des environs du Palais-Royal, et que les piqueurs commencèrent
leurs épouvantables caravanes. Si l'on joint à ces
jongleries policières l'emploi des agens provocateurs, les processions annuelles de trois ou quatre
cents misérables parcourant les rues de Paris
sans être nullement inquiétés par les agens préposés à la tranquillité publique ou la gendarmerie, les conspirations ourdies dans les turnes de

la basse police et qui aboutissaient à faire marcher
dans le tombereau des suppliciés trois ou quatre
malheureux, conjurés sans le savoir, et républicains sans s'en douter, on aura une peinture
rembrunie, mais assez fidèle de l'administration
de M. Anglès comme préfet de police. D'ailleurs,
les préoccupations religieuses et politiques de
l'époque ne permettaient guère au magistrat
chargé spécialement de la police de la ville de
se consacrer tout entier aux exigences de sa place.
Le ministre dirigeant n'ignorait pas que la police
religieuse du Pavillon-Marsan était nombreuse,
éveillée, bien servie; il lui importait de n'être
pas pris au dépourvu par elle et d'épier jusqu'à
ses moindres démarches, si bien que l'immense
personnel de la préfecture, qui devait être destiné
à protéger la vie, la fortune et la sécurité des
citoyens, ne servait, en réalité, qu'à protéger des
ambitions personnelles, de sourdes vanités et des
intérêts avides.

Aussi, dans cette période de six ans, nul arrêté salutaire, nulle ordonnance égidiale, ne sortirent des bureaux de la préfecture. Le préfet Anglès se contenta d'exhumer de temps à autre
quelques anciennes ordonnances dont il laissait
l'exécution à qui de droit, et de signer, à des
époques convenues, l'ordonnance sur la destruction des chiens, sur l'enlèvement des glaces, sur les bains de rivière, et sur l'ouverture
de la chasse. C'était seulement dans ces circon-

stances qu'il donnait signe de vie, et la cité n'entendait plus autrement parler de lui. Il y avait loin sans doute de ce magistrat à un La Reynïe, à un Sartines, et même à un Lenoir. Mais c'est que La Reynie, Sartines et Lenoir, tout sujets d'un roi absolu qu'ils fussent, se considéraient d'abord comme les gardiens et les sentinelles vigilantes de la capitale, et ne se mêlaient guère des intrigues de cour, des démêlés de ministres et des luttes de portefeuilles.

Lorsque, suivant la belle et pittoresque expression de M. de Chateaubriand, le pied du ministère Decazes lui eut glissé dans le sang, M. Anglès sentit le sceptre de la police prêt à s'échapper de ses mains; cependant il se conserva encore une année. Ce ne fut que le 20 décembre 1821 que M. Anglès cessa définitivement ses fonctions de préfet de police, pour les remettre à M. Delaveau, homme plus avant que lui dans les confidences gouvernementales du système alors triomphant.

M. Anglès se réfugia alors dans le conseil d'État, hôtel des invalides, à cette époque, de tous les hommes qui étaient censés avoir rendu des services à la chose publique.

L'administration de M. Anglès sera sévèrement jugée par l'histoire : c'est dans les temps orageux des discordes civiles que les grands magistrats se révèlent. Impassible, au début de sa carrière, devant les attaques sourdes dirigées contre le gouvernement national, il ne sut ou ne voulut pas défendre l'ordre de choses dont il lui était libre d'être dans son for intérieur le secret ennemi, mais dont il avait le tort d'avoir reçu des dignités, des places, des bienfaits. Lorsque le parti qu'il avait servi d'une manière arcane triompha et le porta en récompense à la plus belle position qu'un magistrat homme de bien puisse envier, celle de préfet de police (car c'est là, à la police, selon la juste et noble expression de M. Lenoir, qu'on peut arracher les ailes au crime et donner des couronnes à la vertu), il ne sut rien faire, ni comme administrateur, ni comme philosophe, ni comme citoyen, pour justifier l'empressement que la faveur avait mis à le revêtir de cette magistrature populaire. Aucune amélioration importante, aucune mesure sanitaire, aucune initiative généreuse, ne furent dues à ce préfet. Il marcha dans l'ornière de la routine, et s'il s'en écarta quelquefois, s'il donna quelque extension aux attributions de sa place, ce fut dans des circonstances tellement graves, tellement honteuses, tellement sanglantes, qu'on ne peut et ne doit lui en tenir aucun compte.

On a dit de M. Anglès qu'il était un homme plus laborieux que fin, plus paperassier que laborieux, plus fiscal que fin et laborieux. La finesse, bien qu'elle soit une sorte de vertu dans une position difficile à la fois et élevée comme celle de préfet de police, n'est pas cependant dans le chef suprême de tant de gens fins par devoir et par nécessité une condition *sine quâ non*. Quand un préfet n'est pas fin, mais qu'il a la conscience de la sainteté, de la grandeur, de l'importance de ses fonctions; quand il reste convaincu qu'il ne doit, qu'il ne peut faire usage des redoutables ressorts qui jouent sous sa main, que pour la sûreté, la garde, le salut de ses concitoyens; quand il ose repousser les odieuses trames d'un favori sans principes, qui veut, pour maintenir sa faveur, entourer le trône de fantômes menaçans ou de farfadets moqueurs; quand, disons-nous, ce magistrat repousse la funeste alliance que lui propose un nouveau Concini, ce magistrat qui résiste à la séduction, aux caresses et aux menaces, qui suit sans hésiter la route tenue par les grands caractères ses devanciers, cet homme-là mérite les hommages des contemporains et l'estime de la postérité.

Il est à craindre que M. Anglès, qui n'a pas su mériter les uns, se trouve déshérité de l'autre.

POLICE DE LA RESTAURATION.

VIII.'

M. DELAVAU,

Cinquième préfet de police.

M. Delavau, né en 1788, était avocat lors des événemens politiques qui, en 1814, ramenèrent en France les princes de la maison de Bourbon. Il entra à cette époque dans la magistrature, et ce fut dans le parquet d'une Cour royale que la faveur du parti qui dominait alors en France l'alla chercher pour l'installer sur le siége envié de préfet de police.

M. Delavau apportait dans ce poste toutes les qualités qui font les bons magistrats. D'un caractère froid, d'une intégrité scrupuleuse, d'un esprit observateur et éclairé, il aurait sans doute illustré son édilité par des améliorations précieuses, par des travaux dignes de ses hautes fonctions, si des préoccupations politiques et religieuses n'avaient concouru à le placer constamment hors de la ligne ordinaire des devoirs d'un magistrat civique. En effet, sous la Restauration, le préfet de police était presque un homme politique. C'était pis encore, c'était un inquisiteur assermenté, dont toutes les mesures, toutes les ordonnances étaient inspirées, dictées ou rédigées par le parti épiscopal siégeant aux Tuileries. La congrégation, qui s'était immiscée, malgré Louis XVIII et ses ministres, jusque dans le conseil, jusque dans les délibérations d'Etat, avait la haute main sur les affaires de police intérieure et étrangère, et, véritable Ariane crossée et mitrée, elle seule tenait le peloton de fil de ces labyrinthes obscurs et secrets.

On a dit que M. Delavau était affilié à la congrégation; qu'initié à la marche des intrigues du pavillon Marsan, il aidait de tout son pouvoir à préparer les voies contre-révolutionnaires qui devaient signaler l'avénement au trône du successeur de Louis XVIII. Ces imputations sont trop graves, trop dénuées de preuves pour que nous puissions les accueillir légèrement. Ce que nous devons constater, c'est que M. Delavau, soit par gratitude pour ceux qui lui avaient frayé la route des honneurs, soit par des convictions personnelles, ne cessa de montrer une grande indulgence et une factieuse prévention pour des hommes qui empiétaient à front découvert sur la légalité et les droits du pays. C'est ainsi qu'en 1822 et 1823 des prêtres furibonds choisirent quelques églises de Paris pour y prêcher, et, dans des prédications dignes des beaux temps de la Ligue, fulminèrent contre la Charte et les lois de l'État d'impuissans anathèmes. Cette inconcevable arrogance alarma les citoyens; les journaux indépendans signalèrent à la justice la conduite criminelle de ces modernes Mathans. M. Delavau ferma les yeux et les oreilles : le scandale appela le scandale; quelques tumultes éclatèrent dans les églises où ces sermons se faisaient. Le préfet de police prit fait et cause pour les prédicateurs; et ceux qui avaient eu le tort de protester hautement contre les maximes subversives de ces prêtres provocateurs furent seuls punis. Telle n'avait point été la conduite de M. de Sartines dans des circonstances à peu près semblables. Lorsque les ordres de la cour le forçaient (et remarquons que dans ce temps la cour était tout) de sévir contre les jansénistes, il obéissait; mais les molinistes ou jésuites voulaient-ils se targuer de cette victoire remportée sur leurs adversaires pour se mettre en évidence, M. de Sartines, sans consulter alors que son devoir, les mettait aussitôt dans l'impossibilité de continuer leurs chants de triomphe et d'insulter à la faiblesse de leurs ennemis vaincus.

Trois polices, en 1821, date de l'avénement à la préfecture de M. Delavau, se disputaient la prééminence à Paris. La police du château proprement dite, qui se composait de gens de toute condi-

tion, de tout habit et de toute opinion ; la police
sacerdotale ou du pavillon Marsan, qui avait autant de préfets de police que de curés de paroisse;
et enfin la police de la préfecture. C'était à qui
de ces trois polices chercherait à saisir, à connaître les moyens, les intrigues, les roueries de
ses rivales. Le préfet de la véritable police était
obligé pour n'être pas pris au dépourvu, surtout
pour ne pas encourir le reproche de n'être point
au niveau des circonstances, d'éclairer, d'es-
pionner en quelque sorte les deux autres, comme
il aurait fait des ennemis de l'État. De cette plaie,
résultat de l'influence des coteries de cour, dé-
coulait l'abandon presque entier des devoirs de
la véritable police. Et en effet, pendant que
ces polices royales s'observaient l'une l'autre,
les *ventes de carbonari* se multipliaient tellement, qu'il y avait quatre cent quatre-vingts *ventes*
à Paris en 1823, et qu'en 1825 ce nombre était
arrivé à neuf cent soixante-seize, dont l'effectif
composait en réalité une armée secrète de mé-
contens de plus de vingt mille hommes!

Pour donner une idée de l'espèce de confusion qui régnait alors dans l'administration de la
police, nous allons citer une anecdote, dont un
magistrat respectable nous a garanti l'authenti-
cité.

Mme X..., femme bel esprit, tenait chez elle un
salon fondé sous le ministère précédent et conservé
parce qu'il paraissait utile. Ce salon était le ren-

dez-vous de toutes les illustrations possibles, des capitalistes, des gens de lettres, des hommes de guerre, de robe et d'art; c'était un pandémonium. On y parlait haut, on y pensait haut, et c'était une bénédiction d'entendre les utopies, les systèmes, les doctrines se heurter, se discuter, se combattre, tout cela au milieu d'un jeu d'enfer, d'un concert ravissant et d'une triple et quadruple haie des plus jolies femmes de Paris. Un jour, un des orateurs habituels de ce club, qui avait parlé longtemps dans l'intérêt de la république, avait été accosté en sortant par un général de l'ancienne armée impériale. — « J'ai été ravi de vous entendre ce soir, mon cher baron, dit le général, vous avez été au-dessus de vous-même. Oui, oui, vous pouvez m'en croire, nous chasserons *un jour ces gens-là* et le temps n'en est pas éloigné. Gardez précieusement votre éloquence, mon cher baron, elle nous servira bientôt. Je ne vous dis que cela aujourd'hui; mais quelques jours encore, et je vous ferai peut-être une confidence qui vous comblera de joie et d'espoir. » Là-dessus on s'embrasse, on se presse la main comme des Guillaume Tell, des Procida, et l'on se jura, en serrant les dents, en élevant les yeux vers le ciel, qu'on rendrait à la France la conscription, la censure, la guerre générale, le sénat muet, et la cocarde tricolore.

Le lendemain matin, le préfet de police reçoit une lettre du directeur de la police secrète qui, tout en lui faisant des reproches assez amers sur le peu de soin qu'il prend de la sécurité de la famille et du gouvernement royal, le prie de vouloir bien venir immédiatement au château.

Le préfet s'y rend.

« Eh bien ! monsieur, lui dit le grand personnage fort avant alors dans la faveur du roi et des princes ; on conspire, on trame de nouveaux complots, et vous n'en savez rien ?...

— En effet, rien n'est encore venu à ma connaissance, monsieur le duc, répond M. Delavau, et je crois pouvoir vous assurer que...

— N'assurez rien, interrompit le duc, au moins avant d'avoir pris lecture de ce rapport. »

Le préfet prend le rapport qui lui est présenté, le lit avec attention : puis, retirant froidement de sa poche un autre rapport qui lui avait été adressé, à lui préfet, il le présente au duc en lui disant :

« Monsieur le duc, nous sommes quittes. »

Le rapport de M. le duc était signé par le baron X..., celui du préfet était signé par le général X...

Le duc se prit à rire : « Nos gens se sont trompés, monsieur, dit-il au préfet, et voici une plaisante aventure : je la conterai au roi ; cela fera rire Sa Majesté. »

Le courtisan courut près de son maître, et le préfet retourna à son hôtel. Le conte amusa les Tuileries et la rue de Jérusalem pendant vingt-

quatre heures, ce qui n'empêcha pas que les mêmes moyens amenassent encore en diverses circonstances les mêmes résultats.

On se demande si, condamné à être ainsi constamment sur ses gardes, un magistrat pouvait se
livrer à toutes les exigences de ses fonctions. Cependant on doit rendre justice à M. Delavau,
sauf quelques circonstances où il a sans doute obéi
trop aveuglement aux anciens erremens de la
police, telle que M. Decazes l'avait faite, il a montré plus d'une fois de la modération, de la douceur et une espèce de courage qui n'est pas commun chez nous, celui de mépriser les injures.
M. Delavau a exhumé d'anciennes ordonnances
tombées en désuétude, il a ravivé, rajeuni l'esprit de quelques autres, en a élaboré de nouvelles
et s'est acquis ainsi une sorte de réputation d'é-
rudition administrative.

A l'édilité de M. Delavau se rattachent plusieurs
améliorations qui ont embelli la ville de Paris et
qui ont ajouté à sa splendeur. Nous voulons parler du canal Saint-Martin, achevé et inauguré
sous son administration; de plusieurs quartiers
nouveaux sortis en quelque sorte de terre (les
quartiers François Ier, Saint-George), des boulevards nivelés, d'autres plantés entièrement, des
quais restaurés et élargis, enfin la création de
plusieurs marchés, remarquables presque tous
par l'élégance et la commodité de leurs bâtimens,
le système des trottoirs dans les rues de Paris, la

création des bornes-fontaines et l'adoption d'un plan de nettoiement général plus en rapport avec les besoins et l'accroissement de la première cité du royaume.

Certes, toutes ces choses utiles ne dérivent pas seulement de la préfecture de police, le Conseil municipal, le préfet du département, M. de Chabrol, l'un des meilleurs administrateurs que la ville de Paris ait possédés depuis longtemps, ont pour le moins autant de droits à la reconnaissance publique que M. Delavau; mais pour ceux qui savent combien l'action de la police est mêlée intimement à toutes les affaires de la capitale, combien elle peut entraver, affaiblir, annihiler même quelquefois les projets les plus utiles et les plus beaux, il restera constant que la reconnaissance publique ne saurait séparer le chef de la police du chef du corps municipal, et que du concours de ces deux magistrats est sorti, pendant une période de plus de six années, tout ce qui s'est fait de bon, d'honorable et d'utile.

M. Delavau avait succédé à M. Anglès le 20 décembre 1821; il donna sa démission le 6 janvier 1828. On sait que ce fut à cette époque que le ministère Villèle se dispersa pour faire place au ministère Martignac. M. Delavau, auquel le nouveau ministère avait offert de conserver son poste, ne voulut pas le garder. Il crut sa conscience intéressée à prendre sa retraite en même

temps que les hommes dont il avait épousé les
principes politiques, et hors des rangs desquels il
ne voyait point de salut possible pour la monarchie. Quelle que soit l'opinion qu'on puisse avoir,
cette conduite de M. Delavau paraîtra honorable
si on la compare aux apostasies, aux renonce-
mens effrontés qui ont affligé la France depuis
lors.

Les révolutions donnent de hauts et puissans
enseignemens de moralité; par malheur on les
oublie trop vite.

POLICE DE LA RESTAURATION.

IX.

M. Debelleyme,

Sixième préfet de police.

L'avénement du ministère Martignac, au commencement de l'année 1828, amena à la Préfecture de police M. Debelleyme, qui remplissait
alors les fonctions de juge d'instruction à Paris.

On a dit, et nous le répétons sans commentaires, que le ministère successeur du cabinet
Villèle était le plus rationnel, le plus patriotique
et le plus national que la France ait eu sous la
Restauration. Sans partager entièrement cette
opinion, nous avouerons que ce ministère, composé d'hommes modérés et voulant le bien, aurait pu sauver la monarchie si le salut public
dépendait de la loyauté et de la vertu des hommes
appelés au pouvoir. Malheureusement l'expérience a prouvé et l'histoire enseigne que les
plus vils intrigans politiques, que les hommes

sans convictions, sans foi, sans honneur, sont souvent bien plus aptes qu'eux à diriger le char de l'État et à conduire habilement dans le port la nef gouvernementale lorsque la tempête vient l'assaillir.

M. Debelleyme apporta à la Préfecture de police, le 6 janvier 1828, jour de son installation, les qualités qu'on avait pu reconnaître en lui lorsqu'il n'était que simple juge d'instruction : une sévérité rigide, un amour véritable du travail, une grande finesse de tact, et surtout, ce qui est de première nécessité dans une place semblable, une activité continue, que rien ne pouvait ralentir et que rien ne devait abattre.

Le nouveau préfet de police se hâta de faire dans l'administration importante qui lui était confiée les réformes que la *couleur* bien prononcée du ministère qu'il servait rendait nécessaires. La police fut à peu près rendue à l'esprit de son institution; elle cessa de camper au milieu des sacristies, sous le porche des temples, contre les bénitiers des églises; elle prit un essor plus rationnel, elle retourna dans les assemblées, dans les carrefours, sur les places publiques : la sécurité de la ville y gagna; la propreté, l'éclairage de la voie publique s'améliorèrent; et de nombreux suffrages excitèrent et encouragèrent les efforts du nouveau magistrat, à qui l'on se plaisait à prêter de bonnes et généreuses intentions.

Non content d'exhumer les anciennes ordon-

nances de police, M. Debelleyme en composa
d'utiles. C'est ainsi que par un arrêté sagement
motivé il ordonna aux propriétaires de faire
construire, dans un délai déterminé, des gouttières le long de leurs maisons. Avant lui, pendant les longues pluïes d'hiver et les grands
orages de l'été, les malheureux piétons étaient
cruellement arrosés par des douches qui tombaient de vingt et quelquefois de vingt-cinq mètres de hauteur. Le nouveau système appliqué
par M. Debelleyme devait garantir à jamais les
pauvres citadins de l'injure de ces cataractes
tecturales.

M. Debelleyme rendit aussi une ordonnance
concernant les enseignes et les auvents qui menaçaient, par leur saillie sur la voie publique,
la vie des citoyens. Cette ordonnance est utile,
et les successeurs de M. Debelleyme l'ont maintenue; mais s'il faut en croire un bruit de l'é-
poque, le préfet de police ne la mit à exécution
que pour atteindre un bien et satisfaire une
convenance particulière. Voici le fait :

Le duc d'Orléans (aujourd'hui Louis-Philippe)
avait fait terminer à grands frais le Palais-Royal.
Les ignobles galeries de bois avaient été remplacées par la belle galerie de pierre qu'on voit
aujourd'hui; les différentes arcades qui avaient
été vendues au profit des créanciers de Philippe-
Égalité rentraient petit à petit dans le domaine
de son fils, que les trésors de l'indemnité avaient

mis.à même d'agrandir sa fortune déjà colossale.
Mais le désordre s'était mis dans les enseignes
des marchands des anciennes galeries ; les pro-
spectus peints, bariolés, sculptés, étaient les uns
sur les autres, et présentaient à l'œil le plus grotesque spectacle. Quelques-unes de ces enseignes
étaient plus hautes que l'orifice de la boutique,
et plusieurs d'entre elles faisaient une saillie de
plusieurs mètres sur la voie publique. Il se décida
à invoquer la loi pour faire rentrer dans le néant
ce genre de charlatanisme commercial. Mais d'un
autre côté, le prince visait à la popularité et l'a-
vait obtenue. La perdre pour un si mince sujet,
la voir se briser, cette popularité, c'était renoncer aux bénéfices futurs qu'elle pouvait valoir. Avec cette exquise sagacité qui le caracté-
risait dès lors, le duc d'Orléans jugea la position,
et prit immédiatement son parti. Quelques momens d'entretiens affectueux avec le préfet de
police aplanirent les difficultés, et M. Debelleyme
rendit une ordonnance régulatrice à l'usage de la
capitale, mais qui ne devait réellement sa création qu'aux convenances du Palais-Royal. Les
enseignes tombèrent bientôt de toutes parts,
celles de la rue Quincampoix comme celles de
l'ancien Palais-Égalité ; le même niveau passa
sur toutes les boutiques, et la popularité du prince
ne vit pas le moindre nuage obscurcir son écus-
son tricolore.

Louis XII, en montant sur le trône de France,

avait dit à ceux qui le pressaient de tirer vengeance de ses ennemis : « Le roi de France ne
venge pas les injures du duc d'Orléans. » Louis-
Philippe, roi des Français, a donné une extension
à ce mot sublime et a dit : « Un roi de France se
souvient des services rendus à un duc d'Orléans. »
M. Debelleyme, comme tant d'autres, aurait pu
arriver sous le gouvernement de Juillet aux premières dignités de la magistrature; mais il aima
mieux cacher sa vie, et se relégua lui-même sur
le siége fort honorable, mais fort peu brillant, de
président du Tribunal civil de la Seine.

M. de Chabrol, un des meilleurs administrateurs que la ville de Paris ait eus, accomplissait
alors son système de dallage des boulevards,
d'établissement de trottoirs, de création de squa-
res et de plantations d'arbres le long des quais
et sur les places publiques. M. Debelleyme prit
part, autant que ses attributions le lui permettaient, à ces heureuses et municipes innovations.
Il ne resta étranger à aucune amélioration généreuse, et déploya tout le zèle d'un bon magistrat
pour la splendeur et l'accroissement de la cité.

La partie morale de l'administration générale
n'échappa point à M. Debelleyme. Avant lui, ces
misérables créatures jetées, comme autrefois les
esclaves numides à la férocité des tigres de l'am-
phithéâtre romain, jetées, disons-nous, à la
luxure et à la concupiscence des grandes villes,
étaient tenues de se présenter au *dispensaire*

pour se soumettre à l'examen des hommes de l'art. Un impôt était prélevé sur ces malheureuses (2 fr.), et souvent pour l'éviter elles ne se présentaient pas régulièrement. C'est assez dire que la santé publique dépendait de leur misère ou de leur avarice. M. Debelleyme sentit la portée d'une nécessité si affligeante ; il supprima l'impôt, et ferma ainsi la porte à toute excuse de la part de ces malheureuses, qui n'avaient plus leur pauvreté à objecter. L'arrêté de M. Debelleyme, considéré sous le rapport sanitaire et moral, est sans contredit très-louable et très-digne d'éloges ; il n'en est malheureusement pas de même sous le rapport administratif et philosophique. D'abord, l'impôt (abject si l'on veut) prélevé sur ces créatures était consacré à des dépenses qu'on est aujourd'hui forcé de faire supporter à des professions plus dignes d'intérêt (les chiffonniers, les charbonniers, les forts de la halle, les décrotteurs, sont obligés de donner une somme plus forte qu'autrefois pour l'obtention de leurs médailles); au contraire, la sûreté publique n'y a rien gagné, puisque malgré la suppression de cet impôt, le chiffre connu des individus attaqués de cette cruelle maladie qu'on voulait atteindre n'a pas été sensiblement diminué.

Pour parvenir au but que M. Debelleyme se proposait, ce n'était pas l'impôt qu'il fallait abolir, c'était le mode des visites médicales. Ces femmes ne sont, certes, ni des modèles de chasteté, ni des exemples de décence ; mais pourtant il se trouve dans ces créatures, même les plus profondément plongées dans le vice et la débauche, quelques faibles restes de pudeur et d'honnêteté. Voyez donc à quelle dure extrémité se trouve réduit ce reste de pudeur naturelle à la femme, lorsque chaque mois elle est obligée de venir deux fois, en plein jour, devant des Esculapes, fort instruits sans doute, mais dont les manières, le ton, les expressions, ne sont que trop appropriés à leur ministère, se livrer aux investigations les plus révoltantes. On peut le dire avec vérité, là est le mal, là est le mépris de l'humanité, là est le flagrant délit d'immoralité de l'administration. Rétablissez l'impôt si vous le voulez, mais ne forcez plus ces malheureuses femmes à paraître en plein jour, elles qui ne se livrent à leur cruelle industrie que dans les ténèbres, devant un aréopage persifleur. Ne les contraignez pas à chasser de leur âme, de cette âme que Dieu a faite de son souffle, le peu d'essence divine qu'elle contient encore, précieuse étincelle qui peut un jour les rappeler à la vertu. Rétablissez l'impôt, mais que des médecins désignés par la voix publique, que des hommes respectables autant qu'éclairés soient chargés de faire ces visites à domicile : entourez ces hommes de science de toutes les foudres de la loi, si vous craignez qu'on ne leur laisse pas exécuter leur mandat ; mais encore une fois ne laissez pas sub-

sister un scandale d'autant plus affreux que c'est
une administration qui a les *mœurs publiques*
dans ses attributions qui souille ces mœurs en
donnant chaque mois le spectacle d'une proces-
sion publique de Laïs de bas étage et de Phry-
nés à sordides salaires.

Une institution utile et qui fait le plus grand
honneur à M. Debelleyme est celle des sergens-
de-ville (1). Ces agens, employés spécialement à
assurer les voies de communication par la ville, à
prévenir les querelles, et à réprimer les manœuvres incessantes des filous et des vagabonds qui
se promenaient effrontément par la ville sous
l'égide de l'*habeas corpus* (loi qui ne devait être
appliquée en aucun temps et en aucun lieu à des
gens de cette espèce), sont une nouvelle garantie
d'ordre et de sécurité ; et l'on doit de la reconnaissance au magistrat qui a su, dans un but d'u-
tilité générale, trouver un nouvel auxiliaire à l'o-

(1) L'uniforme donné aux sergens-de-ville est peut-être trop
militaire. Pourquoi une épée, par exemple? n'est-ce pas une
confusion d'attribution et d'insignes dans un emploi tout civil?
Nous sommes un singulier peuple ; il faut des épées ou des
baïonnettes partout. Les émeutes et les séditions ont fait croître
des milliers de moustaches sur des faces fort peu belliqueuses, et
depuis vingt-quatre ans de paix générale on n'a jamais tant usé
d'uniformes, on n'a jamais tant vu de vanités armées. Un uniforme simple, comme celui des employés des douanes, par exemple,
aurait mieux convenu aux sergens-de-ville. En Angleterre, les con-
stables n'ont qu'une baguette à la main, et ils se font obéir de la
populace de Londres, pour le moins aussi insolente et irascible
que la populace de Paris.

20

béissance aux lois. Il appartient en effet à un gouvernement libre d'avoir une police patente, reconnaissable; on doit laisser aux pouvoirs despotiques le honteux privilége des agens déguisés et des sbires secrets.

Ce fut sous M. Debelleyme qu'une entreprise toute démocratique surgit tout à coup : nous voulons parler des *omnibus* ou voitures à cinq sous. Déjà, sous le règne de Louis XIV, un spéculateur de qualité avait essayé de créer des véhicules à frais communs (il nous reste encore une comédie du temps, intitulée *Les carrosses à cinq sous*), et avait obtenu du roi un privilége de 99 ans. Mais le dix-septième siècle était encore trop aristocratisé pour adopter une telle invention, et les voitures à cinq sous firent banqueroute. Il était réservé à notre temps de développer l'idée, et de la faire fructifier au profit du public et d'un petit nombre d'heureux actionnaires, au nombre desquels, assure-t-on, M. Debelleyme fut compté.

Sous Louis XIV, il était défendu aux conducteurs de recevoir dans ces voitures *des laquais, des ouvriers en habits de travail, des gens ivres.* Le préfet de police n'imposa pas de si dures conditions aux inventeurs du dix-neuvième siècle; si bien qu'un pair de France peut être placé dans l'omnibus entre deux valets en livrée; que le juge qui va siéger au tribunal correctionnel, s'y trouve parfois assis, côte à côte, avec l'homme sur le sort duquel il va prononcer tout à l'heure; et

que la petite maîtresse peut être assise tout juste
auprès d'un prolétaire à demi-ivre. L'omnibus est
une espèce de cimetière, où tous les rangs, toutes
les conditions, tous les états sont confondus; on
se prend, on s'enchâsse, on se quitte sans un salut, sans un mot, sans un geste; on paye, on ac-
quitte sa place, et c'est tout. L'omnibus est un
symbole du siècle où nous vivons; le *suum cui-*
que est gravé là sur tous les fronts : l'égoïsme,
l'impertinence, l'égalité, mais cette égalité dans
les manières et dans la mise, que l'on prend par
habitude, que l'on quitte par orgueil, sont sculptés sur tous les panneaux, se reflètent sur tous
les visages. C'est l'arche de Noé, c'est un paradis
commun, c'est un husting ambulant, c'est un lu-
panar, c'est tout ce qu'on veut, tout, excepté une
voiture.

Si l'on considère les omnibus sous le double
rapport de la morale et du commerce, on voit
que ni l'un ni l'autre n'ont gagné à cette invention renouvelée, non pas des Grecs, mais de nos
ancêtres. Comme nous ne faisons point ici une
page de roman, nous glisserons volontiers sur
les inconvéniens qui peuvent résulter de l'entas-
sement des sexes, et du plus ou moins de facilité
offert à tous les appétits déréglés : nous passerons
outre. Mais nous ferons remarquer, et au besoin
nous pourrions appuyer notre remarque de documens et de témoignages universels, que les
omnibus ont tué à Paris le commerce de détail;

qu'en particulier, sur les boulevards, la ligne la
plus étendue que les omnibus parcourent, la
vente chez les détaillans est diminuée d'un cinquième, et, dans quelques branches de commerce,
d'un quart. Cela, en économie sociale, peut fort
bien être regardé comme une vétille; cependant,
lorsque la vie de plus de vingt mille familles est
intéressée dans une question, il est permis de
remplacer des utopies commerciales par des faits
positifs. Ajoutons à ce grief, qui n'en sera pas un
pour M. Debelleyme, pour les coactionnaires
d'omnibus, pour les oisifs et pour les paresseux,
que Paris, qui a toujours eu la réputation d'être
la plus mal pavée de toutes les capitales de l'Europe, est encore, sous ce rapport, pire qu'il n'a
jamais été. Ces effroyables véhicules, qui entraî-
nent des masses énormes, tracent dans les rues
et sur les boulevards des sillons profonds, où des
voitures légères se perdent et se renversent. L'administration y porte remède autant qu'elle peut,
mais en vain, et la Ville perd elle-même avec ces
voitures, quoique l'impôt qui les frappe soit considérable. Comme les pièces de monnaie jetées
par le lion, dans la fable du *Tribut des animaux
envoyé à Alexandre*, les premières voitures dites
omnibus, qui n'étaient qu'au nombre de 150 sous
M. Debelleyme, ont eu une prodigieuse postérité : le nombre total de ces voitures s'élève aujourd'hui à plus de 1,000, ce qui ne prouve pas la
bonté de l'institution, mais ce qui prouve du

moins l'excellence de ses produits., et l'avantage
qu'ont pu tirer divers préfets qui ont succédé à
M. Debelleyme en suivant son exemple, en concé-
dant des lignes dans lesquelles ils faisaient gratui-
tement attribuer un intérêt à des tiers qui n'é-
taient parfois que leurs représentans.

On dit que M. Debelleyme avait l'intention de
purger nos mœurs de l'ignoble habitude qui nous
rend (nous si grand peuple et si bien civilisé), si
inférieurs aux Anglais, aux Espagnols, et à presque tous les habitans des grandes capitales du
Nord; nous voulons parler de ces mares hideuses
et fétides qui se renouvellent chaque soir à la
porte de nos théâtres, de nos assemblées, et souvent même jusque sur les bases de nos monumens
les plus précieux et plus dignes de respect; M. Debelleyme avait, dit-on, l'intention de faire construire des urinaires ambulans, et une ordonnance
sévère de police aurait forcé les cyniques Athéniens de l'Attique Gauloise de réformer une habitude grossière et barbare. Il y aurait eu certes
de grands obstacles à vaincre; on aurait crié à la
tyrannie, au despotisme, à l'arbitraire; mais il
n'en est pas moins vrai que c'eût été un immense
service rendu aux mœurs et à la décence publique; et que forcer un peuple à obéir aux lois im-
prescriptibles de la chasteté et des convenances
sociales, c'est user d'un droit que la morale donne
sans partage au magistrat (1).

(1) Sous l'un des successeurs de M. Debelleyme, des *Privés*

M. Debelleyme avait, dit-on, aussi le projet de supprimer les petites voitures traînées à bras par des hommes. Depuis quarante ans, des voix plus persistantes qu'éloquentes se sont élevées contre les travaux imposés aux nègres dans les colonies. La dignité de l'homme était compromise, selon les déclamateurs, par les charges que ces esclaves assimilés aux bêtes de somme traînaient continuellement. Ces négrophiles si éloquens, si diserts lorsqu'il s'agissait des noirs, ne peuvent trouver une parole pour frapper de réprobation cette coutume barbare qui, au milieu de Paris, transforme les blancs en chevaux et en mulets. Outre l'aspect dégradant que présente un malheureux qui traîne péniblement après lui une charge qu'un cheval ferait mouvoir à peine, il y a dans la résignation de cet homme (résignation produite par la misère ou par l'avarice) quelque chose d'horrible et de hideux; mais, dira-t-on, les Auvergnats, les Savoyards, les Limousins, qui se livrent à ces travaux, n'y sont pas forcés comme les nègres; c'est la cupidité qui les convie à se métamorphoser en brutes. Soit, mais il est du devoir des magistrats de réfréner les mauvaises passions, quelles que soient les couleurs dont elles se revêtent; et c'est agir sagement que d'imposer une barrière salutaire à

publics ambulans, connus sous le nom de _Vespasiennes_, parurent dans Paris ; mais ce n'était qu'une entreprise particulière et non protégée par des arrêtés de police. L'entreprise échoua après avoir absorbé plus de 200,000 francs.

la basse avidité de ces hommes pour qui l'argent
est un dieu, un symbole. Chez les Romains, chez
les Grecs, les plus pauvres citoyens se seraient
crus déshonorés s'ils avaient usurpé sur la voie
Appienne ou sur la jetée du port du Pyrée de pareils labeurs. En 1828, il était beau de penser à
relever une portion du peuple de l'état d'abjec-
tion où il aimait à se vautrer : depuis 1830, c'est
un devoir pour le magistrat. La souveraineté du
peuple une fois proclamée, il est en effet horrible
et funeste de penser qu'une parcelle de cette souveraineté se dégrade au point de devenir six heures par jour bête de somme. Quand Circé changea les compagnons d'Ulysse en pourceaux, elle
écoutait la voix d'une passion violente; en rappelant les hommes à la dignité de leur être, le
préfet de police écouterait aussi le langage d'une
passion énergique, magnanime, celle du patriotisme et de l'amour de l'humanité.

En considérant d'ailleurs l'industrie dont nous
parlons sous un autre point de vue, on ne peut
disconvenir qu'elle soit la cause d'une multitude
d'événemens funestes. Ces nuées de petites voitures, qui ne peuvent rivaliser de vitesse avec les
chevaux, s'accrochent, se heurtent, se mêlent,
et trop souvent déterminent des accidens graves,
dont ceux qui les traînent sont les premières victimes (1). Leur stationnement sur la voie publi-

(1) Les maladies que ce genre de labeur engendre retombent
presque toujours à la charge des hôpitaux, et l'on a calculé que

que (comme les voitures de porteurs d'eau par exemple) est également nuisible à la circulation et à la sûreté des passans. En un mot, les voitures à bras sont un fléau et une honte pour Paris et pour l'humanité.

M. Debelleyme avait préparé plusieurs autres ordonnances, toutes marquées au coin de l'intérêt public. Deux entre autres, dont son successeur adopta la responsabilité, et qui, semblables à la robe de Nessus, dévorèrent le magistrat qui n'en était pas l'auteur, mais seulement le signataire, prouveraient que la sollicitude de M. Debelleyme s'étendait à tout, et ne reculait devant aucun sacrifice, même celui de la popularité. Seulement, en homme doué d'une grande prévoyance, d'un tact exquis et d'une prudence qu'il n'a jamais démentie, M. Debelleyme ne voulut pas publier, à la veille d'une retraite politique, des règlemens de police qui auraient nui à cette popularité qu'il recherchait. Il légua à son successeur la délicate mission de promulguer des mesures utiles mais dangereuses, car l'irascibilité populaire commençait à s'augmenter des cris des factions, et tout présageait une crise prochaine et imminente.

chaque Auvergnat ou Limousin entrant dans un hospice pour se faire traiter de fièvres, hernies ou blessures graves, coûtait plus de 300 francs à l'administration. L'économie publique n'est donc pas moins intéressée que l'humanité à la suppression de cette plaie.

M. Debelleyme se retira donc de la préfecture, laissant après lui le gage d'une explosion qui devait, combinée avec les malheureuses mesures politiques d'un ministère antinational, produire une catastrophe dont le résultat serait le triomphe et la puissance de ses amis politiques.

M. Debelleyme rentra dans l'arène judiciaire ; il est aujourd'hui président du tribunal civil de la Seine.

POLICE DE LA RESTAURATION.

X.

M. MANGIN,

Septième préfet de police.

M. Mangin, préfet de police lorsqu'éclatèrent
les événemens de juillet 1830, fut à cette époque, comme tous les hommes de parti, l'objet
des jugemens les plus divers. Accusé avec une
acrimonie furieuse par les vainqueurs, timide-
ment défendu par les vaincus ralliés, il est mort
depuis lors dans la retraite, sans avoir vu luire
pour lui le jour de la justice et de l'impartialité.
Nous allons dire quel il fut comme homme et
comme magistrat, laissant au lecteur le soin de
se former une opinion personnelle sur ses intentions, d'après ses actes et les habitudes de toute
sa vie.

Admis dès l'âge de seize ans au barreau de Metz
à la suite de fortes et sérieuses études, M. Mangin, ardemment soutenu par le zèle et l'amitié de
son ancien condisciple, M. de Serres, devenu

garde des sceaux, monta rapidement du banc des avocats au siége de la magistrature. Successivement procureur du roi et procureur-général à la Cour de Poitiers, il se fit remarquer par l'exagération de son zèle lors de la conspiration de Berton, en février 1822. On se rappelle qu'il osa, dans son réquisitoire, attaquer plusieurs membres de la Chambre des députés, qui essayèrent vainement de le poursuivre. Nommé officier de la Légion-d'Honneur, et bientôt conseiller à la Cour de Cassation, ce fut sur son siége d'inamovibilité que le ministère Labourdonnaye vint le chercher pour le revêtir des fonctions de préfet de police de la ville de Paris.

M. Mangin apporta dans cette haute position la consciencieuse activité, le désintéressement, l'amour du bien, qui faisaient la base de son caractère. Peut-être la nature de son esprit ne le rendait-elle pas propre à la direction d'une administration aussi vaste, aussi compliquée que celle de la préfecture de police; quoi qu'il en soit, il accepta le poste qui lui était offert, jugeant à bon droit que l'honnête homme pouvait là, comme sur les fleurs de lis, préparer le bien, combattre le mal, acquérir enfin des droits à la gratitude et au respect de ses concitoyens.

Cependant, l'opinion publique, dirigée par les feuilles de l'opposition monarchique et les journaux du parti républicain, s'était soulevée à l'avénement au pouvoir du ministère Polignac. On

n'a pas oublié quelles sinistres prophéties venaient chaque matin battre en brèche les bases
du trône, ébranler la confiance populaire et solliciter la fidélité de l'armée. C'était un concert de
malédictions et d'anathèmes qui se métamor-
phosa en coups de fusil le jour même où le dra-
peau blanc reconquérait sur la côte d'Afrique sa
splendeur de Bouvines, de Laufelt et de Fontenoy.
L'impopularité qui entourait MM. de Polignac,
Peyronnet, Chantelauze, Bourmont, Montbel,
d'Haussez, Guernon-Ranville, rejaillissait naturellement sur le préfet de police M. Mangin. On
s'accoutuma à ne voir en lui qu'une créature du
bon plaisir et de la camarilla; qu'un ambitieux,
qu'un sbire haut placé, tout prêt à jeter le poids
de ses faisceaux édilitaires dans les balances du despotisme et de la tyrannie. Cependant, rien n'était
plus éloigné du caractère et de l'âme de M. Mangin : tous ceux qui l'ont connu peuvent dire quel
homme digne c'était; quel citoyen, quel magistrat incorruptible, quel fonctionnaire exempt de
faiblesses et de passion.

Deux causes, en apparence bien infimes, pro-
duisirent ou du moins aidèrent à produire de
grands effets, et furent pour le mécontentement
public, lorsqu'il éclata au mois de juillet 1830,
des auxiliaires bien puissans.

M. Mangin, en entrant à la préfecture de police, trouva deux ordonnances élaborées, mais
non promulguées, par son prédécesseur. La pre-

mière concernait les filles publiques, et imposait
à ces malheureuses des heures de sortie et d'autres mesures que la décence publique réclamait
depuis longtemps; la seconde avait pour objet
le classement des forçats et des repris de justice
libérés qui habitent Paris, et dont le séjour, quand
il n'est pas suffisamment connu de la police, peut
avoir de si fâcheux résultats pour la sûreté de la
capitale. On présenta ces deux ordonnances à la
signature du nouveau préfet : M. Mangin les mé-
dita longtemps, reconnut la sagesse des vues qui
les avaient dictées, et ne balança pas à y apposer
sa signature, à les prendre sous sa responsabilité
et à en ordonner la promulgation ; ne se doutant
pas que deux actes, fruits de la sollicitude de son
prédécesseur et de la sienne propre, attireraient
sur lui seul, de la part des citoyens même les
plus étrangers aux sortes de gens dont il était
question dans les ordonnances, une haine, une
animadversion dont il faut avoir été témoin pour
y croire.

En effet, dès que ces deux arrêtés furent connus, la presse poussa un long cri d'alarme; les
prêtresses des voluptés banales et les forçats libérés trouvèrent dans les colonnes des journaux
opposans d'officieux avocats sur l'appui desquels
ils ne comptaient certes pas. On fit sur ces deux
actes d'une bonne police, d'une saine morale,
les commentaires les plus faux, les plus bour-
soufflés, et tous ces articles dirigés contre le ma-

gistrat qui dédaignait de se défendre, sûr d'avoir accompli un devoir, finirent par des appels à la révolte, par des résistances à la loi. On eût dit, dans cette burlesque occasion, que le salut de la France était attaché à l'indépendance des Luper-cales, et que de l'*incognito* des citoyens forçats libérés dépendait la gloire de la nation. Ces pro-vocations portèrent des fruits bien amers, lors-que les fatales ordonnances du 25 juillet furent rendues. On vit en effet alors ces hommes qui n'ont d'autre profession que leur infamie, descendre dans la place publique, et être les premiers à al-lumer les brandons de la guerre civile. Des chefs d'insurrection qui ne savaient rien de leurs an-técédens, de leur vie, voulurent du moins pro-fiter de leur ardeur. On s'empara de leurs bras; on les fit mouvoir; les habiles tirèrent de la haine aveugle de ces misérables un excellent parti; tandis qu'eux ne voyaient dans le massacre des citoyens qu'une prime accordée par la licence aux entraves qu'un magistrat avait résolu d'ap-porter à leurs moyens d'existence et à leur position antisociale. Cette considération sur les événe-mens de juillet, qui a été omise, et probablement à dessein, de tous les rapports de cette époque, mérite d'être consignée, et si ce n'est pas pour l'édification de nos contemporains que nous écri-vons ces lignes, ce sera du moins pour l'ensei-gnement des moralistes et des politiques (1).

(1) On compte à Paris plus de trois mille *protecteurs* de mau-

A notre avis, on doit tenir compte aux magistrats, non-seulement de ce qu'ils ont fait de bien, mais encore de ce qu'ils ont voulu faire

vais lieux. Il y avait à Paris, en 1830, vingt-huit mille forçats libérés. Si on joint à ce nombre déjà prodigieux plus de six mille vagabonds et hommes sans aveu connus de la police, mais qu'elle ne peut arrêter en dehors des cas de flagrant délit, on atteindra le chiffre effrayant de trente-sept mille hommes. On voit quel parti on pouvait tirer dans un moment d'effervescence populaire d'un si grand nombre d'individus n'ayant rien à perdre et tout à gagner. A Dieu ne plaise que nous voulions dire que la majorité des combattans de juillet fussent pris dans ces rangs abjects. Il en était certes tout autrement; nous avons vu par nous-même, et en grand nombre dans les rangs insurrectionnels d'alors, des hommes honorables et purs, des citoyens de courage et de conviction : les étudians comptaient dans ces rangs, et avec eux, avant eux même, des ouvriers intrépides, de vieux soldats que l'odeur de la poudre avait réveillés. Mais d'autres, malheureusement, appartenaient aux catégories que nous signalons. Une justice à leur rendre, au reste, c'est qu'ils se laissaient diriger avec une résignation exemplaire, et que l'on était même parvenu à établir parmi eux une discipline fort sévère. Nous avons suivi personnellement la marche des trois journées de combats, et nous nous rappelons fort bien avoir remarqué que les bandes où se trouvaient des filles publiques étaient celles qui déployaient le plus d'irascibilité et d'énergie pendant le péril. Quand la victoire fut décidée le 29 au soir, une partie des combattans, nouveaux Médors, allèrent chercher celles de leurs Angéliques qui expiaient à la préfecture de police des contraventions à l'ordonnance de M. Mangin. Le peu d'employés qui étaient restés fidèles à leur poste pendant le danger, reçurent les réclamations martiales de ces citoyens, qui étaient au nombre de plus de quinze cents. On leur promit de leur rendre immédiatement les détenues qu'ils venaient si singulièrement réclamer au nom de la patrie qu'ils se vantaient d'avoir sauvée, et de la gloire dont ils venaient de se couvrir. Par mesure de précaution et de décence publique toutefois, on ne jugea pas à propos de les réunir dans la cour de la dans l'intérêt général. C'est ainsi que par les études toutes spéciales que M. Mangin avait fait faire lors de sa courte administration, il est prouvé que son intention était d'extirper des rues, des boulevards et des promenades de la capitale ces jeux de hasard qu'une tolérance coupable multipliait depuis vingt ans d'une manière effrayante, et dans un seul intérêt fiscal. La santé du peuple avait aussi fixé son attention, et tout le temps qu'il fut préfet de police, de nombreuses visites furent faites par ses ordres dans les cabarets, où des chimistes habiles décomposaient, devant les commissaires et les agens spéciaux, les breuvages destinés aux plus pauvres citoyens, pour s'assurer s'ils ne contenaient rien de malfaisant. Frauder sur le poids du pain, principale nourriture du pauvre, est un délit (j'allais dire un crime) que commettent jour-

---

Préfecture. On congédia les réclamans par le quai des Orfévres, et on fit immédiatement sortir les femmes par le guichet du quai de l'Horloge et le pont au Change. De cette manière, les uns et les autres ne se rejoignirent qu'à la porte de leurs logis respectifs, où la pudeur publique n'avait plus rien à redouter.

N'oublions pas de mentionner ici deux faits dignes de remarque : les premières victimes de ces journées à jamais déplorables, où le sang français coula par des mains françaises, furent des filles publiques ; les premiers coups de fusil dirigés sur la garde royale *française* furent tirés par des *Anglais*. La conquête de l'Algérie portait déjà ses fruits ; car on ne supposera pas que des Anglais fussent assez nos amis pour défendre nos libertés attaquées. Il y a un grand air de parenté entre les prouesses anglaises de 1830 et les balles anglaises d'Héliopolis et de l'Algérie.

nellement la plupart des boulangers de Paris.
M. Mangin le savait, et il tint la main avec rigueur à l'exécution des arrêtés qui régissaient la
matière. Peut-être fut-ce l'accomplissement de ces
devoirs d'un loyal magistrat, pratiqués avec une
minutieuse et ardente exactitude, qui empêcha
M. Mangin de prétendre à cette popularité que
d'autres n'avaient pas hésité à conquérir aux dé-
pens de la dignité de leur robe, de la gravité de
leurs fonctions, de la sainteté de leurs devoirs.
Le peuple, trop peu éclairé pour connaître ceux
qui le servent et qui veillent avec sollicitude sur
sa santé, sur ses mœurs, sur ses intérêts, se fait
d'ordinaire facilement l'écho des malédictions
que les intéressés de tout état lancent contre les
magistrats dignes de ce nom, et mêle, pauvre
idiot qu'il est, ses anathèmes à ceux de ses ex-
ploiteurs quotidiens.

Le triomphe du peuple annihilant tous les
pouvoirs émanés de l'autorité royale, M. Mangin
quitta, le 28 juillet au soir, la Préfecture de police, aussi pauvre, aussi pur que lorsqu'il y était
entré. Et cependant il aurait pu s'emparer de la
caisse des fonds secrets (1) qui contenait plus de

(1) Les ennemis mêmes de M. Mangin reconnurent que la
caisse de la préfecture de police était demeurée intacte tant qu'il
était resté dans l'hôtel, et que personne, avant et pendant le combat des trois jours, n'y avait puisé. Et cependant elle se trouva
vide ! Le peuple fut accusé de l'avoir pillée ; mais le peuple ne pénétra point dans les appartements ni dans les bureaux de la préfecture : nulle part d'ailleurs il ne souilla sa victoire par le pillage.

8oo,ooo francs, et aller loin de Paris jouir d'une aisance dont personne sans doute ne se serait cru le droit de s'étonner, car il n'est pas rare de voir, par le temps qui court, l'opulence venir s'asseoir au foyer de l'homme dont le pouvoir n'a pas dépassé deux jours. — Il ne le fit pas; — il s'en alla, secouant la poussière de ses pieds, du palais où la calomnie avait empoisonné ses moindres actions; il s'en alla, tenant comme Caton l'ancien sa vertueuse épouse par la main, et se faisant précéder de ses jeunes enfans, qui ne connaissaient de l'opulence et des honneurs que le plaisir de secourir l'infortune.

En marchant vers la demeure d'un ami qui lui avait offert l'hospitalité (hospitalité qu'il n'était pas sans péril de faire accepter), M. Mangin put entendre les vociférations, les chansons effroyables, les anathèmes sanglans dont quelques-uns des citoyens dont nous avons parlé poursuivaient son nom. Nul doute qu'alors s'il fût tombé entre leurs mains sa vie n'eût été en danger; mais il échappa comme par miracle, et put gagner sans encombre l'asile qui lui avait été préparé à Bruxelles, où il séjourna sous le nom de Meunier jusqu'à ce que la Révolution de Belgique le forçât de se retirer en Prusse.

M. Mangin n'éprouva nul regret de la perte d'un poste pour lequel il avait renoncé à la plus haute position judiciaire. Il se soumit avec résignation au coup dont le frappait la Providence, et s'il repandit des larmes amères, ce ne fut ni sur lui, ni sur sa femme et ses enfans sans fortune, mais sur les malheurs de la France, sur les maux qui menaçaient la patrie.

M. Mangin retourna aux tranquilles élucubrations de la méditation et de l'étude ; et sitôt qu'il put rentrer en France, il se fit inscrire de nouveau sur le tableau des avocats de la Cour royale du département de la Moselle.

C'est dans les paisibles et nobles labeurs du barreau, c'est au milieu d'une famille aimée, près d'une épouse respectable qui, pour la douzième fois, l'avait rendu père trois jours avant celui où furent signées les fatales ordonnances de juillet, que la mort vint le frapper au commencement de l'année 1836, à l'âge de soixante-un an.

Un seul mot terminera dignement ces lignes consacrées à la mémoire d'un magistrat homme de bien : M. Mangin mourut pauvre, et ne laissa pour fortune à sa femme et à ses enfans que les éventuels souvenirs d'une reconnaissance politique, dont les témoignages ont vainement cherché à se traduire par une souscription rémunératoire restée en projet.

1830.

LES PETITS PRÉFETS.

XI.

On dit les *petits prophètes*, on dit les *petits poëtes grecs*, pour désigner dans l'antiquité sacrée et profane les prophètes et les poëtes qui n'ont laissé que peu de traces de leur passage. Il nous a semblé qu'on pourrait appeler les *petits préfets* un groupe de magistrats qui n'ont fait que séjourner transitoirement dans des temps de troubles et de malaise civils à la Préfecture de police, et dont l'existence éphémère n'a été signalée par aucun acte remarquable.

Cicéron raillait agréablement Vatinius sur ce que ce patricien n'avait été consul que peu de jours; il disait que c'était une merveille que sous son consulat on n'eût vu ni hiver ni printemps,

ni été ni automne. Et, ce même Vatinius repro-
chant de son côté à Cicéron de ne l'être pas
venu visiter pendant son consulat, le prince des
orateurs romains lui répondait qu'il en avait eu
le dessein, mais que la nuit l'avait surpris.

N'est-il pas tel préfet de l'époque que nous
rappelons, duquel on eût presque pu dire la
même chose?

M. BAVOUX.

M. Bavoux avait été un des professeurs de
l'Ecole de Droit de Paris. En 1817 ou 1818, un
procès passablement scandaleux qu'il soutint
contre le pouvoir lui donna une sorte de célébrité et lui valut les éloges outrés de la presse
libérale de l'époque. Mais tout s'oublie, et les
scandales scolastiques plus vite que d'autres.
M. Bavoux rentra bientôt dans l'obscurité, et l'on
n'entendit plus parler de lui pendant les dernières
années de la Restauration. On ignorait à Paris la
présence et l'existence même de M. Bavoux,
lorsque le 29 juillet 1830 il fit son entrée à la
Préfecture de police *proprio motu*. Il y resta
quarante-huit heures, ni plus ni moins, et on-
ques depuis on n'entendit plus parler de ce magistrat improvisé.

M. Bavoux est conseiller à la Cour des comptes et député. Il a publié quelques ouvrages de
droit, entre autres la *Jurisprudence du Code*

Napoléon, des *Leçons préliminaires sur le Code pénal*, et le *Praticien français*, ou l'*Esprit et la Théorie du Code de procédure.*

M. GIROD (DE L'AIN).

M. Girod (de l'Ain) faisait partie des fameux 221. Il succéda à M. Bavoux le 1ᵉʳ août 1830, et resta jusqu'au 10 novembre de la même année à la Préfecture de police. Dans cette haute et importante position, il ne fit rien et se contenta d'apposer sa signature sur les ordonnances annuelles. M. Girod (de l'Ain) reprit bientôt son siége à la Chambre des députés, dont il fut vice-président et président. Depuis, la faveur royale a élevé M. Girod (de l'Ain) à la pairie; il est en outre président du conseil d'État. On accorde généralement à M. Girod (de l'Ain) une rare perspicacité et un grand amour du travail et des affaires. Il n'a laissé aucune trace de son passage à la Préfecture de police et s'en est allé à peu près comme il était venu.

M. TREILHARD.

M. Treilhard, dont le nom était déjà connu dans les fastes parlementaires de la France, succéda à M. Girod le 10 novembre. Mais soit que le fardeau de l'administration de la police lui

parût trop pesant, soit que les dispensateurs suprêmes des grâces à cette époque eussent quelque
motif de le trouver inhabile ou insuffisant, il n'y
resta que six semaines. Dès le 27 décembre,
M. Baude était appelé à le remplacer.

M. BAUDE.

M. Baude, membre de la Chambre des députés, ne fit pas un long séjour à la Préfecture
de police; il rendit toutefois quelques arrêtés utiles, et l'on eût pu attendre de ses excellentes intentions et de sa capacité des mesures
propres à rassurer les esprits, lorsqu'un de ces
événemens imprévus, qui éclatent à intervalles
dans les temps de trouble et de fermentation,
vint décider de sa retraite qu'il opéra presque
immédiatement.

Le 13 février 1831, une manifestation royaliste eut lieu dans l'église de Saint-Germain-
l'Auxerrois, où l'on célébrait un service pour le
duc de Berri. Aussitôt des nuées d'hommes en
guenilles, hideux à voir, hideux à entendre, se
répandent par la ville, entrent dans les églises,
abattent les croix, déchirent les tableaux, dé-
couvrent les ossemens des morts, se livrent dans
le sanctuaire même à des jeux impies, font re-
tentir les voûtes sacrées de chansons obscènes,

21 *

et finissent par saccager l'église métropolitaine et l'archevêché qui y était contigu.

La police, il faut le dire, à laquelle il eût peut-être été impossible de prévenir ces odieuses saturnales, ne déploya pas pour leur répression l'énergie et la décision nécessaires. C'était sans doute par un sentiment exagéré du respect dû aux opinions et aux croyances, que l'on avait toléré dans l'ancienne paroisse du Louvre et des Tuileries une agglomération royaliste le jour anniversaire de la mort du duc de Berri; mais si ce n'était pas là une première faute, ce fut du moins une grande incurie de ne pas entourer l'édifice religieux de toutes les garanties d'ordre et de sûreté propres à rassurer les citoyens contre des tentatives provocatrices ou subversives.

M. Baude, éclairé par cet événement sur l'immense responsabilité qui pèse dans des temps d'exaltation politique sur le magistrat spécialement commis au maintien de l'ordre et de la tranquillité dans la cité parisienne, donna sa démission, qui fut acceptée le 25 février. Il retourna à son banc de député où, depuis, il n'a pas cessé de siéger parmi les conservateurs du centre gauche.

M. Baude fait partie du conseil d'Etat, en qualité de conseiller en service ordinaire.

M. VIVIEN.

La préfecture de police était, à l'époque que nous décrivons, comme la pantoufle du conte de fées; c'était à qui l'essayerait. Après l'honorable M. Baude qui déguerpit de la Préfecture le 25 février 1831, vint M. Vivien, membre également de la Chambre, lequel ne séjourna que sept mois à l'hôtel de la Préfecture. Hâtons-nous, du reste, de le dire ici, M. Vivien, dans ce court espace de temps, montra qu'il y avait en lui l'étoffe et la volonté d'un vigilant magistrat. Il paya souvent de sa personne dans ces temps d'émeutes quotidiennes et de séditions hebdomadaires; il prouva qu'avec le temps il pourrait devenir un homme nécessaire, car il était appliqué, travailleur, savait écouter les avis et ne se montrait hostile à aucun conseil. Cependant, soit que M. Vivien eût reconnu l'impossibilité de faire alors tout le bien qu'il méditait, soit qu'il n'eût pas inspiré assez de confiance au pouvoir, obligé de réfréner énergiquement la souveraineté du peuple se traduisant à tous les coins de rues par des attaques et des fusillades, on le déchargea au bout de quelques mois de ses fonctions, et le 25 septembre 1831 il opérait sa retraite du poste important où le bon vouloir, l'humanité, le patriotisme éclairé étaient entrés avec lui. M. Vivien alla reprendre sa place à la Chambre des députés, où son amour du travail,

sa probité, ses lumières, lui ont acquis une juste
prépondérance. M. Vivien, conseiller d'État en
service ordinaire, a publié il y a quelques mois,
dans la *Revue des Deux-Mondes*, une notice sur
la police, qui témoigne à la fois de ses lumières,
de ses vues élevées et de son amour du bien public.

M. SAULNIER.

M. Saulnier, qui succéda à M. Vivien, avait été
préfet sous l'Empire. Pendant la Restauration il
s'était livré à la culture des lettres et des sciences, et, aidé de quelques capitalistes, il avait élevé
une feuille qui avait justement acquis une grande
célébrité, la *Revue Britannique*. Mais comme il ne
suffit pas d'avoir été un préfet impérial distingué
pour devenir un bon préfet de police; comme on
peut être fort instruit sans pour cela posséder
les lumières convenables au chef d'une administration aussi importante, M. Saulnier s'aperçut,
en homme d'esprit, de son insuffisance administrative. Il eut la franchise de faire part de ses
scrupules au ministre dirigeant, qui lui donna,
dès le 15 octobre, un successeur.

M. Saulnier ne resta donc que vingt jours à la
tête de la police, ce qui est bien peu, mais ce qui
est assez si l'on considère les malheurs qui peuvent arriver dans la capitale sous un préfet de
police peu entendu et peu façonné aux rudes
exigences de ses fonctions.

M. Saulnier fut remplacé par M. Gisquet.

A proprement parler, les six préfets dont nous venons de présenter les silhouttes, n'avaient été, en quelque sorte, que les gardiens transitoires qui conservaient à l'heureux M. Gisquet le siége de la Préfecture de police.

XII.

M. Gisquet.

Un biographe appartenant au parti radical, un de ces hommes contre lesquels M. Gisquet, préfet de police, eut tant à lutter alors que les passions politiques fermentaient si activement, que l'émeute grondait par les rues, et que la guerre civile éclatait au sein même de la capitale; l'écrivain qui, dans la *Biographie des hommes du jour*, dont il a la direction, s'était plus d'une fois montré le détracteur passionné de M. Gisquet, a tracé de lui, dans la notice plus que sévère qu'il lui consacre, le portrait suivant :

« En étudiant M. Gisquet par ses actes, nous » avons trouvé en lui un homme doué d'une haute » capacité administrative, d'une énergie peu » commune, d'un courage que six années d'é-

» preuves de tout genre n'ont pas vu se démentir
» un seul instant, et qui paraît ne point l'aban-
» donner aujourd'hui que tout l'abandonne;
» même, et surtout, les hommes du pouvoir, qui
» le considérèrent si longtemps comme leur Pro-
» vidence. »

Rien, pour notre part, ne nous semble plus à
l'abri du soupçon de partialité que cette appréciation sortie d'une plume radicale. Il est vrai que le
blâme et parfois l'injure suivent de près cet éloge,
dans l'écrit auquel nous avons cru devoir l'em-
prunter. Quant à nous, dégagé que nous sommes
de tout esprit de parti, et habitué à ne juger les
personnes que d'après leurs actes, nous nous
attacherons à être vrai et impartial pour ce magistrat, comme nous l'avons été pour ses prédécesseurs.

Né à Vezin (Moselle), le 14 juillet 1792, M. Gisquet (Henri-Joseph) entra dans la vie sous des
auspices peu favorables. Son père, simple lieutenant de douanes, n'avait pour subvenir aux
besoins de sa famille, composée de sa femme et
de sept enfans, que les modiques appointemens
de son emploi. M. Gisquet ne reçut donc qu'une
éducation restreinte, dont il profita d'ailleurs
autant que possible, grâce à son précoce amour
du travail et à son assiduité.

Vers la fin de 1808, M. Gisquet, alors âgé de
seize ans, vint à Paris et obtint un emploi de co-
piste dans les bureaux de MM. Périer frères, ban-

quiers, auxquels il avait .été recommandé par
M. Mathieu de Montmorency; noble patronage
dont le jeune homme prit à cœur de se montrer
digne. Ardent au travail, doué d'une intelligence
rare et d'une mémoire prodigieuse, il ne pouvait
rester longtemps placé au dernier rang des employés : trois mois s'étaient à peine écoulés, qu'on
lui accordait une gratification et 600 francs
d'appointemens, chiffre qui fut doublé avant
l'expiration de la première année. Ce fut alors
une grande joie pour le jeune commis de pouvoir
être en aide à son père, à ses frères, à ses sœurs,
pour lesquels il avait conservé la plus vive affection.

Casimir Périer, l'homme d'État le plus éminent
que la France ait eu à regretter dans ces derniers
temps, apprécia bien vite la capacité du jeune
Gisquet; il sentit, ainsi qu'il le disait lui-même,
qu'il y avait là plus d'étoffe qu'il n'en fallait pour
faire un commis; il le chargea donc de la tenue
des livres de sa maison de banque, emploi fort
important, qui demandait une aptitude particulière, et que M. Gisquet remplit jusqu'en 1817.
A cette époque, bien qu'il eût largement ouvert
sa bourse à sa famille et souvent même à ses amis
pendant les dix années qui s'étaient écoulées, il
se trouvait déjà possesseur d'un petit capital qui
lui permettait de songer à se faire une position
indépendante. Il fonda alors au Havre, avec le
concours de quelques amis, une maison de com-

merce, en société avec M. Théodore Brunet, fils d'un des associés de la maison Périer. Tous deux avaient pressenti la prospérité que le retour de la paix devait assurer si rapidement au port de mer le plus voisin de la capitale. Les premières opérations de cette maison furent heureuses, et tout faisait espérer aux jeunes associés les résultats les plus satisfaisans, lorsqu'une crise désastreuse vint jeter l'inquiétude et la perturbation dans le commerce. La maison de banque de MM. Périer en fut un moment effrayée, et le chef de cette maison s'empressa d'appeler près de lui M. Gisquet, dont la capacité et le dévouement pouvaient dans cette circonstance difficile lui être d'un si grand secours. Celui-ci n'hésita pas: il accourut à Paris; il parvint en peu de temps à remettre les affaires de ses bienfaiteurs dans leur état normal, et à leur rendre à eux-mêmes la confiance que leur situation devait leur inspirer. Satisfait de ce résultat, il se disposait à retourner au Havre; mais, cédant aux instances de MM. Scipion et Casimir Périer, il renonça à son établissement personnel, et devint, le 1er janvier 1819, leur associé. Deux ans après, M. Scipion mourut, et comme déjà Casimir Périer était engagé dans la lutte politique où il devait briller d'un si grand éclat, la maison de banque n'eut plus en réalité d'autre chef dirigeant que M. Gisquet.

La durée de cette société était de six ans; M. Gisquet y acquit une fortune de 500,000 fr.

environ. A son expiration, M. Joseph Périer ayant désiré entrer comme associé gérant dans la maison de son frère, dont il est encore aujourd'hui le chef principal, M. Gisquet se décida à fonder de son côté une maison de banque, entreprise que M. Casimir Périer lui rendit facile en le commanditant pour une somme égale à celle qu'il avait honorablement acquise.

Ce fut à cette époque que M. Gisquet commença à s'occuper des affaires publiques : élève de Casimir Périer auquel il était doublement uni par les liens de la reconnaissance et de l'amitié, il se jeta résolument dans l'opposition, et compta au nombre des premiers membres de la Société *Aide-toi le ciel t'aidera*. Ce fut chez lui, dès lors, qu'eurent lieu les réunions électorales et les scrutins préparatoires pour le deuxième arrondissement. Seize fois de suite il fut nommé par l'opposition scrutateur dans les élections des petits et grands colléges.

En 1828, M. Gisquet fut élu juge suppléant au Tribunal de commerce; mais un grave accident, un malheur imprévu, qui le frappa vers la fin de cette même année, l'empêcha d'occuper immédiatement le siége consulaire où l'avait appelé la confiance de ses concitoyens : comme il chassait dans le bois de Saint-Martin, à Boissy-Saint-Léger, son fusil éclata et lui fracassa le poignet gauche. Craignant d'alarmer sa famille, il applique lui-même un premier appareil sur cette blessure,

revient à Paris et fait appeler un chirurgien.
L'amputation était indispensable; il la fit prati-
quer immédiatement, et ce fut seulement après
cette cruelle opération, qu'il alla faire part à sa
famille de l'événement qui venait de mettre ses
jours en péril : « Tout danger est passé, dit-il alors,
il ne résultera de tout cela que l'économie d'un
gant par paire. »

Bientôt le ministère Villèle fut renversé. L'association parisienne pour le refus de l'impôt
nomma des commissaires chargés de recueillir
les signatures; le nom de M. Gisquet fut inscrit
au premier rang parmi ceux des citoyens auxquels était confiée cette patriotique mission de
résistance passive et légale, et lorsque, plus tard,
une médaille fut votée en l'honneur des 221, ce
fut encore M. Gisquet que l'on chargea de l'exécution de cette mesure qui devait avoir de si
importans résultats.

« Alors, dit le biographe que nous avons déjà
» cité, M. Casimir Périer et le plus grand nombre
» de ses amis ne travaillaient que pour obtenir
» des concessions; M. Gisquet allait plus loin, il
» prévoyait hautement et souhaitait une révolu-
» tion. »

Le 26 juillet 1830, dès que les ordonnances
contresignées Polignac furent connues, M. Gisquet sentit que la lutte était imminente, et, en
homme de cœur, il résolut d'y prendre une part
active. Il fit acheter toute la poudre qui se trou-

22

vait chez les débitans de la banlieue, et la fit distribuer aux hommes énergiques qui les premiers
coururent aux armes. Le même jour il assistait,
dans les bureaux du journal *Le National*, à la
réunion des membres des bureaux définitifs aux
dernières élections, qui se considéraient avec
quelque fondement comme les organes du corps
électoral qui les avait choisis, et qui, dans cette
circonstance, renouvelaient l'exemple donné par
leurs devanciers, le jour de la prise de la Bastille.
M. Gisquet fut choisi avec quatre autres citoyens,
MM. Mérilhou, Boulay de la Meurthe, Hubert et
Féron, pour faire connaître aux membres de la
Chambre des députés réunis d'abord chez M. De-
laborde, puis chez Casimir Périer, la résolution
des hommes courageux qui voulaient proclamer
la légalité de la résistance.

On sait, et l'histoire consignera avec sévérité
dans ses pages les hésitations et les subterfuges
dilatoires de la fraction de la Chambre qui se
disait alors la plus avancée.

Le même soir, au centre des barricades qui
s'élevaient et au bruit de la fusillade qui commençait à s'engager, les représentans des électeurs choisirent chez M. Cadet Gassicourt, rue
Saint-Honoré, douze commissaires qui eurent
mission d'organiser la résistance dans chacun
des douze arrondissemens, de lui imprimer une
sage direction et d'établir les centres d'action sur
les points principaux de la capitale. M. Gisquet

fût désigné pour le deuxième arrondissement.

Le lendemain 28, alors que le canon tonnait, que les citoyens tombaient sous la mitraille des troupes royales, M. Gisquet siégeait au Tribunal de commerce, lui cinquième, et contribuait puissamment à la rédaction de ce jugement mémorable qui, en déclarant les ordonnances contraires à la Charte, condamnait l'imprimeur Gauthier Laguyonnie à livrer ses presses au journal *Le Courrier Français*, et donnait ainsi à l'insurrection la sanction de la loi. Le jugement disait en substance : « Que les ordonnances du 25 juillet » étant contraires à la Charte, n'étaient pas obli- » gatoires pour les citoyens, aux droits desquels » elles portaient atteinte, etc. »

Dans la soirée du 28 juillet on s'occupa de réorganiser la garde nationale. M. Gisquet fut nommé colonel d'état-major.

Un des premiers soins du gouvernement provisoire qui prit immédiatement en main la direction des affaires, fut de constituer un conseil général pour l'administration de la ville de Paris. M. Gisquet fut appelé à faire partie de ce conseil, où il siégea jusqu'au jour où il fut appelé aux fonctions éminentes de préfet de police.

Ici se présente une de ces phases de la vie publique de M. Gisquet dont ses ennemis se sont emparés avec le plus d'avidité : la France, par cela même qu'elle désirait conserver la paix, sentait la nécessité de se préparer à la guerre;

des mesures furent prises pour que l'armée fût portée à 5oo,ooo hommes. Les hommes répondirent à l'appel, comme toujours; mais on reconnut bientôt qu'il était impossible de les armer : nos arsenaux étaient dégarnis. D'un autre côté, les gardes nationales s'élevaient à plus d'un million et demi d'hommes, et nous n'avions pas 5oo,ooo fusils! Le gouvernement songea donc à faire un achat d'armes à l'étranger, et M. le maréchal Gérard, ministre de la guerre, fit appeler M. Gisquet pour le charger de cette acquisition. Un crédit de trois millions fut mis à sa disposition.

Voici comment M. Gisquet rendit compte lui-même, dans une circonstance solennelle, de cette affaire dans laquelle on l'accusait d'avoir fait un gain considérable, ce qui du reste eût été fort légitime, puisque l'opération était faite aux risques et périls de M. Gisquet et de la maison Rothschild :

« Je suis parti de Paris le 2o ctobre; le 4 j'étais à Londres, le 5 à Birmingham. Beaucoup de personnes annonçaient hautement qu'il était facile de remplir de pareilles commandes. On croyait qu'il existait en Angleterre des magasins de fusils, et qu'on pouvait les obtenir à volonté, comme on achète du sucre ou du coton. Je fus bientôt détrompé. Je reconnus l'impossibilité absolue de me faire livrer par le commerce non pas 3oo,ooo fusils, mais 3o,ooo, en **quatre mois**. Depuis quinze ans, la paix avait

anéanti toutes les fabriques d'armes en Angleterre, et la seule branche de ce commerce qui
conservât un peu d'activité, était la fabrication
des fusils destinés à la traite des nègres. Ces fusils
sont tellement inférieurs qu'il serait dangereux,
qu'il serait coupable même de les confier à nos
concitoyens. Un quiproquo est donc la seule
cause de toutes les allégations odieuses portées
contre moi : on a supposé que les fusils que j'a-
vais achetés pouvaient être obtenus au même
prix que ceux fabriqués pour la traite.

» Le 7 octobre, une négociation fut entamée
avec le gouvernement anglais, et je parvins à
conclure un marché qui mettait à ma disposition
566,000 fusils au prix de 25 schellings, ce qui
fait 31 francs 87 centimes ; plus 6 pence de commission. On voit que chaque fusil me coûtait
à Londres 32 fr. 50 cent., non compris les frais
d'emballage, les droits de sortie, les frais d'em-
barquement, etc. En réunissant ces frais, il est
facile de se convaincre que ces armes, vendues
par moi à M. le ministre de la guerre à 34 f. 90 c.,
me coûtaient réellement plus de 35 fr. rendues à
Calais. »

Il paraît en effet que, loin de faire des bénéfices illicites sur cette opération, M. Gisquet y
perdit environ 40,000 fr.

Quelques mois après, le 1er mai 1831, M. Gisquet fut nommé membre de la Légion-d'Honneur. A cette époque, Casimir Périer avait ac-

cepté le portefeuille du ministère de l'intérieur;
il ne tarda pas à reconnaître que la police de Paris n'était pas dirigée d'une manière complètement satisfaisante : « Je suis mal secondé, dit-il à
M. Gisquet; mes intentions sont mal comprises;
mes ordres ne sont pas exécutés avec la promptitude et la précision que je veux introduire dans
les diverses parties du gouvernement. Tout le
monde se mêle de faire la police; on en fait au
château, on en fait dans les ministères, on en fait
dans les états-majors, on en fait partout. Cette
marche est intolérable... »

Le résultat de cette conférence fut la nomination de M. Gisquet au secrétariat général de la
préfecture de police. Deux mois après, le 26
décembre, le secrétaire général était préfet.

L'ordre social alors était mis en péril par l'activité et l'ardeur des passions qui s'agitaient. Ce
fut donc au rétablissement de l'ordre que le nouveau préfet dut employer d'abord toutes les forces
morales et matérielles dont il pouvait disposer;
mais ces préoccupations politiques ne l'empê-
chèrent pas de se montrer tout d'abord administrateur actif et intelligent. Sentant combien
il était important que la partie flottante de la population de Paris pût être soumise aux investigations voulues par la loi, il publia, le 19 novembre 1831, une ordonnance qui enjoignait à tous
les habitans de Paris indistinctement de faire,
sous les vingt-quatre heures, au commissaire de

police de leur quartier, la déclaration des personnes logées chez eux, même à titre gratuit.

Aucune maison de Paris n'était alors pourvue
de gouttières, de sorte que, par un temps de pluie,
surtout depuis l'établissement des trottoirs, les
piétons ne pouvaient éviter d'être écrasés qu'en
se laissant inonder par les masses d'eau qui tombaient des toits. Le 30 novembre 1831, une ordonnance du préfet de police imposa aux propriétaires des maisons bordant la voie publique
l'obligation de faire construire des chéneaux et
gouttières.

Une autre plaie hideuse et grandissant chaque
jour s'étalait dans les rues et sur les places publiques; c'étaient les saltimbanques. Une ordonnance
en diminua le nombre de moitié en renvoyant
à la frontière tous ceux qui n'étaient pas Français, et en soumettant les autres aux mesures
d'ordre les plus sévères.

Dès cette époque aussi, grâce à la vigilance
du nouveau préfet dont le coup d'œil sûr em-
brassait toutes les parties des attributions qui lui
étaient dévolues, la statistique des maladies honteuses diminua sensiblement.

M. Gisquet avait surtout à cœur de moraliser
son administration. Avant lui on était convaincu
que la police des voleurs ne pouvait se faire que
par des voleurs; il prouva le contraire en réfor-
mant tous ceux de ses agens qui avaient été frappés
d'une condamnation quelconque, et en n'admet-

tant que des gens honnêtes dans le service de
sûreté où l'on n'avait pas craint, avant lui, de faire
entrer des repris de justice.

Un instant, lors de l'invasion du choléra, la
salubrité de la capitale fut compromise; il fallait
dans ces temps de trouble et de deuil une énergie
presque surhumaine pour maintenir l'ordre, et
l'on peut hautement le reconnaître, maintenant
que rentré dans la vie privée le magistrat d'alors
montre la ferme résolution de n'en plus sortir,
M. Gisquet ne resta point au-dessous des obligations que les circonstances lui imposaient.

Les services que M. Gisquet fut appelé à rendre,
non-seulement à la capitale, mais au pays, durant
le cours de son administration, furent importans
et nombreux; dans l'impossibilité de les relater
ici, nous indiquerons seulement, dans leur ordre,
les graves événemens, les épisodes de perturbations, les attentats, dont le souvenir a dû demeurer gravé dans la mémoire de tous les lecteurs.

Le complot républicain des tours Notre-Dame,
dont les journaux anglais avaient parlé par avance,
le 3 janvier 1832, fut un des moins importans, et
eût pu cependant entraîner de terribles conséquences; vint ensuite le complot légitimiste dit de
la rue des Prouvaires; puis tout à coup le choléra
fondit sur Paris et exigea de la part de ses magistrats une vigilance, une énergie, un dévouement
de tous les instans. Une émeute des chiffonniers,
irrités des tentatives que l'on faisait pour intro-

duire un nouveau système de nettoiement, jeta
quelque alarme, en même temps que le développement des doctrines saint-simoniennes appelait
une sérieuse attention, et que, tandis que les
légitimistes s'agitaient sourdement, le parti bona-
partiste complotait de son côté et tentait, le
5 mai 1832, une démonstration agressive au pied
de la colonne de la place Vendôme. Bientôt la
Société des Amis du Peuple, qui avait lentement
préparé ses moyens d'insurrection, s'agita, et
menaça hautement de se mesurer dans les rues
avec la force légale : la révolte du 5 juin fut résolue, et le jour du convoi du général Lamarque
vit les citoyens s'armer les uns contre les autres,
au sein même de la capitale. Presque en même
temps quatre départemens s'insurgeaient à l'appel de la duchesse de Berri, dont l'arrestation
opérée quatre mois plus tard, à Nantes, par les
soins de la police de Paris, ne parvenait que
difficilement à mettre un terme à la guerre civile.

M. Gisquet, on le pense bien, dut prendre
une part active et importante à ces événemens
qui se succédaient avec une si cruelle rapidité :
l'attentat du Pont-Royal, où un coup de pistolet
fut tiré sur le roi le jour de l'ouverture de la
session des Chambres, vint témoigner, le 19 novembre, que les partis ne renonçaient pas à leurs
projets régicides. Cette année se termina par
l'adoption, en décembre, de mesures rigoureuses
contre les réfugiés qui avaient organisé une sorte

de tribunal secret, et qui, par leur conduite, compliquaient les embarras de l'administration en cherchant à engager la France dans une guerre de propagande contre l'Europe entière.

L'année 1833 s'ouvrit par des agitations inquiétantes, bien que les motifs ou le prétexte des manifestations qui les annonçaient fussent loin d'avoir une grande importance. MM. Bem et Ramorino étaient venus à Paris pour tenter d'embaucher tous ceux qui se sentiraient disposés à grossir l'armée libératrice du Portugal. Beaucoup de républicains acceptèrent les propositions que leur firent ces deux généraux à cet égard, et le préfet de police, d'après l'avis qu'il reçut du ministère, favorisa cette opération. M. le duc de Brunswick, soit qu'il fût séduit par cet exemple, soit qu'il eût d'autres projets que ceux qu'il avoua hautement, voulut à son tour organiser une petite armée de volontaires à l'aide de laquelle il pût reconquérir ses États, d'où il avait été expulsé au commencement de 1831, à peu près comme Charles X l'avait été de la France. Il vint à Paris, fit faire des enrôlemens, et conclut avec un négociant, M. Vincent Nolté, un traité pour l'armement et l'équipement de 5,000 hommes. Il devait en outre lui être fourni, pour reconquérir son royaume de 122 lieues carrées, une artillerie de 2 pièces de canon, 2,000 gargousses et 300,000 cartouches. Il paya d'avance sur ces fournitures une somme de 50,000 fr.

Les mesures que prit en cette occasion le gouvernement français arrêtèrent tout court l'exécution des projets belliqueux du duc, qui du reste s'était mis en rapport avec la mère de Henri V, et dont le matériel de guerre pouvait tout aussi bien être destiné à alimenter la guerre de Vendée qu'à opérer une restauration à Brunswick.

Le duc fut en conséquence expulsé de France après avoir formellement refusé de partir lorsqu'on lui en signifiait l'invitation.

Plusieurs Anglais, entre autres un sieur Muirson, furent de même expulsés à la suite de manœuvres plus ou moins significatives.

C'est à cette époque aussi qu'apparurent à la fois deux faux Louis XVII, qui furent l'un et l'autre condamnés, et dont l'un était d'origine prussienne.

Cependant une affiliation plus redoutable que celles qui l'avaient précédée s'était organisée sous le titre de Société des Droits de l'Homme. A la suite d'une tentative de mouvement, le 28 juillet, près de trente de ses principaux membres furent traduits devant le jury et condamnés pour la plupart. Deux avocats, MM. Dupont, de Paris, et Michel, de Bourges, furent suspendus à cette occasion pour avoir, dans la défense, adressé des outrages au ministère public.

D'autres sociétés secrètes ou avouées existaient à cette époque; nous citerons les suivantes : Société Aide-toi, le Ciel t'aidera; Société pour

l'instruction gratuite du peuple, — pour la défense de la liberté de la presse, — pour secourir
les condamnés politiques, — pour la propagande
et la publication des écrits républicains, etc. Il
y avait en outre les loges maçoniques secrètes,
les coalitions d'ouvriers, les conférences des
adhérens de l'abbé Châtel et autres.

C'est dans cette situation des partis hostiles à
l'ordre établi, que des troubles éclatèrent simultanément à Paris, à Lyon et à Saint-Étienne.
Ceux de Paris eurent pour prétexte une nouvelle
loi sur les crieurs publics; ceux des Lyonnais
n'étaient qu'une queue de l'insurrection de
1831, et pouvaient être causés par le malaise des
ouvriers et leurs démêlés avec les maîtres dans
une crise commerciale. A Saint-Étienne, un agent
de police fut assassiné, un commissaire de
police fut blessé.

A la suite de ces événemens, une loi nouvelle
sur les associations fut présentée aux Chambres, qui l'adoptèrent. Cette loi fut promulguée
le 11 avril 1834. Les républicains protestèrent
avec énergie et préparèrent dès lors activement
la révolte qui devait éclater quelques jours plus
tard. Ils formèrent à cet effet une nouvelle société, dite d'action, qui se divisa en quinturies,
décuries, centuries, dont les membres furent
portés au nombre de douze cents environ, obéis-
sant à des chefs inconnus, se réunissant à l'im-
proviste sur la voie publique, et devant être

constamment prêts à engager le combat si l'ordre leur en était transmis par leurs *décurions* ou *éclaireurs*.

La situation déjà grave du pouvoir se compliqua par la mort déplorable du député Dulong et par le renouvellement partiel du ministère dont le président, M. de Broglie, donna sa démission à la suite du rejet par les Chambres d'une loi relative au traité conclu avec les États-Unis. M. Thiers succéda à M. d'Argout au ministère de l'intérieur.

Déjà alors l'insurrection connue sous le nom de *journées d'avril* était résolue dans l'esprit des républicains; et une collision armée était devenue inévitable. Or, ce n'était pas à Paris seulement, mais sur tous les points centraux de la France que la lutte devait s'engager. Les associations départementales, organisées à l'instar de la société mère, avaient reçu du comité central l'ordre de se tenir prêtes à combattre. Le préfet de police, qui avait suivi pas à pas toutes les phases de cette vaste conspiration, crut devoir, aussitôt que le nouveau ministère fut constitué, lui soumettre les faits qui étaient à sa connaissance, et s'expliquer sur la nécessité de prévenir par des mesures énergiques le péril imminent qui menaçait l'ordre et les institutions de l'État. M. Gisquet demandait en même temps l'autorisation de faire arrêter, outre les membres du comité dirigeant, deux cents des principaux meneurs du parti républicain. Après quelques hé-

sitations de M. Thiers ; cette mesure qu'approu-
vaient M. le maréchal Soult et M. Guizot, fut
adoptée : les arrestations eurent lieu le 12 avril ,
mais deux des principaux chefs de l'association,
MM. Kersausie et Cavaignac, parvinrent à se soustraire à l'exécution des mandats décernés contre
eux.

Le 9 avril, le comité républicain de Lyon avait
levé l'étendard de la révolte : en cinq minutes
des barricades avaient été élevées dans toutes les
rues, et bientôt les insurgés avaient été maîtres de
toute la ville. La lutte dura six jours; on sait
combien elle fut terrible, et au prix de quels
cruels sacrifices la victoire fut acquise à nos
soldats.

Saint-Étienne, Arbois, Marseille, Clermont,
Lunéville, Nancy, Béfort, eurent presque en même
temps leur révolte, ou du moins leur tentative
d'insurrection; mais c'était à Paris que devait,
malgré les arrestations opérées par les soins de
M. Gisquet, être porté le coup décisif. Averti que
les ordres d'attaque étaient donnés pour le 13
avril à huit heures du soir, le préfet de police se
concerta avec le ministre de l'intérieur et le
commandant de Paris sur les mesures à prendre.
On craignait que des sous-officiers de la garnison
eussent été séduits, et l'on dut en arrêter jusqu'à
ving-trois dans un seul régiment.

Le 13 , en effet, entre quatre et cinq heures du
soir, les barricades s'élevèrent, la fusillade s'enga-

geâ contre les gardes municipaux, et bientôt aussi contre la ligne et la garde nationale, dans le quartier Saint-Martin, entre les rues Saint-Méry, Jean-Robert, des Gravilliers, Beaubourg, etc.; les sections des onzième et douzième arrondissemens élevèrent également des barricades au quartier Saint-Jacques et dans les abords du Panthéon.

Nous ne rappellerons pas les scènes cruelles de la lutte qui s'engagea le lendemain : la garde municipale perdit trois hommes tués sur place, et compta vingt-trois blessés. Deux capitaines du 35e régiment furent tués. Ce régiment, le 61e et le 32e, eurent en outre vingt-cinq blessés. Les insurgés ne comptèrent que quatorze morts et une douzaine de blessés; mais le rapport de M. Girod (de l'Ain) constata plus tard que vingt-neuf personnes présumées étrangères à la révolte avaient perdu la vie par accident, ou, ce qui est plus déplorable, par suite d'erreurs de personnes, commises dans l'ardeur du combat.

La Chambre des pairs, constituée en Cour de justice, procéda au jugement des principaux chefs de cette insurrection. Les accusés de Lyon, de Saint-Étienne, de Lunéville, de Grenoble, de Marseille, d'Arbois, de Besançon, furent en même temps déférés à sa haute juridiction. Dans le cours des débats, vingt-huit des principaux accusés de la catégorie de Paris parvinrent à s'évader de la prison de Sainte-Pé-

lagie. La presque totalité des autres furent condamnés. Mais plus tard tous furent graciés par
la clémence royale.

Les journées d'avril parurent avoir découragé
les républicains en dévoilant les ressorts auxquels
ils avaient eu recours. On ne devait plus, ce
semble, redouter qu'ils s'aventurassent de nouveau à engager la lutte armée ; mais on devait
craindre que la haine de quelques-uns tentât de
recourir à l'assassinat politique, qui, aux yeux de
certains hommes fanatisés, est encore un acte
patriotique.

Jusqu'alors la vie du roi n'avait été menacée
que par l'auteur resté inconnu de l'attentat du
Pont-Royal. Jusqu'aux journées d'avril les ennemis de la royauté, comptant sans doute sur le
triomphe de leur opinion par les seuls efforts
insurrectionnels, s'étaient abstenus d'actes isolés d'agression contre la personne royale ; mais
désormais, alors qu'ils venaient de reconnaître
leur impuisance, tout devait faire craindre que
les enfans perdus du parti se portassent à des
tentatives d'assassinat. Le préfet de police dut
donc redoubler de vigilance, bien que le roi,
accoutumé depuis sa jeunesse à une vie active et
orageuse, méprisât personnellement le danger, et
montrât une répugnance invincible à se laisser entourer de précautions qui le forçaient de
renoncer à ses habitudes et à ses goûts. Nous ne
rappellerons pas ici les circonstances préliminaires

de l'attentat odieux de Fieschi; M. Gisquet avait ordonné pour la journée du 28 juillet 1835, où le roi devait passer la garde nationale en revue sur les boulevards, toutes les mesures d'ordre et de vigilance ordinaires aux approches des grandes solennités publiques; et les débats qui s'engagèrent plus tard devant la Chambre des pairs ont prouvé que si le vague avertissement adressé dans la nuit du 27 au 28 par le commissaire de police Dyonet, d'après les indications du nommé Suireau, n'ont pu mettre sur la trace du crime projeté, ce fut par suite de circonstances fatales et de l'insuffisance surtout des renseignemens contenus dans cette note.

On sait les terribles résultats de l'explosion de la machine infernale braquée par Fieschi sur le cortége royal, au moment où il passait entre les rangs de la 8ᵉ légion, à la hauteur du Jardin-Turc. L'illustre maréchal Mortier, le général Lachasse de Verigny, le colonel Raffé, le lieutenant-colonel Rieussec (8ᵉ légion), le comte Villatte, furent atteints mortellement, ainsi que treize autres victimes : plus de vingt autres personnes furent blessées, et parmi elles les généraux Colbert, Brayer, Heymè, Blein et Pelet.

Fieschi, Pepin et Morey payèrent de leur tête ce crime évidemment inspiré par les traditions et les espérances républicaines.

Ce n'est que pour mémoire qu'à la suite du crime de Fieschi et de ses complices nous men-

23

tionnons ici les diverses tentatives ou les projets
d'autres individus : Un sieur N... avait résolu
de tuer le roi à la fin de l'année 1835; M. Gisquet
parvint à faire expatrier volontairement ce mono-
mane, qui alla résider au Sénégal. Un déserteur,
nommé Jomard, avait formé le même projet; il
fut traduit en cour d'assises. Les frères Chaveau,
le sieur Hubert et consorts, furent condamnés
pour le complot, dit de Neuilly. Nous n'enregis-
trerons de même que sommairement le crime du
républicain Alibaud, dont les dernières paroles
sur l'échafaud furent celles-ci : « Je meurs pour
la liberté, pour le bien de l'humanité, pour l'extinction de l'infâme monarchie. »

Le dernier acte important de l'administration
de M. Gisquet fut la découverte et la dispersion de
l'affiliation républicaine désignée sous le nom de
Société des Familles, et organisée surtout pour
coopérer avec des militaires égarés ou séduits à
un coup de main révolutionnaire. Le 8 mars
1836 le préfet fit cerner une maison isolée, rue
de l'Ourcine, 113, où se trouvèrent tous les instrumens et ustensiles nécessaires à la fabrication
clandestine de la poudre de guerre. Par suite de
cette découverte, on opéra l'arrestation des principaux chefs de la Société des Familles, entre autres de Blanqui, de Barbès, et de nombre d'autres
contre lesquels furent prononcées, trois ans plus
tard, les peines les plus graves à raison des déplorables événemens du 12 mai 1839.

Les services que M. Gisquet fut appelé à rendre à la cause de l'ordre et des institutions de Juillet avaient été d'abord dignement récompensés : il fut successivement nommé conseiller d'État, officier de la Légion-d'Honneur, et commandeur du même ordre. Son gendre, M. Nay, partageant la faveur de son beau-père, après avoir rempli pendant quelque temps des fonctions de confiance au cabinet de la préfecture de police, fut nommé receveur général du département de l'Aube.

Mais contrairement à l'essence même des fonctions dont il était revêtu, ou plutôt par suite de l'état des esprits au sein de la capitale dans une époque de troubles, de scissions, de révolte ouverte, M. Gisquet, préfet de police, avait considéré sa mission presque exclusivement au point de vue politique. Il le savait, lui-même l'avait proclamé ; aussi lorsque l'émeute eut cessé de rugir, lorsque le gouvernement se trouva enfin assis sur des bases plus solides, et qu'un cabinet plus conciliateur eut succédé, en 1836, à un ministère tout d'action, M. Gisquet comprit que sa mission était terminée et que le moment pour lui était venu de quitter le poste qu'il occupait, ainsi qu'il en avait manifesté déjà souvent le désir. Le 6 septembre 1836 il donna sa démission, qui fut acceptée, mais non pas toutefois sans qu'il eût été fait beaucoup d'efforts pour le décider à conserver le poste où il avait été assez heureux pour rendre tant et de si importans services. M. Molé, chef du nouveau cabinet, vint deux fois trouver M. Gisquet pour le presser de rester à la préfecture; le roi lui-même le fit appeler, l'accueillit de la manière la plus gracieuse et lui témoigna le regret de le voir abandonner le poste où sa confiance l'avait appelé.

Rentré dans la vie privée, M. Gisquet ne tarda pas à se trouver en présence des ennemis nombreux qu'il s'était faits pendant les cinq années qu'il avait passées au pouvoir; et lorsque, l'année suivante, il se porta candidat aux élections de l'arrondissement de Saint-Denis, le même ministère, qui avait voulu d'abord le maintenir aux affaires, fit ses efforts pour faire échouer son élection qui eut lieu cependant à une majorité recommandable.

Les travaux de la Chambre commencèrent: M. Gisquet prit place dans les rangs de l'opposition dite tiers-parti, et combattit plusieurs des projets présentés par le ministère.

Cependant les ennemis personnels de l'ancien préfet de police travaillaient sourdement à miner sa réputation, et accréditaient de toutes parts les bruits les plus injurieux sur sa gestion et même sur sa vie privée. Les bruits qu'ils répandaient, les calomnies diffamatoires qu'ils s'efforçaient de faire circuler, furent accueillis par le journal *le Messager*, qui, le 12 septembre 1838, ne recula pas devant l'impudeur de leur pu-

blication : « Nous connaissions, dit-il, avant
» que le public s'en occupât, tous les détails de
» ce honteux mystère où l'immoralité de l'homme
» privé le dispute à la corruption de l'homme
» public. » A la suite de ces lignes venait une série d'accusations les plus graves.

M. Gisquet, qui était alors dans le département
de l'Aube, accourut à Paris et s'empressa de porter plainte contre *le Messager*. Mais l'ancien préfet de police retrouva jusqu'au palais quelques-
uns des personnages qu'il avait imprudemment
froissés : accusateur, on le traita comme accusé ;
on fouilla dans sa vie intime. L'organe du ministère public, dont la mission était de soutenir la
plainte de M. Gisquet, fut au contraire son adversaire le plus passionné. Cependant, le jury
déclara *le Messager* coupable de diffamation.

A la suite de ce procès, M. Gisquet fut privé,
par ordonnance, du titre de conseiller d'État ;
une autre ordonnance destitua M. Nay, son gendre, qui était alors receveur général du département de l'Aube. Cette mesure, qui atteignait du
même coup l'ex-préfet, bien que le verdict du
jury lui eût donné gain de cause, et son gendre,
auquel aucun reproche n'avait pu être adressé,
fut, nous devons le dire, accueillie du public
avec un pénible sentiment. Elle ne put être considérée, même par les esprits les plus prévenus,
que comme une satisfaction accordée à de puissans ressentimens politiques.

Cependant la Chambre des députés avait été dissoute; de nouvelles élections se préparaient, et M. Gisquet pouvait se présenter de nouveau devant le collége qui l'avait déjà choisi pour mandataire, avec la presque certitude d'être réélu; mais il renonça à la candidature qui lui était offerte. A cette occasion, il adressa aux électeurs de l'arrondissement de Saint-Denis une circulaire où se trouvait le passage suivant :

« Je viens, messieurs, en vous exprimant mon éternelle et vive reconnaissance pour l'intérêt et la confiance que vous m'avez accordés, vous déclarer qu'il n'entre pas dans mes intentions de solliciter de nouveau l'honneur de la députation... J'ai besoin de goûter dans la retraite un repos devenu nécessaire après tant d'orages... Je veux d'ailleurs me consacrer à un travail qui ne sera pas inutile à ma réputation... »

M. Gisquet faisait ici allusion à ses Mémoires qu'il a publiés depuis en quatre volumes in-8°. Ouvrage remarquable, fécond en renseignemens précieux, et que, pour notre part, nous estimons être l'histoire la plus complète et la plus impartiale des quinze dernières années qui viennent de s'écouler.

XIII.

M. Gabriel DELESSERT.

Nous voici parvenu au terme de notre tâche, et le compte-rendu succinct de l'administration de M. Gabriel Delessert, préfet actuel, va clore de la manière la plus heureuse cette longue nomenclature de magistrats, animés pour la plupart de l'amour du bien public, et dont quelques-uns ont rendu de si éminens services non-seulement à la cité parisienne, mais au pays tout entier.

Avant d'entrer toutefois dans l'examen des actes nombreux, des améliorations importantes que M. Delessert a accomplies dans le cours d'une édilité qui remonte déjà à sept années, nous avons pensé qu'il serait utile de nous arrêter un moment pour considérer dans son ensemble imposant, dans ses mille détails patens et secrets la vaste et tutélaire institution dont le préfet de police commande et dirige tous les rouages.

Les institutions municipales d'une capitale s'etendent et grandissent avec ses murailles et sa population. Sous Louis XIV, ainsi qu'on a pu le voir, un lieutenant de police assisté de quelques escouades d'agens, d'un guet à pied et à cheval, dont l'effectif ne dépassait pas cinq cents hommes, suffisait pour maintenir l'ordre et faire respecter les lois. C'est qu'alors l'influence de la religion, l'autorité paternelle du parlement, et surtout la force despotique du trône, venaient merveilleusement en aide à l'action régulière et toujours uniforme d'une police entée sur l'arbitraire et l'habitude de l'obéissance. Il en est, et il en doit être autrement aujourd'hui qu'une liberté presque sans limite est le bien de tous, que l'affaiblissement des croyances a rompu les anneaux de cette chaîne mystérieuse qui unissait le peuple aux institutions, et que, dans des jours si rapprochés de nous, nous avons vu les factions appeler en quelques heures sur le pavé de la place publique non plus, comme aux temps de la Ligue et de la Fronde, quelques centaines de vagabonds et de laquais, mais des milliers de combattants intrépides, expérimentés, et ayant fait d'avance le sacrifice de leur vie à leurs idées. A Paris, où une population de onze cent mille âmes s'agite et se presse incessamment dans un rayon de quelques kilomètres, ce n'est pas trop pour assurer l'or-

dre et la sûreté publique qu'un budget de douze
millions de francs, une garde spéciale de 2,596
fantassins et 647 cavaliers, un corps de sapeurs
pompiers de 830 hommes, 300 sergents de ville, des
bureaux où travaillent le jour, et souvent la nuit,
près de 300 employés, un service extérieur enfin
de commissaires de police, d'officiers de paix,
d'inspecteurs, d'agens de tout ordre, qui comprend près de 2,000 personnes.

Deux surveillances suprêmes, deux puissantes
garanties sociales surgissent de la Préfecture : la
police politique, dont l'œil de lynx pénètre à
travers les plus épaisses ténèbres pour assurer la
sûreté intérieure, éventer les complots, et prévenir les tentatives subversives; la police municipale,
aussi active, aussi clairvoyante, aussi infatigable
que son aînée, mais plus palpable, plus effective,
si l'on peut s'exprimer ainsi, et dont les résultats
plus immédiats semblent intéresser plus directement les citoyens. Toutes deux concourent, par
des moyens différens, à la tranquillité de l'Etat : la
première en entourant le trône et les institutions
des lueurs salutaires de son multiple regard; la
seconde en épiant à chaque heure, à chaque
minute, à chaque seconde, ces myriades de bandits, de vagabonds, de malfaiteurs de toute espèce,
écume ordinaire des populations gigantesques,
dont les instincts cauteleux, rapaces ou meurtriers
menacent sans relâche la fortune, le repos ou la
vie des citoyens.

Il serait difficile, dangereux peut-être de chercher à soulever le voile qui couvre l'organisation
et les moyens de la police politique. Elle n'a point
au surplus de règles fixes ni de système arrêté :
elle se développe en quelque sorte avec les événemens, se complique ou se modifie d'après leur
marche. Les agens de cette police, inconnus les
uns aux autres, se recrutent d'ordinaire parmi les
hommes du monde ruinés par leurs prodigalités
ou leurs vices; parmi les femmes douées de quelque beauté et de quelque esprit, mais dont l'âge a
prématurément diminué les chances de ressources et de fortune; parmi les jeunes gens qui,
dans les temps d'agitation, feignent au milieu de
leurs condisciples une exaltation qu'ils n'éprou-
vent pas, un fanatisme qu'ils échangent volontiers contre l'or qui doit servir à leurs études, à
leurs besoins ou à leurs plaisirs. La police politique, que se sont appliqués à caractériser deux
anciens préfets, MM. Vivien et Gisquet, paraît du
reste avoir eu le même caractère dans tous les
temps et dans tous les lieux; elle doit selon nous,
par cela même, échapper complétement à l'analyse, à l'appréciation du moraliste et de l'historien.

Il n'en est pas de même de la police municipale.
Sans vouloir entrer dans des détails qui seraient
sans utilité, nous indiquerons sommairement le
mécanisme de la surveillance continuelle qu'elle
exerce, et dont le vaste réseau s'étend à la fois
sur tous les quartiers de Paris et de la banlieue.

Il est affecté à chacun des arrondissemens de
Paris une brigade dont la force varie suivant
l'importance et le besoin de la localité. Cette
brigade est placée sous les ordres directs d'un
officier de paix, et se compose de sergens de ville
et d'inspecteurs. Leur mission est d'explorer sans
relâche toutes les parties de l'arrondissement, de
faire exécuter les lois et ordonnances, de constater
les contraventions, de réprimer les désordres,
d'arrêter les malfaiteurs en flagrant délit, de porter secours où le besoin l'exige, et d'assurer autant
que possible la liberté de la circulation. Leur
service commence le matin et ne doit finir qu'à
minuit, heure où la sûreté de la ville est confiée à
d'autres agens et à des patrouilles militaires
fournies par les postes de la garde nationale, de
la garde municipale et de la troupe de ligne.

Les sergens de ville et inspecteurs ont dans leur
arrondissement un bureau central où se tient l'officier de paix auquel chacun fait son rapport verbal
ou par écrit, s'il y a lieu. Celui-ci en forme un
résumé qu'il adresse au préfet deux fois par jour,
et plus fréquemment en cas d'événemens graves.
De cette façon rien ne peut se passer dans Paris
sans que le préfet en soit immédiatement informé,
et jamais ce magistrat ne quitte son cabinet sans
connaître d'une manière précise et exacte l'état
dans lequel se trouve la capitale.

Une forte brigade de sergens de ville est spécialement chargée de faire disparaître les embar-

ras de la voie publique, et plus particulièrement de faciliter la circulation aux abords des halles, marchés, et lieux plus ordinairement fréquentés.

Quatre brigades, dites *centrales*, sans destination fixe, se tiennent en permanence à la disposition du préfet pour les cas imprévus, et prêtes à se porter partout où les agens spéciaux seraient insuffisans (1).

Les agens composant les rondes de nuit, divisés en escouades que l'on appelait autrefois *patrouilles grises*, circulent toute la nuit dans Paris. Ces patrouilles suivent des itinéraires tracés d'avance, pour que tous les quartiers soient explorés à la fois. Elles visitent surtout les rues et les lieux qui servent d'asile aux repris de justice et aux gens dangereux, les quartiers isolés, enfin tous les points

(1) Le corps des sergens de ville se compose de 300 hommes, et cela depuis quatre ans seulement. Auparavant il ne comprenait que 250 hommes. Nous allons en faire connaître la répartition :

Le service général se compose de 17 brigades, savoir : 12 brigades d'arrondissement, 1 brigade pour les voitures, 4 brigades centrales.

Il y a tel arrondissement qui nécessite l'emploi d'un personnel de police plus nombreux que tel autre arrondissement ; ainsi la brigade de tel arrondissement se compose de 16 ou 17 hommes, tandis que dans tel autre elle n'est composée que de 12 hommes ; mais, terme moyen, les brigades des 12 arrondissemens se composent exactement de 15 sergens.

La brigade des voitures est composée de 20 sergens, et les quatre brigades centrales de 25 hommes chacune, au total 300 hommes.

Chaque sergent coûte, terme moyen, 1,500 fr.

de la voie publique où la sûreté des citoyens pourrait être menacée.

Les inspecteurs des hôtels garnis doivent visiter tous les jours les hôtels ou maisons où l'on reçoit les voyageurs, pour inscrire sur des bulletins séparés, qui sont transmis le jour même à la Préfecture, les noms, prénoms, âges, sexes, professions, des personnes entrées dans ces maisons, et de celles qui en sont sorties. Ces bulletins, classés aussitôt par ordre alphabétique, servent, dans une foule de cas, à faire retrouver la trace des voyageurs. Pour faire apprécier l'utilité et la multiplicité de détails de cette opération, il suffira de dire qu'il existe plus de 4,000 maisons où l'on loge en garni, et que le mouvement journalier des entrées et sorties est de 2,600 environs par jour. Le nombre des bulletins ainsi recueillis s'élève à près d'un million par année. La population moyenne des personnes logées en garni est de 37,000, dont 6,000 étrangers.

Quant au service de sûreté ressortissant de la police municipale, ses agens, dont nous tairons à dessein le nombre, sont chargés spécialement de la surveillance des repris de justice que leur condamnation a soumis à cette condition pénale; de la recherche si souvent périlleuse des auteurs de crimes et délits, et de leur arrestation, comme aussi de la recherche des personnes qui peuvent constater leur culpabilité; de l'exécution dés mandats et ordonnances judiciaires; en un mot de tout ce qui concerne la police active en matière civile.

Mais à cette surveillance directe, infatigable, toujours debout, toujours armée dans l'intérêt social, ne se bornent pas les travaux incessans de la Préfecture de police. Sentinelle attentive, elle ne se contente pas seulement de veiller à la sûreté des citoyens, à la tranquillité de la ville, à la conservation des édifices publics et particuliers, à la clarté et à la salubrité de la voie publique; sa sollicitude s'étend bien au delà. A quoi lui serviraient les cent yeux d'Argus, si elle n'avait pas les cent bras de Briarée?

Grâce à elle les approvisionnemens de la ville sont assurés; elle explore avec une sollicitude paternelle les halles et marchés où les infatigables cultivateurs des environs de Paris viennent chaque matin apporter leurs denrées; le fleuve est soumis, comme la ville elle-même, à sa vigilance de toutes les heures; pas un bateau qui ne se trouve sous sa tutelle, pas une embarcation qui ne dorme en paix sous sa responsabilité. Les accidens rendus possibles par les glaces de l'hiver ou par les chaleurs de l'été sont également prévenus ou amoindris par sa vigilance.

Plus de 7,000 becs de gaz, sur un développement de 168 mille mètres, répandent chaque nuit, avec plus de 12 mille réverbères, des flots de clarté; 120 mille mètres d'égouts (trente lieues) sont sans cesse explorés par elle.

Elle surveille les hôpitaux, les prisons, lés maisons de prostitution, lèpres inévitables d'une immense capitale où toutes les passions désordonnées bouillonnent, fermentent et feraient explosion si la sagesse du législateur n'avait jeté çà et là quelques sordides oasis où les passions les plus abjectes s'éteignent dans la fange.

Elle veille aux intérêts, à la santé du peuple, en vérifiant les poids et mesures dans les boutiques; en soumettant à l'analyse les alimens conservés, et les boissons vendues au détail.

Elle protége les tombeaux des morts dans les qua re nécropoles de Paris, et veille avec le même soin sur ces autres temples de la destruction qui, sous le nom d'abattoirs, renvoient chaque jour des centaines d'animaux à la consommation publique.

Elle contient dans le devoir plus de trente mille scélérats, voleurs, meurtriers, vagabonds, repris de justice. Elle les connaît tous, et, ainsi que ce général de l'antiquité qui faisait de mémoire l'appel de tous les soldats de son armée, elle sait leurs noms, leurs surnoms atroces, leurs crimes passés, leur situation actuelle, leurs changeantes demeures, et souvent même jusqu'à leurs projets.

Il existe à la préfecture de police un bureau où l'on conserve une collection qui remonte à plus de cent ans, de tous les arrêts et jugemens portant condamnation à des peines afflictives, infamantes ou correctionnelles rendus par les tribunaux ou cours royales de France. On y joint chaque jour les indications particulières propres à faire reconnaître au besoin, même ceux qui, traduits en justice sous la prévention d'un crime ou délit, ont été acquittés. Cette collection, qui, avec les *olim* de notre ancien parlement, est sans contredit l'une des plus précieuses de nos archives, s'appelle *les sommiers judiciaires*, et contient plus d'un million de bulletins ou dossiers.

C'est à l'aide de ces *sommiers* que la Préfecture de police peut baser sur des données certaines ses investigations et ses captures : l'autorité judiciaire, de son côté, en tire un grand avantage, et y puise incessamment ses informations.

On compte dans le département de la Seine plus de 6,000 établissemens classés, c'est-à-dire considérés comme dangereux, insalubres ou incommodes. La Préfecture étend encore sa surveillance salutaire sur ces établissemens, et les circonscrit dans une limite protectrice des intérêts publics, en leur disant : «Tu n'iras pas plus loin.»

Comme dans toutes les sociétés où l'excès d'une civilisation mal comprise affaiblit le germe et l'autorité des croyances religieuses et des liens moraux, le suicide est devenu chez nous un fait fréquent, presque régulier. De 250 à 300 qu'il était en 1830, il se trouve aujourd'hui porté au chiffre effrayant de 7 à 800. La moitié de ces suicides s'opère par la strangulation, l'asphyxie ou l'immersion. La Préfecture a suivi pas à pas les progrès du mal, en a calculé les causes, et s'est appliquée à en neutraliser autant que possible les résultats. Partout des boîtes de secours, des instructions claires, précises ont été éparpillées sur les rivages du fleuve, dans les corps-de-garde, chez les commissaires de police, dans tous les établissemens centraux. Des hommes dévoués, des soldats charitables se sont consacrés au sauvetage des noyés, des asphyxiés, des blessés (1). Nous avons vu que la Préfecture était éminemment surveillante; ici elle se montre conservatrice et humaine. Des bateaux circulent la nuit autour des ponts pour guetter en quelque sorte le désespoir au passage; et sur les bords du canal de l'Ourcq, jadis si funeste aux buveurs de la barrière et aux piétons attardés, de distance en distance sont échelonnés des gardiens de nuit qui protégent les passans nocturnes contre les embûches des voleurs non moins que contre les hallucinations de l'ivresse.

(1) Grâce à ces mesures non moins qu'au progrès de la science, on parvient aujourd'hui à rappeler à la vie le quart au moins de ces malheureux.

Un fait digne de remarque, est que le nombre des cas d'aliénation mentale a suivi exactement la même marche de progression que celui des suicides. Il semblerait ainsi exister entre ces deux natures de faits une sorte de solidarité dont il y aurait sans doute un grand intérêt philosophique à rechercher les causes.

24

Un gouvernement, avec la mission de protéger les citoyens et les propriétés, de maintenir l'ordre et la sécurité publiques, a aussi le droit de veiller à sa conservation, c'est même un devoir, par le nombre immense des intérêts liés à son existence. Si les lois punissent plus sévèrement que tous les autres les crimes et attentats dirigés contre le chef de l'État, c'est que l'attaquer, c'est mettre en péril non pas seulement ses jours précieux, mais encore les intérêts les plus chers du pays, son repos, sa stabilité, son avenir.

Serait-il d'ailleurs possible que le chef de l'État restât exposé sans défense aux coups de ses ennemis; que les lois qui protégent les individus, qui punissent le moindre acte attentatoire aux droits ou à la liberté des citoyens, déniassent au premier de tous le droit de veiller à sa propre conservation? Serait-il possible, lorsque le vœu national a constitué un état social, lorsqu'il a choisi pour la placer à sa tête une glorieuse dynastie, que la majorité n'eût pas la faculté de les défendre?

Assurément non. Tous les hommes de cœur, tous les amis du pays veulent que la personne du roi soit désormais à l'abri de ces sauvages atteintes qui auraient déshonoré le nom français si le bon sens public n'y eût reconnu des actes isolés d'une frénésie anormale. Tous veulent que rien ne soit négligé pour veiller sur une vie précieuse, pour prévenir les entreprises régicides, pour découvrir les criminels desseins des ennemis d'un pouvoir appuyé sur le vœu et le concours à la fois du peuple et de l'armée.

Mais quelle sera l'autorité vigilante dont le pouvoir sera assez étendu, l'autorité morale assez influente pour présenter de suffisantes garanties contre les entreprises perverses des partis?

Cette autorité ne peut être que la police; et quelque délicate, quelque difficile que soit une semblable mission, quelque terrible responsabilité qu'elle entraîne, un préfet de police doit l'accepter sans hésitation, l'accomplir avec une vertueuse fierté.

Si l'on songe que de Paris dépend le repos de la France, si l'on songe que de la tranquillité ou de l'agitation de cette capitale dépendent le repos ou la perturbation du pays, on conviendra que le poste de préfet de police est, sinon le plus éclatant dans notre système gouvernemental, du moins le plus utile et le plus efficace. Dès lors on se convaincra que l'homme que la confiance du chef de l'État appelle à ces importantes et délicates fonctions ne doit pas être seulement un administrateur intègre et prévoyant, un magistrat sévère et consciencieux; qu'il faut encore qu'il joigne à ces qualités éminentes une connaissance profonde des hommes et des choses, une solide instruction des lois qui régissent le pays, une perspicacité d'intelligence, un dévouement et un courage personnels que rien n'étonne, que rien ne puisse ébranler.

Le 6 septembre 1836, M. Gabriel Delessert, alors préfet du département d'Eure-et-Loir (1), fut investi des fonctions de préfet de police en remplacement de M. Gisquet. Le roi, en confiant, dans un moment difficile, ce poste important à M. Delessert, donnait un éclatant témoignage d'estime et de satisfaction au citoyen dévoué qui avait su tour à tour, dans les rangs de la milice citoyenne et dans la hiérarchie administrative, se concilier les sympathies et le suffrage de tous par la sagesse de ses vues, par sa fermeté, par son amour de l'ordre et de la justice, et surtout par les brillantes manifestations de l'intrépidité la plus noble, du caractère le plus élevé.

Le préfet d'Eure-et-Loir hésita d'abord à se charger d'un fardeau aussi lourd, à accepter une si grande responsabilité. Sa défiance de lui-même causait son hésitation, mais son respect pour le

---

(1) M. Gabriel Delessert avait occupé antérieurement la préfecture de l'Aude. Nommé le 12 février 1824, il s'était rendu immédiatement à son nouveau poste, car alors une certaine agitation se manifestait dans le Midi. Le 9 mars suivant, il adressa aux sous-préfets et aux maires des communes de ce département une proclamation où l'on remarque le passage suivant, qui semblait dès ce moment tracer la ligne de conduite que depuis lors il a suivie :

« La loi sera toujours la règle de mon administration : peu « m'importent les opinions qui ne la blessent pas ; mais je suis « parfaitement décidé à la faire respecter toutes les fois qu'elle « sera menacée. »

roi, son amour du pays, la conscience qu'il avait, sinon de ses forces, du moins de son inaltérable dévouement, finirent par le déterminer, et le 6 septembre, après une conférence avec le roi et les membres du conseil, il prit possession de l'hôtel et des fonctions de préfet de police. -

Il serait difficile de relater ici tous les actes administratifs importans de M. Delessert, toutes ses créations utiles, toutes les innovations heureuses qu'il a introduites, et que l'expérience de plusieurs années a consacrées. A les citer textuellement, nous tomberions dans une sèche et aride nomenclature; mais il nous suffira, pour montrer combien son administration a été déjà féconde en résultats, d'indiquer sommairement les principales améliorations que la Préfecture de police et la ville de Paris lui doivent, améliorations qui, surtout en ce qui concerne la sûreté publique, les approvisionnemens, la surveillance et la découverte des malfaiteurs, l'extinction du recel, la moralisation des détenus, l'amélioration du système pénitentiaire, ont été immenses, et suffiraient pour placer au premier rang son édilité.

Depuis son installation à la Préfecture de police, M. Delessert a rendu plus de deux cents ordonnances ou arrêtés. Sans nous appesantir sur la plupart de ces règlemens de police ou de prévoyance que la sollicitude du magistrat publie chaque année sur les murs de la capitale pour indiquer des mesures d'ordre ou de précaution, nous citerons, par leurs titres seulement, les ordonnances qui, révélant plus spécialement la sollicitude du magistrat et de l'administrateur, doivent tenir une place importante dans l'histoire de notre luxe, de notre civilisation, de nos habitudes et de nos besoins.

Ordonnance du 10 février 1837 *sur les ustensiles et vases de cuivre et de divers métaux.* Le préfet enjoint que des visites fréquentes soient faites chez les traiteurs, aubergistes, pâtissiers, fruitières. — 29 mai, ordonnance concernant *les travaux sur la voie publique et les propriétés y riveraines.*—28 août 1837, concernant *les carrosses, coupés et cabriolets de remise offerts au public pour marcher à l'heure ou à la course.* Cette industrie, jusqu'alors en quelque sorte indépendante, se trouve ainsi sagement réglementée. — 26 août, *concernant les chemins de fer.* Mesures utiles dans le double intérêt du public et d'une industrie alors naissante. — 30 septembre, concernant *le bruit du cor, dit trompe de chasse, dans Paris.* Antique prohibition des lieutenans-généraux de police, judicieusement renouvelée. — 25 octobre 1837, concernant *les enfans trouvés et abandonnés.* Cette ordonnance, qui a produit les meilleurs résultats, était rendue pour assurer l'exécution d'un arrêté du Conseil général des hospices, rendu le 25 janvier précédent, et contresignée du duc de La Rochefoucauld-Liancourt, président. — 3o novembre 1837, ordonnance portant règlement de la *police des établissemens insalubres et incommodes*. — 8 janvier 1838, ordonnance contenant des mesures utiles au *commerce du port de Bercy*. — 25 janvier 1838, concernant *le moulage, l'autopsie et l'embaumement des cadavres*. — 20 février 1838, concernant *les ventes par autorité de justice*. Cette ordonnance, par des motifs de convenance et d'ordre public, supprime l'ignoble baraque que l'on établissait jusqu'alors sur la place du Châtelet pour mettre à l'abri les commissaires-priseurs procédant aux ventes par autorité de justice. Elle prescrit les mesures qui devront être observées dans les salles de l'hôtel des commissaires-priseurs, place de la Bourse, 2, où elle autorise les ventes pour l'avenir. — 27 février 1838, ordonnance concernant les *vacheries dans l'intérieur de Paris*. — 15 avril 1838, concernant *les bateaux à vapeur*. — 21 mai 1838, concernant *la conservation et la vente des capsules et autres préparations fulminantes*. Cette ordonnance prescrit des mesures de sûreté que l'on néglige malheureusement trop souvent. Un arrêté du même jour réglemente le mode de transport pour ces mêmes produits fulminans et pour les allumettes chimiques : «Attendu le danger que présente ce transport, y est-il dit, il est défendu à tout fabricant, débitant ou dépositaire, de faire aucune expédition par les messageries, diligences et autres voitures de transport de voyageurs. Il est défendu aux entrepreneurs de voitures de s'en charger. Le transport ne peut avoir lieu que par la voie du roulage ou par eau, et après déclaration de la nature des colis à l'expéditeur, etc. » — 4 août 1838, concernant *la conservation des monumens d'art et religieux de la capitale.* — 15 septembre 1838, concernant le *service des voitures faisant le transport des voyageurs en commun.* Cette ordonnance prescrit, dans l'intérêt du public, des mesures plus propres à garantir la sûreté et la commodité des voyageurs. — 20 mai 1839, concernant *les bains de rivière.* Mesures de sûreté et de décence publique. — 1er juillet 1839, concernant *les commissionnaires stationnant sur la voie publique.* Cette ordonnance réglemente tout ce qui concerne l'obtention de livret, l'individualité, les conditions de moralité, etc. Il est à regretter qu'elle n'ait pas en même temps établi un tarif du prix des commissions avec ou sans crochets. Les exigences des commissionnaires sont aussi grandes que celles des cochers et ont besoin d'être soumises à des conditions analogues. — 6 septembre 1839, concernant *l'autopsie, l'embaumement et la momification des cadavres;* enjoint l'accomplissement de formalités rendues indispensables par le progrès de la science. — 19 octobre 1839, concernant *les crieurs, chanteurs, vendeurs et distributeurs d'écrits, dessins et lithographies sur la voie publique.* Cette ordonnance applique la loi du

10 décembre 1830, celle du 16 février 1834, les articles 471 et 477 du Code pénal. — 4 novembre, concernant *les barrières et saillies sur les boulevards intérieurs*. Les mesures depuis longtemps désirées que prescrit cette ordonnance pouvaient seules parvenir à compléter le système d'embellissement des boulevards, suivi avec tant de persévérance et accompli à si grands frais. Elle rappelle, coordonne et complète les dispositions contenues dans l'ordonnance du prévôt des marchands du 8 avril 1766, dans l'ordonnance du 24 décembre 1823. Elle mentionne la délibération du conseil municipal sur la matière, s'appuie sur le texte de la loi du 16-24 août 1790, titre XI, et ordonne l'enlèvement des barrières qui, pour la plupart, présentent des solutions de continuité, forment des renfoncemens dangereux pendant la nuit, etc. — 25 octobre 1839, concernant *la codification des anciens règlemens, arrétés et ordonnances sur la police de la rivière, jusqu'ici épars et sans unité d'ensemble, la police de la navigation des rivières, canaux et ports*. — 15 janvier 1840, concernant *les voitures de place, leurs dimensions et mode de construction à l'avenir, le service de surveillance sur les stations, etc*. Cette ordonnance a apporté de notables améliorations que le public a appréciées en en profitant. Grâce au système de surveillance établi et à la création d'inspecteurs revêtus d'uniformes, on est parvenu à faire cesser la grossièreté prover-

biale, en quelque sorte, des cochers, et à substituer un service régulier, presque élégant, à celui
jusqu'alors trop négligé des voitures publiques.
— 10 mars 1840, arrêté concernant *l'emploi des
machines locomotives sur les chemins de fer*. Nouvelles garanties de sécurité pour les voyageurs.
— 2 novembre 1840, concernant *la vente et la
taxe du pain dans Paris*. Cette ordonnance, rendue en exécution d'une décision du ministre de
l'agriculture et du commerce du 7 octobre 1840,
portant qu'il serait immédiatement procédé à la
révision générale des règlemens qui régissent la
profession de boulanger à Paris, est trop importante pour que nous nous contentions de la
mentionner. Son préambule, ainsi conçu, ne
lui donne heureusement qu'un caractère provisoire, car elle n'a pas répondu, dans son exécution, à ce que l'on en attendait :

« Considérant qu'il importe, *en attendant*, de
remédier aux abus qui se rattachent au régime
actuellement en vigueur pour la vente et la taxe
du pain, ordonnons :

» ARTICLE 1er. A compter du 16 novembre courant, la vente du pain dans Paris se fera au poids,
constaté entre le vendeur et l'acheteur, soit
qu'elle s'applique à des pains entiers, soit qu'elle
porte sur des fractions de pain. ART. 2. En conséquence, la taxe fixera désormais le prix du
kilogramme de pain, au lieu de déterminer,
comme par le passé, le prix des pains de 2, 3, 4

et 6 kilogrammes. Art. 3. Ne sont point soumis à la taxe : 1° Tout pain du poids d'un kilogramme ou d'un poids inférieur; 2° Tout pain de première qualité du poids de 2 kilogrammes, dont la longueur excéderait 70 centimètres. Le prix du kilogramme de ces espèces de pain sera réglé de gré à gré entre les boulangers et le public. Art. 4. Les boulangers seront tenus de peser, en le livrant, le pain qu'ils vendront dans leur boutique, sans qu'il soit besoin d'aucune réquisition de la part des acheteurs. Quant au pain porté à domicile, l'exactitude du poids pour lequel il sera vendu devra être vérifiée à toute réquisition de l'acheteur. A cet effet, les boulangers auront toujours sur leurs comptoirs les balances et les poids nécessaires, et ils devront en pourvoir leurs porteurs de pain. Art. 5. Quelles que soient la forme et l'espèce du pain vendu, l'acheteur ne sera tenu de payer (au prix de la taxe pour le pain taxé et au prix fixé de gré à gré pour le pain non taxé) que la quantité de pain réellement indiquée par le pesage, sans que les boulangers puissent *prétendre à aucune espèce de tolérance.* »

Cette ordonnance a soulevé, dans son exécution, une assez vive polémique; elle semble être, en réalité, de beaucoup trop favorable aux boulangers, qui ne se rappellent pas assez que leur devoir serait de se concilier, par leur probité et la stricte observance des règlemens, la bienveillance de l'autorité municipale. Le préfet de police aurait le droit d'ordonner la fermeture d'un ou de plusieurs établissemens de boulangers, comme aussi d'en créer un plus grand nombre, s'il le jugeait convenable; mais cette considération ne suffit malheureusement pas pour maintenir beaucoup de boulangers dans les sévères limites de la probité commerciale (1).

Une ordonnance du 15 octobre 1841 réglemente la *police de l'établissement d'abattoir et d'équarrissage d'Aubervilliers.* — 6 décembre 1841, ordonnance sur les *mesures de salubrité dans les halles et marchés.* — 31 décembre 1841, concernant la *vérification périodique des poids et mesures.* Cette ordonnance est rendue en exécution de l'art. 3 de la loi du 24 août 1790, des lois des 22 juillet 1791, 1er vendémiaire an IV (23 septembre 1795), des ordonnances royales des 18 décembre 1825, 21 décembre 1832, de la loi du 4 juillet 1837, qui abroge le décret du 12 février 1812, et interdit l'usage de tout poids et mesure

(1) Il y a à Paris 604 boulangers, divisés en 4 classes. Ils sont soumis à fournir un cautionnement en nature, c'est-à-dire en farine, dont la quotité est fixée à 20 sacs pour chacun ; ils sont en outre tenus d'avoir en magasin un approvisionnement, dont le maximum, calculé d'après l'importance des établissemens, doit être de 140 sacs pour les boulangers de première classe, 110 pour ceux de deuxième, 80 pour ceux de troisième, et 30 pour ceux de quatrième.

Cet approvisionnement suffirait aux besoins de la capitale pour 30 jours environ.

autre que ceux qu'établissent les lois des 18 ger-
minal an III et 19 frimaire an VIII, constitutives
du système métrique décimal. Elle rappelle les
ordonnances royales des 18 mai 1838, 17 avril
1839 et 16 juin même année sur la forme des
poids et mesures décimaux. Dans son application,
facilitée et mise à la portée de toutes les intelligences par ses arrêtés des 16 février et 13 avril
1842, cette ordonnance n'a rencontré que de
faibles obstacles, grâce aux mesures de bienveillance prescrites par le magistrat, et désormais
l'usage des nouveaux poids et mesures est devenu
général et populaire dans tout le ressort de la
Préfecture de police. — 3 juin 1842, concernant
les *conduits et appareils d'éclairage par le gaz.*
Cette ordonnance doit rendre les accidens bien
rares, si elle est rigoureusement observée. — 20
juin 1842, concernant les *nourrices, directeurs,
meneurs et meneuses de nourrices.* La sollicitude
du préfet s'étend utilement, dans cette ordonnance, sur des cas possibles et prévus de surveillance et de soins propres à offrir à la classe peu
fortunée plus de sécurité complète sur l'état sanitaire des nourrices et la sûreté de ménage des
enfans. — Septembre 1843, concernant *la circulation dans Paris des voitures chargées de plâtre.*
Ces voitures, qui répandaient une poussière dés-
agréable et insalubre sur leur parcours, devront
à l'avenir être couvertes d'une toile qui obviera
à cet inconvénient.

Le simple aperçu de ces ordonnances, dont notre cadre nous a obligé d'abréger la nomenclature, témoigne de la sollicitude incessante et éclairée que le préfet actuel apporte dans l'exercice de ses fonctions étendues. Toutes, on peut le voir, sont éminemment marquées au cachet de cette inflexible tendance au bien public, condition essentielle des bons citoyens élevés au poste de l'édilité.

Les mesures de salubrité publique, qui ont une si directe influence sur les mœurs, sur la richesse, sur la grandeur d'une capitale, paraissent avoir, dès le premier jour, vivement préoccupé M. Gabriel Delessert. Un conseil, composé des sommités de la science et de la pratique, se réunit deux fois par mois sous la présidence du préfet de police, et lui adresse chaque année un rapport étendu, substantiel, admirablement lucide, sur ses travaux de chaque jour. Tout ce qui touche directement ou indirectement aux questions de salubrité, d'hygiène, et même de bien-être public, est traité dans ce travail avec une paternelle sollicitude par ces tuteurs de la santé générale. Le *commodo* et l'*incommodo* de certaines usines, les épizooties, les exhumations, les bains publics, tout y est discuté, approfondi, pesé par un conseil de savans que dirige un homme distingué par sa science, sous le patronage et la responsabilité du premier magistrat de la police de Paris.

M. de Martignac, ce probe et éloquent homme
d'État, enlevé à l'avenir par une mort prématurée,
disait : « Nos prisons punissent et ne corrigent
pas. » Elles dégradent et avilissent, eût-il pu ajouter, au lieu de pousser au repentir et à l'amélioration. M. Gabriel Delessert, comme son frère
Benjamin, avait, dès avant son accession à la Préfecture, senti toute la justesse de ce mot profond :
aussi s'est-il particulièrement appliqué, depuis
son édilité, à ramener le système pénitentiaire à
son objet primitif, *punir et corriger.*

Il existe dans le département de la Seine onze
prisons : le Dépôt de la Préfecture; la Force; la
Maison des Jeunes Détenus; le Dépôt des condamnés de la rue de la Roquette; les Magde-
lonnettes; Sainte-Pélagie; Saint-Lazare; la Conciergerie; la maison de répression de Saint-Denis; le Dépôt de Mendicité de Villers-Cotterets
(quoique situé dans le département de l'Aisne,
cet établissement est classé dans les dépendances
du département de la Seine); la Prison pour
Dettes, rue de Clichy.

Le Dépôt de la Préfecture, la Conciergerie, la
Force et surtout Saint-Lazare, ont été, depuis
l'édilité de M. Delessert, l'objet d'un grand nombre d'améliorations, et cette voie de progrès ne
sera point abandonnée, car le zèle du magistrat ne manquera pas à cette œuvre importante.
« L'autorité conférée au préfet de police sur les
prisons, dit avec raison M. Vivien dans un re-

marquable travail sur la Préfecture de police,
lui permet de contribuer efficacement à la solution du problème posé par la science, et de choisir avec certitude les applications les plus sages
et les plus vraies. Investi d'une autorité qui s'é-
tend sur une population moyenne de 5,000 détenus, il peut exercer une influence marquée sur
les mœurs publiques et la sécurité de la capitale,
et déployer au profit commun, non cette philanthropie bâtarde et inintelligente qui flatte les
détenus et leur rend la prison préférable à leur
propre demeure, mais cette discipline humaine
quoique rigoureuse, bienveillante quoiqu'inflexible, qui fait apparaître aux yeux des condamnés la justice sociale comme l'austère et impartiale gardienne de la morale et de l'ordre. »

Cette mission d'avenir, M. Gabriel Delessert l'a
acceptée avec faveur et l'accomplit avec dévouement. Le régime pénitentiaire des jeunes détenus du département de la Seine est là pour prouver tout ce que le préfet actuel apporte de soins,
de persévérance, de véritable philanthropie dans
la direction de cette maison modèle si utile, et si
noblement protégée par la ville de Paris.

Il faut lire dans les propres rapports du préfet de
police à M. le ministre de l'intérieur les résultats
obtenus par les réformes éclairées du magistrat
infatigable et certain d'atteindre un but salutaire.
Chacun de ces rapports contient des données
intéressantes, des observations judicieuses, des

aperçus profonds; tous sont empreints de cet amour du bon, de l'utile, du vrai, qui forme le trait distinctif du vrai citoyen, de l'homme d'État, du magistrat digne de ce nom.

« Avant la réforme introduite, dit M. Delessert dans son rapport du 29 juin 1839, et lorsque les enfans étaient abandonnés à tous les dangers de la vie commune, les récidives étaient dans les proportions de trente sur *cent trente*. Depuis quinze mois que la séquestration est complète, il n'y a eu que *sept* récidives sur deux cent trente-neuf enfans qui, dans ce laps de temps, ont été incarcérés sur la demande des familles. »

Le magistrat philanthrope a pensé que l'émulation ne devait point être abolie parmi de jeunes infortunés dont le cœur faussé ne peut être encore entièrement corrompu.

« Jusqu'ici, dans les prisons communes, dit-il dans son rapport du 29 février 1840, le stimulant le plus puissant est le *denier de poche* et la *cantine* qui en permet l'emploi. Tous deux engendrent des abus, et la cantine surtout a quelque chose de choquant qui est en opposition avec les mots *punition* et *égalité*, qui sont le symbole des prisons. Je les ai depuis longtemps supprimés au pénitencier. J'ai dû chercher à y substituer quelque encouragement nouveau, et j'y ai placé en première ligne un système de distribution de prix.

Ces prix, qui consistent en livres et en outils, selon qu'on le juge plus en rapport avec l'éduca-

tion antérieure ou les goûts des enfans, au lieu
d'être distribués périodiquement, sont délivrés
en échange de témoignages de satisfaction d'un
ordre inférieur, accordés toutes les semaines, sur
des listes de candidats présentées par l'aumônier,
l'instituteur et l'agent spécial des travaux. Ces sortes de récompenses d'un premier degré, et qui
sont désignées sous le nom de bons points, m'ont
paru devoir exercer une influence heureuse sur
l'application au travail et sur les progrès de l'é-
tude. La fréquence des distributions, les différentes formes et les divers degrés d'importance
qui leur ont été assignés, l'assurance donnée à
l'enfant que, mieux il fera, plus tôt il sera mis
en possession d'un objet utile et dont il pourra
tirer vanité auprès des personnes admises à le visiter ; toutes ces choses combinées sont effecti-
vement autant de moyens d'aiguillonner l'insouciance, de stimuler l'hésitation, et d'encourager
les bonnes tendances. »

Enfin, pour achever la faible apologie de l'institution dont nous avons essayé d'indiquer l'excellence, citons encore M. Vivien : « Le système
cellulaire, dit cet économiste distingué, qui, dans
son rapide passage à la Préfecture, fut dans l'impossibilité de s'occuper de questions que depuis
il a approfondies en voyant les résultats obtenus
par ses successeurs, et surtout par le préfet actuel;
le système cellulaire a été appliqué, le jour aussi
bien que la nuit, dans les maisons des jeunes dé-

tenus, et à pu se concilier avec l'instruction, les exercices religieux et les exigences des travaux manuels. Il n'a exercé aucune influence fâcheuse ni sur la santé, ni sur le moral des détenus. Plusieurs rapports publiés dans ces dernières années attestent les succès obtenus par ce régime spécial, et le gouvernement a récemment érigé cette prison en maison centrale, sous le titre de *Maison centrale d'éducation correctionnelle.*

L'ordonnance royale qui appelait M. Gabriel Delessert à la Préfecture de police porte la date du 10 septembre 1836; le 12, le nouveau préfet prêta serment entre les mains du roi ; dès le 5 du mois suivant il était élevé par une seconde ordonnance aux fonctions de conseiller d'État en service extraordinaire, avec autorisation de participer aux travaux des comités, et de prendre part aux délibérations du conseil.

Du jour où il avait accepté le poste difficile et important que la confiance du souverain et du cabinet mettait en ses mains, M. Gabriel Delessert dut se consacrer à l'étude spéciale des attributions si compliquées dont se compose la Préfecture de police. Dans toutes il s'appliqua à introduire des améliorations, à concilier les intérêts, à unir le bon à l'utile.

Au mois de décembre 1836, la crue soudaine et inusitée des eaux de la Seine répandit la désolation sur plusieurs points de la capitale, dont de bas quartiers se trouvèrent presque complètement inondés. Le préfet de police se hâta de visiter les différens points de Paris et de la banlieue qui souffraient de ce sinistre; il adressa des paroles d'encouragement, et distribua des récompenses aux mariniers dont le dévouement s'était spontanément signalé d'une manière utile, et prescrivit les mesures les plus efficaces pour arrêter l'envahissement du fléau. A la même époque, il fit une visite générale des prisons qu'il examina dans leurs plus minutieux détails, recueillant les observations judicieuses, accueillant les plaintes fondées, et recommandant partout l'humanité, la bienveillance, la stricte observation de la justice. Au mois d'octobre de l'année 1837, M. Delessert, qui avait laissé de si honorables souvenirs de son administration dans le département d'Eure-et-Loir, reçut des habitans de son chef-lieu un témoignage d'estime et de gratitude qui dut lui être bien précieux. Une députation des plus notables citoyens de Chartres vint offrir à son ancien préfet une médaille frappée en son honneur avec du métal des cloches fondues dans l'incendie de la cathédrale.

M. Gabriel Delessert, dont la sollicitude s'étendit tout d'abord sur les parties les plus importantes de son administration, parvint enfin à résoudre complétement un problème social qui avait préoccupé ses prédécesseurs, en excluant totalement des fonctions même les plus infimes de la Préfecture tous ceux dont les antécédens n'étaient pas irréprochables, et qui, en raison de condamnations judiciaires, ou d'une ancienne proxénéité avec les malfaiteurs, devaient être à bon droit suspects aux honnêtes gens (1).

Efficacement secondé par le chef actuel de la police municipale, que son expérience approfondie des hommes et des événemens rendait, non moins que la droiture de ses vues, digne de s'associer au zèle et aux travaux d'un magistrat animé de l'amour du bien public, M. Delessert est parvenu à moraliser, en quelque sorte, le personnel comme l'action même de la police, en n'admettant dans les rangs de ce nombre infini d'agens qui concourent à la sûreté publique que des hommes honnêtes et d'une moralité éprouvée. Un des résultats les plus précieux de cette mesure a été de faire presque entièrement disparaître parmi le peuple ces déplorables préjugés

(1) Voici les termes de l'arrêté qui, en supprimant l'ancienne brigade de sûreté pour organiser, sur des bases entièrement différentes, le service qui la remplace, et qui depuis lors a rendu de si notables services, appelle à sa tête un ancien commissaire de police de la ville de Paris, M. Allard.

« Nous, conseiller d'État, préfet de police, etc.

« Arrêtons ce qui suit :

« Art. 1er. La brigade de sûreté est dissoute. Le service dont elle était chargée sera immédiatement réorganisé d'après de nouvelles bases, et sous la dénomination de *service de sûreté*.

« Art. 2. Aucun repris de justice ou libéré de condamnation quelconque ne pourra y être admis.

« Art. 3. Le chef de la deuxième division soumettra à notre approbation l'état nominatif des agens et employés qui devront faire partie du nouveau service de sûreté.

traditionnels qui exposaient les agens de l'autorité
à la haine et même au mépris des masses. Aujourd'hui, sur tous les points de Paris, les citoyens, les ouvriers, les hommes même le moins
partisans de l'ordre, prêtent, au besoin, main-
forte aux agens de la police dans l'exercice de
leurs pénibles fonctions ; le peuple a enfin compris que c'est dans son intérêt, dans celui de ses
travaux, de ses ressources, de sa famille, que
les agens déploient une infatigable vigilance, re-
noncent au repos, et exposent courageusement
leur vie, pour rechercher les malfaiteurs, les saisir et les placer sous la main de la justice.

Par une prescription utile, et du reste conforme
à un arrêté d'ordre public qui n'avait jamais reçu
son exécution, M. Gabriel Delessert a enjoint,
sous la date du 22 février 1841, aux officiers de
paix, le port d'un costume d'uniforme (1).
Cette sage mesure, dont le résultat devait être de
familiariser en quelque sorte le public avec la vue
des dépositaires de l'autorité, a prêté tout d'a-
bord une force nouvelle aux attributions des officiers de paix, modestes et utiles fonctionnaires,
sur la vigilance, sur le zèle et souvent l'énergie
desquels reposent en grande partie le repos et la
sécurité des quartiers de Paris sur lesquels ils
exercent une surveillance de tous les instans.

(1) Habit bleu, brodé d'argent au collet, aux paremens et à la
taille ; chapeau à cornes, épée à poignée de nacre et d'argent,
ceinture de soie bleue clair à franges.

Cette mesure de prescription d'un uniforme a depuis été étendue à tous les employés du service actif, de la navigation, des halles et marchés, etc.

Lors de l'échauffourée anarchique de Barbès et de Blanqui, au mois de mai 1839, on fit un reproche à la police de n'avoir pas prévu l'événement qui ensanglanta pendant quelques heures un quartier populeux; mais ceux qui élevaient ce blâme ignoraient que la collision armée qui éclata le dimanche 12, à quatre heures du soir, n'avait point été résolue pour ce jour-là dans le conseil des anarchistes, et que l'aveugle impatience de Barbès et de quelques autres sectionnaires avait hâté de plusieurs heures cette levée de boucliers qui, sans cette circonstance, grâce aux mesures que l'on avait prises, n'aurait pas entraîné ce regrettable conflit où le sang des soldats et des citoyens coula.

Avant la révolution de 1830, la force dont disposait la ville de Paris consistait en un corps de gendarmerie formé de 1,528 hommes dont 917 à pied et 611 à cheval, et en un corps de sergens de ville composé de 100 brigadiers et sergens. La garde nationale avait été licenciée.

Une ordonnance, en date du 16 août 1830, en supprimant le corps de la gendarmerie, institua pour le service de garde et de police de la capitale un corps spécial composé de 1,043 hommes d'infanterie et de 400 cavaliers, sous la dé-

nomination de *garde municipale*. L'institution
des sergens de ville fut conservée, et leur effectif
fut porté à 298 hommes. La garde nationale,
dont le zèle et le dévouement ont été si admirables toutes les fois que l'ordre, la tranquillité et les
pouvoirs furent menacés, forma la troisième force
conservatrice. Une ordonnance du 24 août 1838
modifia en quelques points l'organisation de la
garde municipale, et régla les attributions du service de ce corps, placé sous l'autorité du ministre de l'intérieur et sous les ordres immédiats
du préfet de police, et qui déjà alors avait rendu
d'éclatans services. Le préfet de police, pour les
cas extraordinaires, fut autorisé à l'employer même
dans les communes du ressort de la Préfecture.

La garde municipale, corps intelligent et dévoué, qui par sa surveillance permanente et active a souvent prévenu et déjoué les tentatives
des factions, participe à la fois de l'organisation
militaire et de l'ordre civil. A ce double titre,
elle doit être placée sous le commandement du
préfet de police, d'autant plus que, réunissant les
avantages que donne l'expérience militaire aux
garanties que donne l'habitude des formes lé-
gales, elle jouit sur la population parisienne
d'une autorité morale qui exerce autant d'influence utile que la force et la bravoure qu'elle
sait déployer au besoin.

Avant les journées des 12 et 13 mai, l'insuffisance du corps de la garde municipale s'était

souvent révélée; elle devint manifeste à l'issue de ces tristes événemens. Le gouvernement, pour en accroître la force, demanda aux Chambres de porter son effectif à 2,996 hommes, c'est-à-dire de l'accroître de 1,552 officiers, sous-officiers et gardes. Cette proposition fut acceptée, mais ce n'était là qu'un palliatif : en 1841, M. le ministre de la guerre, frappé de l'importance des services de la cavalerie de la garde municipale, jugea qu'il y aurait utilité et convenance à la charger des divers services généraux de la capitale, jusqu'alors partagés entre elle et les régimens de la garnison; un projet de loi fut présenté aux Chambres, ayant pour objet d'accroître la cavalerie de 247 hommes et 239 chevaux. Le conseil municipal s'associait en cette occasion aux vœux du gouvernement; aussi la loi ouvrant le crédit demandé dans un but d'utilité si généralement senti fut-elle votée à la presque unanimité. Ce corps d'élite fut élevé au chiffre de 3,243 hommes.

Lorsque, dans le cours de l'année 1840, la pensée généreuse de ramener en France les cendres de l'empereur Napoléon et de les déposer, selon les vœux exprimés dans son testament, sur les rives de la Seine, put enfin recevoir son exécution, M. Gabriel Delessert, sur la demande de M. le ministre de l'intérieur, nomma une commission à l'effet de rédiger une instruction détaillée sur les soins et précautions à prendre à

Sainte-Hélène pour l'exhumation des restes de l'Empereur, et leur translation en France.

L'espace nous manquerait pour enregistrer toutes les mesures utiles, tous les travaux importans auxquels le préfet de police actuel a présidé; c'est ainsi que la suppression des jeux publics lui imposa des devoirs inconnus à ses prédécesseurs, et que ce ne fut pas sans d'extrêmes difficultés qu'il parvint à réfréner les écarts et les tentatives d'une passion funeste ou d'habitudes enracinées. Par sa fermeté, par sa modération, M. Delessert parvint, en 1840, à calmer l'effervescence des différentes catégories d'ouvriers dont les récriminations se formulaient menaçantes au moyen de coalitions organisées. Grâce à la précision et à l'étendue des mesures qu'il sut prendre lors du vote de la loi des fortifications, l'agglomération de plusieurs milliers d'ouvriers étrangers, aux portes de la capitale, n'eut pour la cité ni pour la banlieue aucun fâcheux résultat. La mise en activité de notre système développé de chemins de fer, en venant augmenter en quelque sorte la masse écrasante de sa responsabilité, ne le prit pas au dépourvu, et il parvint à organiser aussitôt de nouveaux moyens de surveillance tels, qu'en vain, à l'aide de ces moyens rapides de transport, quelques malfaiteurs tentèrent d'échapper à la vindicte publique; aussi prompte dans son action qu'ils avaient espéré l'être dans leur fuite, la police de Paris les atteignit, et

Montely, le meurtrier d'Orléans, pas plus que les époux Verny, les assassins de Saint-Cloud, ne purent échapper à son action vengeresse.

M. Delessert, en outre, et c'est peut-être là un de ses plus beaux titres à la gratitude et à l'estime de ses concitoyens, est parvenu, à l'aide de moyens nouveaux qu'approuvent également la morale, l'humanité et la raison, à introduire un nouvel ordre d'idées et de faits dans les rapports de la police, et par contre-coup de la justice, avec les malfaiteurs les plus dangereux. Ce n'était autrefois qu'à force de sévérité, de menaces, d'intimidation, que l'on tentait d'obtenir d'eux des aveux, ou, ce qui est plus précieux, des révélations; aujourd'hui, au contraire, on a recours seulement à la persuasion, on fait entrevoir un adoucissement possible de peine comme récompense d'une franchise complète devant la magistrature ou le jury, on exécute religieusement les moindres promesses; on sollicite l'intérêt personnel, on s'adresse sans faux-fuyans à ce reste de bons instincts qui se trouvent encore plus fréquemment qu'on ne pense dans les cœurs même les plus endurcis; on inspire enfin une confiance profitable aux prévenus en leur parlant le langage de la raison, et en faisant naître chez eux l'espérance d'une amélioration à leur triste sort.

Aux plus récentes sessions des assises du département de la Seine, on a pu reconnaître et apprécier les immenses résultats de ce système

d'aveux et de révélations sans réserve : des bandes
de quarante et de soixante-dix-neuf malfaiteurs
sont venues successivement s'asseoir devant le
jury, et ce n'a pas été sans un étonnement mêlé
de satisfaction qu'on a vu les plus compromis
d'entre eux raconter, sans jactance, les moindres circonstances de leurs méfaits, préciser avec
exactitude la part que chacun de leurs complices
y avait prise, dévoiler tous les mystères du mal,
puis enfin invoquer avec repentir l'indulgente
commisération du jury pour des crimes dont l'aveu
complet semblait déjà une première expiation.

Peut-être quelques-uns de nos lecteurs re-
gretteront-ils de ne pas trouver ici de détails
nouveaux sur la prostitution et sa surveillance ;
nous avons pensé que les documens spéciaux que
contient l'ouvrage de Parent-Duchatelet nous
dispensaient de nous étendre sur cette matière.
Il nous suffira de dire que, depuis l'avénement
à la Préfecture de M. Gabriel Delessert, le nombre des cas de maladie s'est réduit dans une
immense proportion. Des mesures plus exactes
d'ordre et de police ont d'ailleurs été mises en
vigueur pour circonscrire la prostitution dans
l'intérieur des établissemens tolérés, et protéger
la pudeur publique. Le nombre des prostituées,
pour Paris et sa banlieue, est de 4,000 environ ;
le nombre des maisons dites de *tolérance* s'élève
à près de deux cents. Un établissement religieux,
fondé en 1821, sous le titre du *Bon Pasteur*, est

ouvert à celles de ces malheureuses qu'un repentir tardif ou de sages conseils ramènent dans la
voie du bien. Près de 2,000 filles y ont été admises
depuis vingt ans, et sont rentrées dans le sein de
la société, réconciliées avec elles-mêmes par la
prière et le travail. Une semblable maison a été
récemment ouverte à Versailles, sous le patronage
de Mme la duchesse de Grammont. Cette maison,
dite *le Refuge de Notre-Dame-de-Miséricorde*, ob-
tient également d'heureux résultats.

Nous terminerons désormais en quelques mots
ce qui nous reste à dire sur la Préfecture de police et l'édilité de M. Gabriel Delessert, à laquelle
il semble avoir été réservé de faire disparaître
pour toujours les absurdes préjugés conservés
trop longtemps par la population parisienne
contre l'institution vigilante qui assure sa sécurité, son bien-être et son repos. La police, par sa
nature, par son essence même, doit être présente à la fois partout dans Paris : aux spectacles, à l'église, au champ du repos, dans les bals,
dans les réunions de toute espèce; son action tutélaire et insensible doit se développer sans choc,
se frayer passage sans commotion, fonctionner
sans mouvement et sans scandale. La police municipale, qui embrasse la police de sûreté, étend
en même temps son puissant réseau de surveillance et d'action sur toutes les parties de la cité;
elle veille sur la fortune des citoyens, couvre de
sa main puissante leur poitrine menacée, saisit

les malfaiteurs, assure l'exécution des mandats de la justice, et concourt avec une infatigable persévérance à assurer la vindicte des lois.

En outre de ces soins, la police a mission d'assurer les approvisionnemens de la cité, de veiller à la libre circulation de ses rues, etc. Or, on jugera par un seul exemple des détails infinis que doivent entraîner tant de labeurs : il entre chaque nuit dans Paris plus de 6,000 charrettes destinées à l'approvisionnement des halles et marchés, et, de plus, 1,000 voitures environ de laitières. Le nombre des fiacres, cabriolets, omnibus, voitures bourgeoises et équipages est de plus de 12,000. En y joignant les voitures publiques, celles de roulage, les camions, charrettes et voitures de toute espèce, on trouvera un mouvement de plus de 60,000 véhicules circulant chaque jour dans Paris, de six heures du matin à minuit, et dont il faut surveiller l'allure et la direction, pour, autant que possible, diminuer le nombre d'accidens presque inévitables. La prévoyance de M. Gabriel Delessert a d'ailleurs posé une borne à la tendance envahissante des entreprises de locomotion; depuis sept années qu'il occupe le siége de la Préfecture, malgré de pressantes sollicitations, en dépit de vives et puissantes requêtes, il n'a voulu consentir à la création d'aucune nouvelle ligne de voitures, celles indispensables au service des chemins de fer exceptées. M. Debelleyme et M. Mangin avaient autorisé la circulation de 278 voitures omnibus; M. Gisquet avait créé trois nouvelles lignes; M. Delessert a pensé que ces moyens de circulation étaient suffisants, et s'est refusé à les accroître.

L'arrêté des Consuls, encore en vigueur aujourd'hui, et qui forme en réalité comme la charte institutive de la Préfecture de police, contient les dispositions suivantes : « Le préfet de police exercera ses fonctions sous l'autorité immédiate des ministres; il correspondra directement avec eux pour les objets qui dépendent de leurs départemens respectifs; il pourra publier de nouveau les lois et règlemens de police, et rendre des ordonnances pour en assurer l'exécution.

« Il aura dans ses attributions la délivrance des passe-ports, des permis de séjour, des cartes de sûreté; le vagabondage; la police des prisons; la surveillance des maisons publiques, des filles publiques; la répression des attroupemens; la police des cultes, de l'imprimerie, de la librairie ; celle des théâtres, de la vente des poudres et salpêtres, des ports-d'armes, des recherches des déserteurs; la petite voirie, la liberté et la sûreté de la voie publique, la salubrité; les incendies, débordemens, accidens sur la rivière ; la police de la Bourse, du commerce; les taxes et mercuriales ; la circulation des subsistances; les marchandises prohibées; la protection des monumens; les approvisionnemens, etc.

« Il sera chargé de régler et arrêter les dépenses pour la visite des officiers de santé et artistes vétérinaires; le transport des malades, etc. »

A cette nomenclature des attributions du préfet, il faut ajouter celles que l'arrêté des Consuls n'a pas énoncées, et qui ne sont ni moins nombreuses, ni moins importantes : Livrets des ouvriers; surveillance des repris de justice; administration des halles et marchés; autorisation et surveillance des établissemens dangereux, insalubres ou incommodes; les aliénés; la recherche des crimes et délits; l'administration du corps de la garde municipale et de celui des sapeurs-pompiers; les fêtes publiques; la navigation; les voitures publiques, fiacres, cabriolets, omnibus et voitures de la banlieue; les eaux minérales; les boissons falsifiées; les maisons de santé; les hôtels et maisons garnies; la surveillance de l'exercice des diverses professions de pharmaciens, droguistes, herboristes, sages-femmes, boulangers, bouchers, charcutiers, cafés, restaurans, marchands de vin, laitières, porteurs d'eau, étalagistes, afficheurs, crieurs, brocanteurs, chiffonniers, chanteurs, baladins; les bals publics, la vérification des poids et mesures; la garantie des matières d'or et d'argent; les prisons, et le dépôt de mendicité du département de la Seine, etc.

Depuis quarante années, on le voit, les attributions déjà si nombreuses et si importantes du préfet de police ont presque triplé. Depuis quarante ans, aux immenses occupations de toute nature qui absorbaient l'attention du magistrat, sont venues se joindre des préoccupations plus graves, plus austères encore; car notre grande régénération politique de 1789, et surtout notre révolution de 1830, en proclamant le dogme de la souveraineté nationale, ont ouvert la lice à tous les partis assez audacieux pour convoiter le pouvoir. De ce jour, la police a dû devenir la sentinelle avancée de l'ordre, la gardienne vigilante de la sûreté de l'État. Si, jusqu'alors, le premier objet de son institution avait été l'administration des intérêts matériels et moraux de la cité, elle a vu se placer sur la même ligne le second, autrefois très-accessoire, celui de prévenir les complots, de pénétrer les projets subversifs, de prêter au gouvernement le concours actif et éclairé d'une surveillance et d'une action propres à le défendre, à le préserver contre les manœuvres sourdes ou patentes de ses ennemis. Et cependant, ni ce surcroît de labeurs, ni ce vaste développement de soins, de surveillance et d'autorité, n'a ralenti le mouvement salutaire des rouages de la Préfecture de police. Presque tous les fonctionnaires qui ont passé par cette édilité tutélaire ont laissé des souvenirs honorables, des gages éminens de leur amour pour la patrie et les institutions qui en font la force et la prospérité.

FIN.

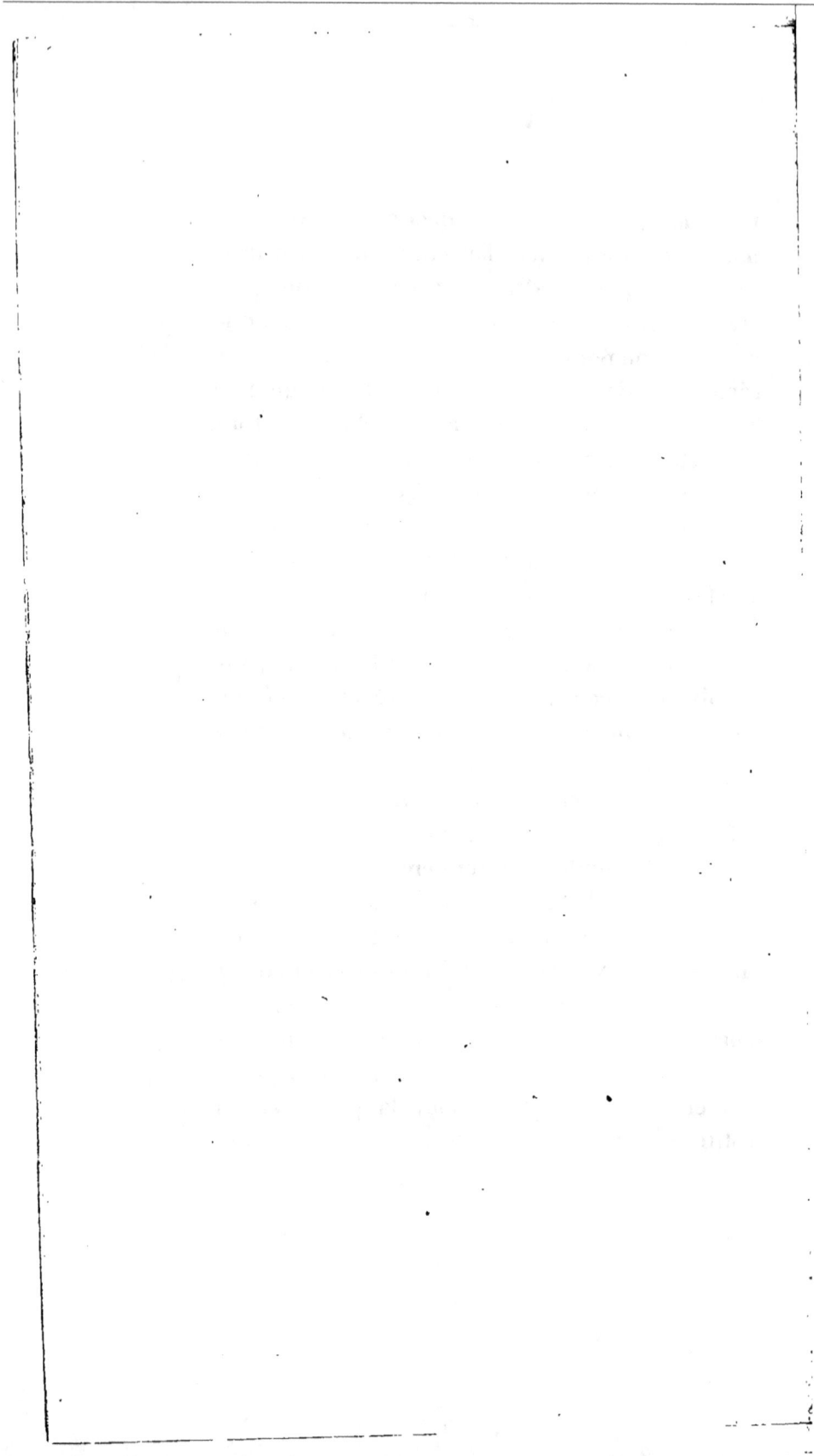

TABLE.

FIN DE LA TABLE.

www.ingramcontent.com/pod-product-compliance
Lightning Source LLC
Chambersburg PA
CBHW072007270326
41928CB00009B/1575